수능국어
절대어휘
상상사전

운문문학편

**수능국어
절대어휘
상상사전**

운문문학편

2013년 11월 25일 제1판 제1쇄
2013년 12월 2일 제1판 제1쇄

지은이	이규배
펴낸이	강봉구

편집	김윤철, 김희주
마케팅	윤태성
디자인	비단길
인쇄제본	(주)아이엠피

펴낸곳	작은숲출판사
등록번호	제406-2013-000081호
주소	413-120 경기도 파주시 문발로 119(문발동) 306호
전화	070-4067-8560
팩스	0505-499-8560

홈페이지	http://cafe.daum.net/littlef2010
페이스북	http://www.facebook.com/littlef2010
이메일	littlef2010@daum.net

©이규배

ISBN 978-89-97581-30-6 53710
값은 뒤표지에 있습니다.

수능국어
절대어휘
상상사전

운문문학편

모든 문제의 정답은 어휘 속에 있다

I

"모든 문제의 정답은 문제 속에 있다."

이 말은 시험 준비를 해 본 경험이 있는 사람들에게는 익숙한 말입니다. 문제에서 요구하는 바를 잘 이해하기만 해도 답을 쉽게 찾을 수 있다는 말입니다. 이것은 또한 문제를 잘 읽지 않고 성급하게 정답만을 찾는 행태를 비판하는 말로도 들립니다. 그런데 문제를 잘 이해한다는 것은 무엇일까요?

수능 국어의 주요 영역인 문학, 독서, 문법이 어려운 것 역시 문제가 물어보는 바를 알지 못하기 때문입니다. 영어도 아닌 우리말로 된 문제가 물어보는 바를 모른다니, 도대체 무슨 말인가요? 이 책의 고민은 여기서부터 시작되었습니다.

수년간 고등학생들에게 수능 언어영역을 강의하면서, 수험생들이 문제를 이해하지 못하는 이유는 문제에 등장하는 용어를 모르기 때문이라는 결론에 도달했습니다. 한글로 되어 있으니 읽을 수는 있지만, 용어의 뜻을 제대로 모르니 건성으로 이해하게 되는 것이었습니다. 더구나 그동안 문제 유형에만 매달려 공부했을 뿐, 용어에 대한 공부를 게을리한 학생들에게 언어 또는 국어영역은 장님 문고리 잡는 식이었을 것이 분명합니다. 공부를 잘하는 학생들은 용어를 잘 이해하고 있었지만, 그렇지 못한 학생들은 용어에 대한 기본적인 설명조차 들어본 적이 없다고 했습니다. 그러나 용어를 이해하게 되면서 수능

성적이 향상되었을 뿐만 아니라 국어 공부에 자신감을 갖게 되었습니다.

이런 변화를 경험한 후 그간 강의한 내용 중에서 용어와 관련한 것을 한 권의 책으로 묶기로 하였습니다. 학교 내신 문항과 수능 국어의 문항 그리고 답지와 〈보기〉에 나오는 용어를 풀어 쉽게 설명하는 것! 이 책에서는 한자어로 된 전문 용어를 풀어 설명하고 다양한 예문과 문항을 통해 학생 스스로 학습하도록 했습니다.

2

나는 한때 우리나라 사교육 메카라고 불리는 곳에서 이름을 날린 적이 있습니다. 사교육의 전설이 된 선배 강사들과 경쟁하며 노량진, 청담동, 대치동 등을 무대로 하여 당대 수능 언어영역(현 수능국어) 전국 수석을 수차례 배출하기도 하였습니다. 또한 사교육의 중심인 목동에 국어학원을 열어 분에 넘치는 관심을 받기도 하였습니다.

그러나 한편으로 회의가 드는 것을 어찌할 수 없었습니다. 교재와 강의의 노하우를 공개하지 않고 비법을 독점함으로써 나만의 이익을 취한다는 것이 부끄러워진 것입니다. 그리하여 인터넷을 통하여 강의를 공개한 적이 있고, 지금은 이런 내용이 보편화, 대중화되어 각종 교재와 인터넷 방송 등에서 차용된 것으로 알고 있습니다. 다행한 일이지만, 간혹 부정확한 설명들도 눈에 띄고 보다 심화된 개념과 문항 등에 대한 설명도 부족해 보였습니다. 더욱이 영리를 목적으로 하지 않을 수 없는 인터넷 방송의 수강료가 또 다른 부담이 되고 있다는 현실이 안타까웠습니다. 이를 바로잡는 길에 뛰어들고자 했지만 능력의 부족을 절감하며 나 자신을 먼저 심화할 필요성을 느꼈습니다.

3

나는 그간 부족한 능력을 채우고 전문성을 강화하기 위해 늦은 나이에 대학원 공부를 시작하여 문학박사 학위를 얻었습니다. 이것은 세상의 명예를 얻기 위한 것이기보다는 먼저 터득한 것을 후배들과 나누고자 하는 준비의 과정이었습니다. 부끄럽지만 이제 준비가 되었다고 생각합니다. 그간 수능 언어(수능 국어)를 강의하면서 터득한 경험과 전문성을 바탕으로 그동안의 강의 경험을 살려, 학생 스스로 쉽고 정확하게 공부할 수 있도록 교재를 집필하기 시작했습니다. 또한 그 내용을 동영상 강의로 만들어 팟캐스트에 올림으로써 수험생을 비롯하여 국어를 공부하는 많은 사람들에게 도움을 주고자 합니다.

4

"겸손한 만남, 자랑스러운 헤어짐!"

입시계의 전설로 남아 있는 선배 강사 유두선이 한 말입니다.

나는 이 책과 무료 인터넷 강의를 통하여 입시를 앞둔 수험생과 국어를 공부하는 전국의 학생들을 겸손하게 만나고 싶습니다. 이 강의를 통하여 학생들에게 배울 것이며, 강의를 접하는 다른 선생님들의 조언을 통해 더욱 배워 나갈 것입니다. 그리하여 여러분들이 국어 공부에 자신감이 붙고 스스로 공부하여 실력을 향상시켜 원하는 성적을 거둘 수 있게 될 때, 우리는 자랑스럽게 헤어지게 될 것입니다. 이제 우리에게 주어진 것은 여러분과 내가 겸손하게 만나서 그리고 서로의 열정과 열망을 함께 모아 나아가며 아름다운 헤어짐을 준비하는 것입니다.

부끄럽지만 우선 ≪수능국어 절대어휘 상상사전≫의 첫 번째 책인 〈운문 편〉을 세상에 내놓습니다. 더불어 무료 인터넷 강의도 학생들에게 내놓습니다. 책과 강의를 통해 이 책을 만나게 될 학생들이 국어에 자신감을 얻고 언어와 문학을 즐기게 되길 바랍니다. 또한 이 책을 만나면 반드시 국어가 재미있게 다가오리라 확신합니다. 그리고 이 말을 꼭 전하고 싶습니다.

자신의 능력을 100% 확신하라.
자신의 삶과 미래를 절대적으로 사랑하라.

이 책이 학생들에게 도움이 된다면 가까운 시일 내에 〈산문 문학 편〉. 〈문법 편〉. 〈독서 편〉 그리고 〈실전 유형 개념 편〉. 〈실전 문제집 편〉도 세상에 내놓을 것을 약속합니다.

2013년 11월 수능을 앞둔 날에 목동 연구실에서

이 규 배

차례

시와 수사법 **II**

시와 운율

IV

시와 심상

V

시적화자와 어조

시와 미학

문학은 흔히 운문과 산문으로 나눠. 운율이 있는 글과 자유로운 글인 셈이지. 운율이 있는 글, 즉 시나 시가는 노래에 기원하고 있다고 볼 수 있어. 노래에서 가락만 빼면 그게 바로 시야. 노래는 반복된 내용이나 리듬이 많이 등장하는 반면 산문, 즉 이야기는 줄거리가 있고 시에 비해 길다고 할 수 있지. 노래는 또 압축적이야. 하고 싶은 이야기를 리듬에 담아 함축적으로 표현한 것이 시라고 할 수 있어. 여기서는 이런 시라는 문학 갈래의 본질이 무엇인지, 그리고 시의 특징이라고 일컬어지는 함축성이라는 게 뭔지 함께 알아보자.

I

시문학 갈래의
본질과 함축성

운문 문학의 개념과 특징

1

• 산문(散文) 틀에 얽매이지 않고 자유로운 형태[散]의 글[文]이라는 뜻으로, 운문의 상대어. 흔히 소설이나 수필 따위의 글을 일컬음. 산(散)은 흩어지다는 뜻인데, 정형화된 형태 없이 자유로운 형태를 뜻하는 말로 쓰임.

보통 시, 소설, 희곡 등을 '문학'이라고 하고, 논설문, 설명문 등을 '비문학'이라고 하지. 국어를 문학과 비문학으로 나누는 것이 합당한지는 더 생각해 봐야 할 문제야. 하지만 수험생들에게 이런 분류가 익숙해져 있으니 일단은 쓸 수밖에. 어쨌든 문학이라고 하면 자신의 경험, 생각, 느낌을 소통할 것을 목적으로 아름답게 표현한 것이라고 할 수 있지. 논설문이나 설명문 등이 생각과 의견을 논리적이고 정확하게 전달하는 것을 목적으로 한다면, 문학은 아름답게 표현하는 것을 목적으로 한다고 할 수 있어.

문학을 나눌 때 다양한 기준에 따라 분류하는데, 크게는 **운문** 문학과 산문 문학으로 분류해. 이 책에서는 운문 문학을 다룰 건데, 운문 문학은 '시'라고 보면 돼.

韻 소리, 울림 **운**
文 글월, 무늬 **문**

운문 노랫말의 리듬과 말

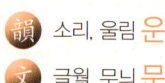

운문 문학은 노래에서 비롯되었어. 노래는 악기의 리듬에 실린 언어로 **표현**되지. 악기 반주에 맞추어 **부르면** 노래가 되고, 그 노랫말을 따로 베어 내 **읽으면** 시(詩)가 되는 거야. 옛날에는 노래와 시가 단단하게 결합되어 있었지. 그래서 고전 운문은 '노래 가(歌)' 자를 붙여 써서 **시가(詩歌)**, 즉 '노래시'라고 하는 거야.

그런데 노래는 리듬(rhythm)에 말뜻이 담겨 있어. 좀 어렵다구? 리듬이 느슨한지, 긴박한지에 따라서 노랫말이 없어도 분위기를 알 수 있잖아. 노랫말에서 그 리듬을 '운(韻)'이라고 하고, 뜻이 담긴 말을 '문(文)'이라고 해.

그러니까 운문 문학을 공부할 때 가장 기본이 되는 것은 '운(韻 → 운율)'을 분석하여 리듬을 아는 것과 '문(文)'을 통하여 말뜻을 아는 것, 두 가지야. 앞의 것을 시의 음악성이라고 배웠고, 뒤의 것을 시의 의미성이라고 배웠을 거야.

- **시의 음악성** 시에 형성된 시의 리듬, 즉 운율
- **시의 의미성** 시에 표현된 시인의 사상과 감정

앞에서 문학을 뭐라고 했지? '아름다움의 창조를 목적으로 하는 예술'이라고 했지. 그런데, 아름다움이 뭘까? 아름다움이란 눈에 보기 좋은 것만을 뜻하지는 않아. 아름다움에 대해 연구하는 학문을 '미학'이라고 하는데, 사람의 마음에 전율을 느끼게 할 정도로 예술적으로 표현된 것을 다 아름다움이라고 볼 수 있지. 따라서 문학도 말을 아름답게 표현하려고 하는 속성이 있기 마련이야. 이런 속성을 **형상성**이라고 해. 특히 운문 문학을 공부할 때는 시의 형상에 담긴 표현의 특질까지 알아야 하는 거야. 생각, 느낌, 감정 등은 눈으로 보거나 만질 수 없잖아. 시인의 감정을 독자에게 오롯이 전달하기 위해서는 그 감정을 눈에 보이는 것처럼 표현해야 하는데, 이를 시의 형상성이라고 해.

형상 시에 표현된 감각적이고 구체적인 시어의 모양이나 상태
└ 형   └ 상

形 모양 형
象 상태 상

- **시의 형상성** 눈으로 보거나 손으로 만질 수 없는 생각이나 감정을 아름다운 무늬와 같이 바꾸어 표현한 특성

2 서정문학의 갈래 특성과 시어의 함축성

운문 문학은 창작 시대와 형식에 따라 현대시와 고전시가로 분류해. 운문 문학을 형태로 분류하자면 현대시, 한시, 고대가요, 향가, 속요, 경기체가, 시조, 가사, 잡가, 민요 등 다양하게 분류할 수 있지. 이렇게 문학 작품을 어떤 기준에 따라 분류한 것을 '장르' 또는 '갈래'라고 해. 운문 문학을 흔히 서정 갈래, 서정 장르라고 표현하는데, 그 이유는 모두 사람의 감정을 중심으로 표현하는 문학 양식이기 때문이지. 좀 더 풀어서 말하자면 서정 장르는 사람의 기쁨, 분노, 슬픔, 즐거움, 미움, 욕망 등 사람의 다양한 감정을 다루는 문학 양식이라는 뜻이야. 좀 어려운가?

抒 쏟아 내다 서
情 감정 정

서정 감정을 쏟아 냄
　　└서　└정

敍 풀어 놓다 서
情 감정 정

서정 감정을 차례대로 풀어 놓음
　　└서　　　└정

서정을 글자 그대로 풀이하면, 감정을 쏟아 내거나 감정을 차례에 맞게 풀어 놓는다는 뜻이야. 조금 어렵게 말하면 '세계를 자아화하는 양식'이라고도 해. 좀 더 정확하게 표현하면 '특정한 리듬에 맞게 세계를 자아화하는 양식'이라고도 하지.
　　　　　　　　　　　　　　　└운율

⑴ 세계의 자아화(自我化)

'나'가 아닌 사람, 나무, 풀, 꽃 등등

여기서 '세계'는 '세계 지도'할 때의 '세계'가 아니야. 우리가 살아가면서 만나는 모든 것들을 세계라고 하지. 그러니까 문학에서 '세계'는 우리가 살면서 경험할 수 있는 '삶의 세계'를 뜻해. 자아는 '말하는 주체'나 '감정을 표현하는 주체'를 뜻하지.

자아 시에서 말하는 주체 또는 말하는 스스로의 나
자 아

自 스스로 자
我 나 아

앞에서 현대시와 고전시가를 '특정한 리듬에 맞게 세계를 자아화하는 양식'이라고 했지? 다음 시조를 읽고 세계와 자아에 대해 살펴볼까.

운율

> 이화우(梨花雨) 흩뿌릴 제 울며 잡고 이별한 님,
> 추풍낙엽(秋風落葉)에 저도 날 생각는가.
> 천리에 외로운 꿈만 오락가락 하노매.
>
> — 계랑, 「이화우 흩뿌릴 제」

계랑이 지은 위의 평시조에서 자아, 즉 말하는 주체는 '님과 이별한 나'로 '나'야. 그렇다면 세계는? '이화우(梨花雨), 님, 추풍낙엽(秋風落葉), 천리, 꿈' 등이라고 할 수 있어.

위 시조의 초장에서 자아인 '나'가 말하는 중심 정서는 님과 이별한 슬픔이야. '세계가 자아화된다는 것'은 세계가 자아의 정서로 바뀐다는 것이야. 따라서 이 시의 세계인 이화우는 자아의 이별의 슬픔으로 바뀌어 표현된 것이야. 달리 말하면, "이화우(梨花雨)에는 이별의 슬픔이 함축(含蓄)되어 있다."라고 하는 거야.

• 이화우 비에 배꽃이 젖어 떨어지는 모양을 표현한 말.

↱ 추풍낙엽(秋風落葉)

둘째 행인 중장에서 자아인 '나'는 가을바람에 떨어져 날리는 낙엽을 보면서 봄이 가고 가을이 다 가도록 소식 한 번 없는 임을 그리워하며 원망하고 있어. 따라서 '추풍낙엽'은 그리움과 원망의 감정이 **함축**된 것으로 표현된 것이야. 마지막 행인 종장의 '천리'는 멀리 떨어진 님과 만날 수 없는 이별의 거리감을 표현한 것이지.

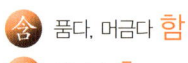

함축 시어에 자아의 감정이 <u>품어지고</u> <u>쌓인</u> 것
↳함 ↳축

이처럼 우리가 살고 있는 세계에서 만나는 것들을 주체의 감정으로 변화시켜 표현하는 것을 '세계의 자아화'라고 하는 거야. 어때! 쉽지?

(2) 세계의 자아화와 시어의 함축성

'자아화'의 '화(化)'는 '~으로 바뀌다'는 뜻인데, 주변 세계를 자아의 감정대로 바꾸어 표현하는 것을 '세계의 자아화'라고 해.

만약에 '이화우(梨花雨) 흩뿌릴 제 서로 만나 사랑한 님'이라고 표현되었다면? 이렇게 표현된 경우의 '이화우(梨花雨)'는 임을 만나 사랑했던 애틋한 기억과 그리움의 감정으로 '자아화'된 것이지.

따라서 이런 경우 '이화우(梨花雨)'는 임에 대한 사랑의 기억과 그리움의 의미가 함축되어 있다고 해야 하는 거야.

　정리해 보자.

서정(抒情)◀

서정(敍情)◀

　현대시와 고전시가를 함께 묶어서 서정 갈래 또는 서정 장르라고 한다
고 했지. 서정을 글자 그대로 풀이하면, 감정[정서]을 쏟아 냄 또는 감정을
차례에 맞게 풀어 놓는다는 뜻이라고 했어. 또 서정 장르는 사람의 감정을
중심으로 표현하는 문학 양식이라고 했는데, 조금 어렵게 말하면 '세계를
자아화하는 양식'이라 한다고 했지. 이 개념에 담긴 원리를 잘 이해하면
현대시와 고전시가의 시어(詩語)에 함축된 의미를 척척 해석해 낼 수 있을
거야.

　그러면 가수 빅뱅이 다시 불러서 더 인기를 얻은 이문세의 노래 「붉은
노을」을 통해서 개념을 정리하고 응용해 볼까?

> 소리쳐 부르지만
> 저 대답 없는 노을만 붉게 타는데.
>
> — 이문세, 「붉은 노을」 부분

- **자아**　임과 이별한 '나'
- **세계**　노을

'노을'에 함축된 의미는 뭘까?

'떠나간 임에 대한 그리움!'

　잘했어. 그럼 한 걸음 더 나아가 보자. 그것도 맞지만 보다 치밀하게 생
각해 보자는 거지.

'아무리 불러 봐도 대답이 없는 멀리 떠나간 임!'

　참 잘했구나. 그런데 여기서 더 생각해 볼 수는 없을까?

'해가 지고 붉은 노을이 남은 것처럼 임이 떠나가고 내 마음에 남은 이별의 아픔과 임에 대한 그리움!'

아주, 잘했어. 세 가지 모두 잘 해석한 거야. 그런데 어떤 해석이 더 설득력이 있다고 생각하니? 그것은 이미 너희들 스스로 알았을 거야.

(3) 자아의 태도 변화와 시어의 의미 변화

앞에서 '시어에 함축된 의미'라는 말을 여러 번 썼어. 함축(含蓄)을 글자 그대로 풀면, '안으로 품어 쌓고 모은 것'이라는 뜻이야. '含'의 모양을 보면, 뭘 먹으려고 입을 크게 벌린 얼굴 모양과 같아. 그리고 '蓄'은 밭 위에 농작물을 쌓아 둔 모양이지.

비유적으로 말하면 '시어의 함축적 의미'는 말하는 주체의 감정을 시어가 입을 벌려 물고 있는 의미라고 할 수 있어.

> 나 보기가 역겨워
> 가실 때에는
> 말없이 고이 보내 드리우리다.
>
> 영변(寧邊) 약산(藥山)
> 진달래꽃
> 아름 따다 가실 길에 뿌리우리다.
>
> — 김소월, 「진달래꽃」 부분

이 시에서 말하는 주체인 '나'는 나를 버리고 가는 임을 오히려 축복해 주겠다고 말할 정도로 임을 사랑하고 있는 여성적 **화자**야.

話 말하다 화
者 놈 자

화자 시에서 말하는 주체
↳화 ↳자

그런데 어느 날인가 '나'를 보는 것이 토할 듯 역겹다고 하면서 떠나갈 때, 아름답고 붉은 진달래꽃을 한아름 따서 임 가는 길에 뿌려 준다고 하네. 그러니까 '진달래꽃'에는 임을 보내는 '나'의 슬픔과 떠나는 임을 원망하기보다 임이 잘 되라고 축복하는 마음이 함축된 거야.

↳정서

그러나 다음을 보자.

> 동방은 하늘도 다 끝나고
> 비 한 방울 내리잖는 그 때에도
> 오히려 꽃은 빨갛게 피지 않는가
> 내 목숨을 꾸며 쉬임없는 날이여
>
> — 이육사, 「꽃」 부분

이 시의 화자(話者)인 '나'는 비가 한 방울도 내리지 않는, 하늘이 끝난 동방에서 빨갛게 피어나는 꽃을 보고 감탄하고 있어. 그리고 자신도 그런 '꽃'을 피우기 위해 쉬지 않고 목숨을 꾸며 간다고 하지. 이런 경우의 '꽃'은 목숨이 위협받는 어려움 속에서도 피어나는 생명의 힘과 의지가 함축된 것이라고 하는 거야.

정리해 보자.

왜 이 책에서는 '꽃'을 중심 소재로 한, 두 편의 시를 인용하여 시어의 함축성을 설명했을까? 그것은 진달래꽃이든 장미꽃이든 한 편의 시에서 그 함축적 의미는 '말하는 주체의 감정에 따라 의미가 변화하며 결정된다.'는 것을 강조하기 위해서야.

↳정서

> **• 시적 의미** 시적 화자의 감정의 변화에 따라 의미도 변화하며 결정된다.

현대시와 고전시가를 아울러 '세계를 자아화하는 양식'이라고 하는 것은 바로 이 같은 이유에서야.

⑷ 시어의 내포와 외연

앞에서 '시어에 함축된 의미'라는 말을 여러 번 썼어. 함축(含蓄)을 글자 그대로 풀면, '안으로 품어 쌓고 모은 것'이라는 뜻이야. '含'의 모양을 보면, 뭘 먹으려고 입을 크게 벌린 얼굴 모양을 형상화한 문자라고 했지. 그런데 이 함축적 의미를 다른 용어로 '내포'라고도 해.

內 안 내
包 보따리로 싸안다 포

내포 시어가 화자의 감정을 안에 보따리로 싸안듯이 껴안음
　　　　　　　　　　　　　　　　　내　　　포

시의 의미를 말할 때 '내포'는 '함축'과 같은 의미야. 시어의 '함축적 의미'나 '내포적 의미'는 같은 뜻을 지닌 개념으로 사용되니까 꼭 알아 둬야 해. '包'는 어린아이를 배 속에 품고 있는 모양을 본뜬 글자야. 그러니까 '내포'는 어린아이를 배 속에 품듯이 안[內]에 품고 있다는 뜻이지. 그런데 이 '내포'와 반대되는 용어는 뭘까? 바로 '외연(外延)'이야.

外 바깥 외
延 덮개 연

외연 시어가 객관적 사물의 바깥 덮개 즉 외부 세계를 지시하는 것
　　　　　　　　　　　　　　　　외　연

'외연'을 글자 그대로 풀면, 자아의 감정이 아닌 외부 세계를 객관적으로 지시하는 의미라고 할 수 있어. 앞에서 공부한 김소월의 「진달래꽃」에서 '진달래꽃'은 이별의 슬픔과 떠나는 임에 대한 축복의 의미가 '내포'된 동시에 '진달랫과에 딸린 좀나무에 피는 꽃으로 4월에 불그레한 꽃이 3~5개씩 모여 피는 꽃'이라는 '외연'을 지녀. 이 외연을 '객관적 의미, 사전적 의미, 외부 지시적 의미'라고 해.
　　　　　　　　　　　　　　　　　　　　　　　　함축

- **외연적 의미** 객관적 의미, 외부 지시적 의미, 사전적 의미

적용과 문제 풀이

다음 시를 읽고 물음에 답하시오.

| 2006 대구시 9급 공무원 시험 |

이제 바라보노라.
지난 것이 다 덮여 있는 눈길을.
온 겨울을 떠돌고 와
여기 있는 낯선 지역을 바라보노라.
나의 마음 속에 처음으로
㉠눈 내리는 풍경
세상은 지금 묵념의 가장자리
지나 온 어느 나라에도 없었던
설레이는 평화로서 덮이노라.
바라보노라 온갖 것의
보이지 않는 움직임을
눈 내리는 하늘은 무엇인가.
내리는 눈 사이로
귀 기울어 들리나니 대지(大地)의 고백(告白).
나는 처음으로 귀를 가졌노라.
나의 마음은 밖에서는 눈길
안에서는 어둠이노라.
온 겨울의 누리 떠돌다가
이제 와 위대한 적막(寂寞)을 지킴으로써
쌓이는 눈더미 앞에

나의 마음은 어둠이노라.

– 고은, 「눈길」

1 ㉠의 '눈'과 함축적 의미가 가장 유사한 것은?

① 한여름에 들린 / 가야산 / 독경소리

　　오늘은 철늦은 서설(瑞雪)이 내려

　　비로소 벙그는 / 매화 봉오리

② 눈은 살아 있다 / 죽음을 잊어버린 영혼과 육체를 위하여

　　눈은 새벽이 지나도록 살아 있다

③ 지금 눈 내리고 매화 향기 홀로 아득하니

　　내 여기 가난한 노래의 씨를 뿌려라

④ 이 집에 살던 일곱 식솔이 / 어데론지 사라지고 이튿날 아침

　　북쪽을 향한 발자욱만 눈 위에 떨고 있었다.

해설

앞에서 공부한 것을 적용해 보자.

시어의 함축적 의미는 자아의 감정과 태도에 따라 결정되는 것이라고 했지. 고은의 시 「눈길」에는 자아가 '나'로 직접 나왔네.

> 이제 바라보노라.
> 지난 것이 다 덮여 있는 눈길을.
> 온 겨울을 떠돌고 와
> 여기 있는 낯선 지역을 바라보노라.

이 시의 3행 "온 겨울을 떠돌고 와"라는 표현에서 알 수 있듯이 '나'는 오랜 방황을 했다고 볼 수 있지. 그래서 '온 겨울'에는 '방랑', '방황', '시련' 등의 의미가 함축되었다고 하는 거야. 그런데 현재 눈길은 "지난 것이 다 덮여 있는 눈길"이라고 말하네.

정답 ①

'지난 것'은 '온 겨울'과 같은 시간의 의미로 '방황과 시련'을 뜻해. 그렇다면 '지난 것이 다 덮여 있는 눈길'은 '지난날의 방황과 시련이 눈에 하얗게 덮여 지워진 상태'를 뜻하는 거야. '깨끗하고 고요해진 현재 마음의 상태'라고 봐야겠지. 그래서 '눈길'의 의미는 '정신적 평온'을 뜻하는 거야.

나의 마음속에 처음으로
㉠눈 내리는 풍경
세상은 지금 묵념의 가장자리
지나 온 어느 나라에도 없었던
설레이는 평화로서 덮이노라.

위 부분을 읽어 보니까 '나'의 현재 심리와 태도가 더 분명해지지? "지나 온 어느 나라에도 없었던 / 설레이는 평화로서 덮이노라"라고 말한 부분을 보니까, '눈길'의 의미가 더욱 분명해진 거야. '온 겨울을 떠돌고 와'서는 '지난 것'은 '나의 마음속에 처음으로' 눈이 내려와 '설레이는 평화로서 덮이노라'라고 했어. 지나 온 겨울의 방황에서 온 고통이나 고뇌 등은 눈이 이미 평화롭게 덮어 주고 지워 준 거야.

좀 더 읽어 볼까?

바라보노라 온갖 것의
보이지 않는 움직임을
눈 내리는 하늘은 무엇인가.
내리는 눈 사이로
귀 기울어 들리나니 대지(大地)의 고백(告白).
나는 처음으로 귀를 가졌노라.

앞에서 이 시의 자아는 오랜 방랑과 방황을 끝냈다고 했어. 그런 '눈'이 지난날을 평화롭게 덮어 주었다고 생각하기 때문이지. 그래서 내리는 눈을 '평화'라고 한 거야.

그런데 '보이지 않는 움직임을' 본다는 뜻은 뭘까? '보이지 않는 움직임'을 '바라보노라'라는 것은 모순된 진술, 즉 역설법으로 표현된 거야. 보이지 않는 움직임을 본다는 것은 육안이 아니라 마음으로 본다는 것이야. 마음으로 보는 것, 즉 심안(心眼)으로 보는 것을 '관조'라고 해.

관조 고요한 마음으로 사물이나 현상을 보거나 비추어 봄
관 조

觀 보다 관

照 비추다 조

'나'는 '관조'를 통해서 '귀 기울어 들리나니 대지의 고백'이라 하고, '나는 처음으로 귀를 가졌노라'라고 말했어. '대지의 고백'은 '눈길의 고백'과 같은 것이고, '눈길'이 평화로운 마음이 깊어지고 고요해진 상태라면, '대지의 고백'은 깨끗하고 고요해진 마음에서 울리는 진리의 소리로 이해되는 거야. 진리를 깨달은 순간의 감격, 그것의 표현이 '처음으로 귀를 가졌노라'라는 시행의 의미야.

불교에서 진리를 깨닫는다는 것은 번뇌를 승화하는 것인데, "귀 기울어 들리나니 대지의 고백 / 나는 처음으로 귀를 가졌노라"라는 표현은 바로 번뇌가 사라지는 '열반의 진리'를 표현한 것이라고 볼 수 있어.

나의 마음은 밖에서는 눈길

안에서는 어둠이노라.

온 겨울의 누리 떠돌다가

이제 와 위대한 적막(寂寞)을 지킴으로써

쌓이는 눈더미 앞에

나의 마음은 어둠이노라.

그런데 이 시에서 '어둠'의 의미는 어떻게 해석해야 할까? 여기서 '어둠'은, "나의 마음은 밖에서는 눈길 / 안에서는 어둠이노라"로 표현된 것으로 온갖 괴로운 생각들마저 어둠에 묻혀 보이지 않는 평화로운 마음의 상태를 은유한 것이야. 좀 더 어렵게 말하면 눈처럼 깨끗해지다 갑자기 '눈'마저 보이지 않는 캄캄한 상태로서, '모든 괴로움과 기쁨마저도 보이지 않는 무(無)'의 의미가 '어둠'인 거야. 이런 것을 불교에서는 '무념무상(無念無想)의 평온', 즉 '열반'이라고 해.

고은의 시에서 '눈'의 의미가 불교적 의미의 평화나 열반의 의미가 함축되므로, '한여름에 들린 / 가야산 / 독경소리 // 오늘은 / 철늦은 서설(瑞雪)이 내려 // 비로소 벙그는 매화 봉오리'의 '서설'과 같아. '서설'은 상서로운 눈으로, 가야산 절에서 도를 닦으며 불경을 읽는 노스님의 태도가 함축되어 있기 때문에 '눈'과 유사한 의미를 함축하게 되는 것이야.

과거의 자아	현재의 자아
방랑과 고뇌	평화, 평온, 열반
지난 것, 온 겨울, 지나 온 나라	눈길, 묵념의 가장자리, 평화, 보이지 않는 움직임, 대지의 고백, 위대한 적막, 쌓이는 눈더미, 어둠

다음 시를 읽고 물음에 답하시오.

| 2008학년도 수능 |

> 차단한 등불이 하나 비인 하늘에 걸리어 있다.
> 내 호올로 어딜 가라는 ㉠슬픈 신호냐.
>
> 기인 여름 해 황망히 나래를 접고
> ㉡늘어선 고층(高層), 창백한 묘석(墓石)같이 황혼에 젖어
> 찬란한 야경(夜景) 무성한 잡초인 양 헝클어진 채
> 사념(思念) 벙어리 되어 입을 다물다.
>
> 피부의 바깥에 스미는 어둠
> ㉢낯설은 거리의 아우성 소리
> 까닭도 없이 눈물겹고나.
>
> ㉣공허한 군중의 행렬에 섞이어
> 내 어디서 그리 무거운 비애를 지고 왔기에
> 기일게 늘인 그림자 이다지 어두워
>
> 내 어디로 어떻게 가라는 슬픈 신호기
> ㉤차단한 등불이 하나 비인 하늘에 걸리어 있다.
>
> — 김광균, 「와사등」

2 위의 ㉠~㉤ 중 〈보기〉의 밑줄 친 부분에 해당하는 시어로 보기 어려운 것은?

〈보기〉

　서정적 자아는 세계를 내면화한다. 이런 작용으로 서정시에서 자아는 상상적으로 세계와 하나가 된다. 그렇지만 근대 이후의 문명사회에서 자아와 세계의 조화나 통일은 달성하기가 매우 어려운 일이다. 그래서 근대 이후의 서정시에서는 <u>자아와 세계 사이의 분열에 대한 자아의 반응을 함축하고 있는 시어들</u>이 자주 나타난다.

① ㉠   ② ㉡   ③ ㉢

④ ㉣   ⑤ ㉤

정답 ②

• 와사등(瓦斯燈) 가스로
　켜는 가로등

 해설

　이 시의 자아는 와사등이 켜지는 도시의 저녁을 방황하며 세계로부터 소외감을 느끼고 있어. 자아와 세계 사이의 분열에 대한 반응은, '슬프다(슬픈), 낯설다(낯설은), 공허하다(공허한), 차다(차단한)'로 표현되었지. '늘어선 고층' 그 자체는 소외감 또는 분열이라고 볼 수는 없지. 그러나 '고층'을 '창백한 묘석'이라고 한 것은 도시에 대한 소외감, 극도의 분열 의식이라고 할 수 있어.

다음 시를 읽고 물음에 답하시오.

밤의 식료품 가게
케케묵은 먼지 속에
죽어서 하루 더 손때 묻고
터무니없이 하루 더 기다리는 북어들,
북어들의 일개 분대가
나란히 꼬챙이에 꿰어져 있었다.
나는 죽음이 꿰뚫은 대가리를 말한 셈이다.
한 쾌의 혀가
자갈처럼 죄다 딱딱했다.
나는 말의 변비증을 앓는 사람들과
무덤 속의 벙어리를 말한 셈이다.
말라붙고 짜부라진 눈,
북어들의 빳빳한 지느러미.
막대기 같은 생각
빛나지 않는 막대기 같은 사람들이
가슴에 싱싱한 지느러미를 달고
헤엄쳐 갈 데 없는 사람들이
불쌍하다고 생각하는 순간,
느닷없이
북어들이 커다랗게 입을 벌리고
거봐, 너도 북어지 너도 북어지 너도 북어지
귀가 먹먹하도록 부르짖고 있었다.

– 최승호, 「북어」

3 위 시의 밑줄 친 시어 중 함축적 의미가 <u>다른</u> 것은?

① 대가리   ② 혀   ③ 눈

④ 지느러미   ⑤ 입

정답 ⑤

먼저 '대가리'는 죽음이 꿰뚫은 것이라고 했고, '혀'는 자갈처럼 딱딱한 것이라고 했어. 그리고 '눈'은 말라붙고 짜부라진 것이며, '지느러미'는 헤엄칠 수 없게끔 빳빳한 것으로 표현되었지. 죽었다는 점에서 이상의 네 가지 시어는 서로 의미가 비슷해. 그러나 '입'은 '나'도 북어라며 귀가 먹먹하도록 놀라게 만드는 것으로, 살아 있는 것이잖아. 따라서 '입'은 나머지 네 개의 시어와 그 의미가 다른 거야.

최승호의 「북어」는 상징적인 성격의 시로, 현대 사회의 인간 소외라는 큰 범주에 속하는 일종의 주지시야.

主 지성을 주
知 중시하는 지
詩 현대시 시

주지시 지성을 중시하는 경향의 현대시
　↘주　↘지　　　↘시

'북어'는 사고력(대가리)과 언어(혀)가 마비되고, 판단력이나 전망(눈)이 없으며, 이상과 꿈(바다)을 추구할 수 없는 존재(지느러미)인 현대인을 상징한 것이야. 이 시의 자아인 '나'는 북어를 보면서, 인간다움(사고력, 판단력, 이상에 대한 꿈, 주체적으로 자신을 표현하기)을 상실한 현대인을 떠올리고 이를 비판했어. 그러다가 갑자기 '나' 또한 그런 인간과 다를 바 없다는 깨달음과 반성을 하게 되는데, 그 매개체가 바로 "거봐 너도 북어지, 너도 북어지"하고 말하는 '입'이야.

媒 관계를 맺어 주는 매
介 사이에서 개
體 물체나 소재 체

매개체 일정한 감정을 일으키기 위해 둘 사이에서 양쪽의 관계를 맺어 주는 물체나 소재
　　　　　　　　　　　↘개　　　　　　　↘매
　　↘체

상대에게 자신의 생각과 느낌을 잘 전달하려면 표현을 잘해야 해. "너는 참 예뻐."라는 표현보다 "너는 한 떨기 장미꽃 같애."라고 말한다면 듣는 상대방은 '장미꽃'을 연상하게 되겠지. 이처럼 예쁘다는 막연하고 추상적인 표현보다 더 구체적이고 감동적인 표현을 하게 됨으로써 상대에게 전하고자 하는 생각과 느낌을 보다 구체적이고 강렬하게 전달할 수 있는 거야. 여기서는 표현하는 여러 가지 방법에 대해 함께 알아보자.

시와 수사법

1 비유법

우리가 말을 하는 목적은 다른 사람과 의사소통을 하기 위해서야. 물론 혼잣말 같은 것도 있지만 대부분은 상대에게 자신의 생각, 느낌, 의견을 전달하기 위해서 말을 하지. 그런데 그 생각, 느낌, 의견을 제대로 전달하기 위해서는 일종의 기술이 필요해. 상대를 설득시키기 위한 목적이냐, 감동시키기 위한 목적이냐에 따라 사용되는 표현법이 조금씩 다르지. 특히 시는 말을 고운 무늬처럼 아름답고 신비롭게 다듬어 표현하는 언어 예술이야. 이렇게 말을 다듬고 꾸미는 것을 '**수사(修辭)**'라고 해. 범인을 잡기 위해 조사하는 수사(搜査) 말고.

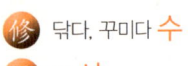

修 닦다. 꾸미다 수
辭 말 사

수사 말하는 목적에 맞도록 말을 아름답고 가지런하게 꾸며 표현하는 방법
　　　　　　　　　　　　　↳사　　　　　　↳수

　수사법 중 가장 흔하게 쓰이는 방법이 바로 '비유'야. 비유(比喻)는 말하고자 하는 바를 다른 어떤 것에 견주어 표현하는 방법을 말해. 말하고자 하는 바는 '원관념'이라고 하고, 견주어지는 다른 어떤 것은 '보조 관념'이라고 하지.

比 견주다 비
喻 이르다 유

비유법 말하고자 하는 뜻을 다른 사물에 견주어 일러 표현하는 방법
　　　　　　　　　　　　　　　　　　　↳비　↳유

따라서 비유법은 '원관념'과 '보조 관념'으로 구성되는 거야. 그리고 '원관념'과 '보조 관념'은 서로 다르면서 서로 유사한 점을 지니지.

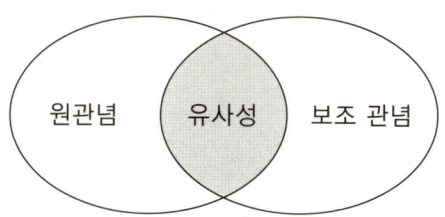

앞에서 가장 많이 쓰이는 수사법이 비유라고 했지. 비유법을 대표하는 표현법에는 은유법 · 직유법 · 대유법 · 의인법 등이 있어. 그럼, 이제부터 비유법에 대해 자세히 알아보자.

(1) 은유법과 직유법

은유(隱喩)는 말하는 뜻을 직접 드러내지 않고 숨겨서 비유하는 표현법이고, 직유(直喩)는 말하는 뜻이 직접 드러나도록 비유하는 표현법이야.

은유법 말하는 뜻을 직접 드러내지 않고 숨겨서 일러 표현하는 방법
은   유

隱 숨다 은
喩 이르다 유

은유법은 보조 관념에 '~처럼' '~같이' '~인 듯' '~인 양' 하는 말이 따라 붙지 않아. 은유법은 '원관념＋보조 관념'의 형식으로 표현되며, 전달하는 뜻이 보조 관념 속에 완전히 숨겨져 있게 되는 거야. 그래서 '숨긴다'는 뜻의 '은(隱)' 자를 사용하는 거야.

- **은유법** 예1 내 마음은 호수요.
  　　　　　　　원관념　　보조 관념

  예2 내 마음의 감옥.
  　　　　원관념　　보조 관념

그러나 **직유법**은 보조 관념에 '~처럼' '~같이' '~인 듯' '~인 양' 하는 말이 따라붙는 표현법이야. 직유법은 '원관념＋보조 관념＋~처럼' 또는 '~같이' 또는 '~인 듯' 또는 '~인 양' 등의 형식으로 표현되는 거야. 그리고 대개 말하고자 하는 뜻이 직접 드러나지. 그래서 '직접'의 뜻을 지닌 '직(直)' 자를 사용하는 거야.

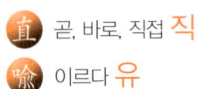
直 곧, 바로, 직접 **직**
喩 이르다 **유**

직유법 말하는 뜻이 직접 드러나도록 일러 표현하는 방법
　　　　　　　　　　　　　　↘직　　　　　↘유

- **직유법** 예1 내 마음은 호수처럼 맑다.
  　　　　　　　원관념　　보조 관념

  예2 내 마음은 감옥과 같이 답답하다.
  　　　　　　원관념　　　보조 관념

(2) 대유법 : 제유법 + 환유법

대유(代喩)는 표현하고자 하는 것을 대상의 '한 부분'이나 '한 특징'으로 대시하여 표현하는 비유법이야. **대유법(代喩法)**의 '대(代)' 자는 '대신하다'의 뜻이지. 특히 표현하고자 하는 전체 대상의 '한 부분'으로써 전체를 표현하면 **제유법(提喩法)**이라고 해. '제(提)' 자는 '끌어 일으키다'는 뜻으로, 더 정확하게 말하면 '부분으로 전체를 끌어 일으킨다.'는 뜻이야.

- 제유법은 대유법의 한 방법이다.

대유법 표현하고자 하는 사물을 대상의 일부분으로 대신하여 일러 표현하는 방법

대 유

제유법 표현하고자 하는 사물을 대상의 부분으로 대상 전체를 끌어 일으키어 일러 표현하는 방법

제

유

> ① 빼앗긴 들에도 봄은 오는가?
> ② 밥을 먹어야 살지, 밥을 먹어야 살지!

　①에서는 '국토' 전체를 그 부분인 '들'로 대신하여 표현하였고, ②에서는 '음식물' 전체를 대표하는 부분인 '밥'으로 대신하여 표현했어. 대유법(제유법)이 사용된 거지.

　한편 같은 대유법이면서도, 대상의 어느 한 특징으로써 그 대상을 대신하여 표현하는 비유법을 **환유법(換喩法)**이라고 해. '환(換)' 자는 '바꾸다'의 뜻으로, 더 정확히 말하면 대상을 대상과 가까운 한 특징으로 바꾼다는 뜻이야.

환유법 표현하고자 하는 사물을 그 사물과 가까운 한 특징으로 바꾸어 대신 일러 표현하는 방법

환

유

> 금테가 고무신을 깔본다.

　'금테'는 '금테 안경을 쓴 사람'을 대신하는 것이고, '고무신'은 '고무신을 신은 사람'을 대신하는 말이야.

> 저녁 밥상에 애기가 없다.
> 애기가 앉던 밥상에 한 쌍의 은수저
> 은수저 끝에 눈물이 고인다.
>
> – 김광균, 「은수저」 부분

'은수저'는 죽은 아기가 살아 있을 때 사용하던 것으로 '아기'를 대신하여
표현된 사물이야.

이렇듯 어떤 대상을 그 부분으로 바꾸어 표현하는 제유법과 대상을 떠
올릴 수 있는 대상과 연관된 어떤 특징으로 바꾸어 표현하는 환유법, 이
두 가지 표현법을 함께 묶어서 대유법이라고 해.

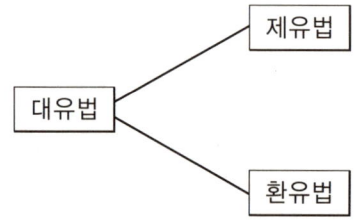

(3) 의인법과 활유법

의인법(擬人法)의 '의(擬)' 자는 '흉내 내다, 모방하다'라는 뜻을 지닌 문
자야. 그러니까 의인(擬人)은 '사람 아닌 대상'을 '사람과 같이 비유하여 표
현하는 수사법'이지.

 흉내 내다 의

人 사람 인

의인법 사람 아닌 대상을 사람처럼 흉내 내어 표현하는 수사법
　　　　　　　　　　　　　　　↘인　　↘의

> 어리고 성긴 매화 너를 믿지 않았더니,
> 눈 기약 능히 지켜 두세 송이 피었구나.
> 촉 잡고 가까이 사랑할 제 암향 부동터라
>
> — 안민영, 「매화사」 2수

사람이 아닌 매화를 '너'라고 부르고, 눈 오는 날 꽃 피우겠다는 약속을 했다 또는 약속을 지켰다고 하여 사람처럼 표현했어.

> 강호에 여름이 드니 초당에 일이 없다.
> 유신(有信)한 강파(江波)는 보내느니 바람이다.
> 이 몸이 서늘하옴도 역군은(亦君恩)이샷다.
>
> — 맹사성, 「강호사시가」 2수

강의 물결을 뜻하는 강파(江波)를 사람과 같이 믿음을 지킨다[유신(有信)]고 표현했어.

한편 **활유법(活喩法)**은 생명이 없는 대상을 생명체처럼 비유하여 표현하는 수사법이야. '활(活)'은 '살아 있다'는 뜻이야.

활유법 생명이 없는 대상을 살아 있는 것처럼 표현하는 비유법
　　　　　　　　　　　　　　　↘활　　　↘유

活 살아 있다 **활**

喩 이르다 **유**

> 모든 산맥들이
> 바다를 연모(戀慕)해 휘달릴 때도
>
> — 이육사 「광야」 부분

• 연모(戀慕) 간절히 사랑하여 그리워하는 감정.

'산맥'은 살아서 달려가지 못하지만, 살아 있는 생명체처럼 '휘달린다'고 했어. 그래서 '활유법'이 사용되었다고 하는 거야. 또한 '연모'는 간절히 사랑하여 그리워하는 사람의 감정이므로 '의인법'도 사용되었다고 하는 거야.

> 강호에 여름이 드니 초당에 일이 없다.
> 유신(有信)한 강파(江波)˙는 보내느니 바람이다.
> 이 몸이 서늘하옴도 역군은(亦君恩)이샷다.
>
>   – 맹사성, 「강호사시가」 2수

• 강파(江波) 강의 물결.

↗유신(有信)

   강파(江波)를 사람과 같이 믿음을 지킨다고 표현했으므로 의인법이 사용된 것이면서, '강파'가 비생명체인데 생명체처럼 믿음을 지키고 바람을 보내 준다고 하니 활유법이 사용되었다고도 하는 거야.

(4) 복합 비유

   한 대상을 두 가지 이상의 비유법을 사용해서 표현하면, 이를 복합 비유라고 하는 거야.

> 이제 밤이 차다
> 나는 또 너를 내 머리맡에 있게 하마
> 나는 즐겨 너를 위해 종이 되리우니
> 너의 그 드리운 치맛자락으로 우리의 겨울을 가리우자
>
>   – 김동명, 「파초」 부분

   식물인 '파초'를 치마를 입은 여인에 비유했으므로 의인법이 사용되었고, 파초 잎을 '치맛자락'이라고 비유했으니 은유법도 사용되었지. 이런 경우 대상을 의인법과 은유법을 통해 복합적으로 비유했다고 하는 거야.

> 백천동(百千洞) 곁에 두고 만폭동(萬瀑洞) 들어가니
> 은(銀) ᄀ ᄐ 무지개 옥(玉) ᄀ ᄐ 용의 초리
>
>   – 정철, 「관동별곡」 부분

여기서 만폭동의 폭포를 '무지개'라고 했으니 은유법이 사용된 것이고, 다시 이를 '은 같다'라고 했으니 직유법이 사용된 거야. '용의 초리'도 폭포를 은유법으로 표현한 것이고, 다시 이를 '옥 같다'고 했으니 직유법이 더 사용된 것이지. 이런 경우 한 대상으로 은유와 직유, 두 가지로써 '복합 비유'했다고 하는 거야.

2 강조법

강조법(强調法)은 말하는 목적에 맞게 전달하고자 하는 바를 분명히 강조하거나 단순하고 지루한 표현에 변화를 주어 의미를 생생하게 전달하는 표현법이야.

 强 굳세다, 강하다 **강**
調 조절하다 **조**

강조법 어떤 부분을 두드러지게 조절하여 강하게 전달하는 표현법
　　　　　　　　　　　　　　　↳조　↳강

　강조법의 대표적 표현법으로 과장법, 대조법, 대구법, 반복법, 점층법, 열거법, 연쇄법, 영탄법, 설의법, 문답법, 반어법, 역설법, 돈호법, 도치법 등이 있어.

(1) 과장법

　과장법(誇張法)은 사실보다 크게 확대하거나 지나치게 축소하여 뜻을 강조하여 전달하는 표현법이야. '과(誇)' 자는 말을 부풀려 말하다는 뜻이고, '장(張)' 자는 크게 하다는 뜻이야.

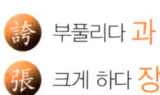 誇 부풀리다 **과**
張 크게 하다 **장**

과장법 사실보다 크게 부풀려 표현하는 수사법
　　　　　　　　　　↳장　↳과

> 대동강 물은 언제나 마르려나   大同江水何時盡
> 이별 눈물 해마다 푸른 강물에 떨어지는데   別淚年年添綠波
>
>   — 정지상, 「송인(送人)」 부분

대동강 강물이 마르지 않는 것은 벗을 보내며 흘리는 눈물의 양 때문이라고 말하네. 눈물의 양을 확대하는 방식으로 '과장'하여 벗을 보내는 슬픔을 강조하는 표현법을 사용한 거야.

> 내 마음의 햇살은 병아리 눈물만 하고
> 내가 사는 집은 송곳 꽂을 만큼도 안 되는구나

이 경우는 대상을 지나치게 축소하는 방식으로 표현한 과장법이야. 병아리 눈물만 한 햇살이나 송곳 꽂을 만큼도 안 되는 공간은 실제로는 없어. 과장하여 표현한 거지.

(2) 대조법

대조법(對照法)은 두 대상을 반대되는 방식으로 놓아 의미를 강조하는 표현법이야. 두 대상을 반대되는 방식으로 놓아 표현하는 대조법은, 시에서는 주로 '감각의 대비'로 자주 사용되는데 이럴 경우 의미가 선명하게 전달돼.

대조법 두 대상을 서로 마주 대하여 비추어 놓아 의미를 강조하는 표현법
                ↳대   ↳조

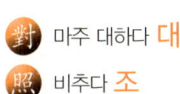

對 마주 대하다 **대**
照 비추다 **조**

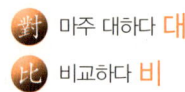

對 마주 대하다 대

比 비교하다 비

• **색채 감각의 대비**

> 아! 강낭콩꽃보다 더 푸른
> 그 물결 위에
> 양귀귀꽃보다 더 붉은
> 그 마음 흘러라
>
> – 변영로, 「논개」 부분

 '강낭콩꽃보다 더 푸른 그 물결'에 '양귀비꽃보다 더 붉은 그 마음'이 시
각적으로 선명하게 대조되고 있어. 나라를 구하기 위해 목숨을 던진 논개
의 애국심이 '붉은 색채 감각'으로 강조되고 있는 거지.

• **의미의 대비**

> 바릿밥 남 주시고 잡숫느니 찬 것이라
> 두둑히 다 입히시고 겨울이라 엷은 옷을
> 솜치마 좋다 하시더니 보공(補空) 되고 말아라
>
> – 정인보, 「자모사(慈母思)」

 자식에게는 좋은 음식을 주시고 어머니 당신께서는 궂은 음식을 잡수시
고, 자식들은 두둑히 입히시고 어머니 당신께서는 겨울에 엷은 옷을 입었다
는 내용을 서로 반대되게 대조하여 어머니의 희생적 사랑을 강조한 거야.

(3) 대구법

 대구법(對句法)은 비슷한 두 대상을 나란히 놓는 방식으로 의미를 생생
하게 강조하는 표현법이야.

대구법 비슷한 두 어구를 마주 대하여 놓아 의미를 강조하는 표현법
구 대

 마주 대하다 **대**
 글귀 **구**

> 돌담에 속삭이는 햇발같이
> 풀 아래 웃음 짓는 샘물같이
>
> – 김영랑, 「돌담에 속삭이는 햇발같이」 부분

'돌담에 속삭이는 햇발'과 '풀 아래 웃음 짓는 샘물'이 서로 쌍을 이루어 나란히 놓임으로써 봄날의 생명감과 어울리는 말하는 주체의 감정이 생생하게 전달되고 있지. 이렇듯 두 대상을 비슷하게 쌍을 지어 나란히 놓아 표현하는 수사법을 대구법이라고 해.

(4) 반복법

반복법(反復法)은 같은 내용이나 같은 문장 형식을 두 번 이상 되풀이하여 의미를 강조하는 표현법이야.

반복법 비슷한 내용을 돌이키고 되풀이하여 의미를 강조하는 표현법
반 복

 돌이키다 **반**
되돌리다 **복**

• **내용의 반복**

> 눈은 살아 있다.
> 떨어진 눈은 살아 있다.
> 마당 위에 떨어진 눈은 살아 있다.
>
> – 김수영, 「눈」 부분

'눈은 살아 있다'가 3번 반복되면서 눈이 살아 있다는 의미가 강조되었어.

- **통사** 말을 할 때 완결된 내용을 나타내는 최소의 단위. 하나 이상의 어절로 구성되고, 주부와 술부로 나눈다. 쉽게 '문장'이라고 이해해도 무방하다.

• 문장 형식(통사 구조)의 반복

> 강물이 푸르니 새 더욱 희고　　江碧鳥愈白
> 산이 푸르러 꽃은 탈 것만 같고　山靑花欲燃
>
> – 두보, 「절구」 부분

　　　　　　　　　　　　　　　↱통사 구조
'~이' '~러' '~가' '~하고'의 문장 형태가 반복되면서 두 대상이 비교됨으로써 봄을 맞은 강과 산의 풍경이 생생하게 표현되었어.

(5) 점층법

　　점층법(漸層法)은 의미와 감정을 한 층 한 층 점점 확장시키거나 드높여 표현하는 강조법이야.

漸 점점 **점**
層 층을 쌓아 올리다 **층**

점층법 문장의 뜻을 점점 높여 표현하여 의미를 강조하는 표현법
　　　　　↳점↳층　　　　　　　　　　　　　　↳법

• 점층법을 통한 감정의 고조

> 산산이 부서진 이름이여!
> 허공 중에 헤어진 이름이여!
> 불러도 주인 없는 이름이여!
> 부르다가 내가 죽을 이름이여!
>
> – 김소월, 「초혼」 부분

　　1행에서 4행으로 갈수록 임의 죽음으로 인한 슬픔이 점점 높아지고 커져서 마침내 '부르다가 내가 죽을 이름이여'와 같이 슬픔이 죽음 직전의 극한으로 고조되었어. 이런 경우 점층적 반복을 통해 슬픔을 극한적으로 고

조시켜 표현했다고 하지.

• 범위를 점점 확장시켜 의미를 강조하는 점층법

우리가 물이 되어 만난다면
가문 어느 집에선들 좋아하지 않으랴.
우리가 키 큰 나무와 함께 서서
우르르 우르르 비 오는 소리로 흐른다면.

흐르고 흘러서 저물녘엔
저 혼자 깊어지는 강물에 누워
죽은 나무뿌리를 적시기도 한다면.
아아, 아직 처녀인
부끄러운 바다에 닿는다면.

– 강은교, 「우리가 물이 되어」 부분

위 시는 1연에서 2연으로 전개되면서 '우리의 만남'이 '물 → 비 → 강물 → 바다'로 점점 확장되어 전개되었어.

내가 그의 이름을 불러 주기 전에는
그는 다만
하나의 몸짓에 지나지 않았다.

내가 그의 이름을 불러 주었을 때
그는 나에게로 와서
꽃이 되었다.

내가 그의 이름을 불러 준 것처럼
나의 이 빛깔과 향기에 알맞은
누가 나의 이름을 불러다오.

그에게로 가서 나도
그의 꽃이 되고 싶다.

우리들은 모두
무엇이 되고 싶다.
너는 나에게 나는 너에게
잊혀지지 않는 하나의 눈짓이 되고 싶다.

－ 김춘수, 「꽃」

김춘수의 「꽃」은 1연에서 4연으로 갈수록 대상과 참다운 관계를 맺는 소망이 '나와 그 → 나와 누구 → 우리와 우리 모두'와 같은 식으로 점점 확장되는 점층법으로 내용이 전개되고 있어.

⑹ 열거법

열거법(列擧法)은 비슷하거나 연결되는 내용들을 늘어놓아 전체 내용을 강조하는 표현법이야.

列 늘어놓다 열
擧 들다 거

열거법 비슷한 내용을 가지런히 늘어놓은 것을 들어 운율을 형성하고 전체 내용을 강조하는 표현법   ↳열   ↳거

새끼오리도 헌신짝도 소똥도 갓신창도 개니빠디도 너울쪽도 짚검불도 가락닢도 머리카락도 헝겊조각도 막대꼬치도 기왓장도 닭의 깃도 개터럭도 타는 모닥불

－ 백석, 「모닥불」 부분

백석의 「모닥불」은 한겨울에 여러 사람과 함께 쪼이는 모닥불을 통해 서

로에 대한 공동체의 사랑을 표현한 시야. '새끼오리'나 '헝겊조각' 등과 같이 별 쓸모없어 보이는 사물들을 줄지어 열거함으로써 운율을 형성하고, 세상에서 힘없이 소외된 사람들끼리 서로 위하는 마음을 주고받는 공동체의 사랑과 연대 의식을 강조하고 있어.

(7) 연쇄법

연쇄법(連鎖法)은 쇠사슬을 엮어 가듯이 말 구절의 꼬리를 연속적으로 이어가며 운율을 형성하여 의미를 강조하는 표현법이야.

연쇄법 쇠사슬을 잇듯이 말의 꼬리를 연속적으로 이어 나가 운율을 형성하고 의미를 강조하는 표현법

連 잇다 **연**
鎖 쇠사슬 **쇄**

> 온몸이 으스러지도록
> 으스러지도록 부르터지면서
> 터지면서 자기의 뜨거운 혀로 싹을 내밀고
>
> ─ 황지우, 「겨울─나무로부터 봄─나무에로」 부분

'겨울의 추위'로 상징되는 부정적 현실을 극복해 가는 나무의 '저항적 생명력과 의지'를 운율을 형성해 가면서 강조하기 위해 '온몸이 으스러지도록 → 으스러지도록 부르터지면서 → 터지면서 자기의 뜨거운 혀로 싹을 내밀고'와 같은 연쇄법을 사용했어.

(8) 영탄법

영탄법(咏嘆法)은 물결치며 부딪쳐 나아가듯 격렬한 감정이나 비통하거

나 행복한 감정을 강조하기 위하여 '아아!' '아으!' '오오!' 등의 감탄사, '~구나!' '~여!' 등의 감탄형 종결 어미를 사용하는 표현법이야.

詠 길게 읊다 영
嘆 탄식하다 탄

영탄법 '아아!' '아으!' '오오!' 등의 감탄사나 '~구나!' '~예!' 등의 감탄형 종결 어미를 사용하여 길게 읊어 한숨지어 탄식하듯이 감정을 강조하는 표현법
                    ↳영   ↳탄

> 밤에 홀로 유리를 닦는 것은
> 외로운 황홀한 심사이어니,
> 고운 폐혈관이 찢어진 채로
> 아아, 늬는 산새처럼 날러갔구나!
>
> – 정지용, 「유리창」 부분

폐혈관이 찢어진 채 피를 흘리며 죽은 어린 아들에 대한 그리움과 슬픔이 마지막 행에서 영탄법으로 강조되어 표현되었어.

> 한 송이의 국화꽃을 피우기 위해
> 봄부터 소쩍새는
> 그렇게 울었나 보다.
>
> – 서정주, 「국화 옆에서」 부분

'국화꽃'으로 상징되는 오랜 슬픔과 방황 뒤에 찾아온 인격의 성숙이, '봄의 소쩍새'로 상징되는 어린 시절의 방황과 슬픔과 인과 관계가 있다는, 어느 가을 새벽의 깨달음을 강조하기 위하여 영탄법을 사용했어.

(9) 설의법

설의법(設疑法)은 의문 형식으로 반대되는 의미를 표현하는 강조법이야.

설의법 '예 / 아니오'의 대답을 바라는 것이 아니라 전달하고자 하는 의미와 반대되는 형식의 <u>의문문</u>으로 세워 말해 감정과 의미를 강조하는 표현법

의 · 설

設 세워 말하다 설
疑 의문 의

> 산과 산이 마주 향하고 믿음이 없는 얼굴과 얼굴이 마주 향한 항시 어두움 속에서 꼭 한 번은 천둥 같은 화산이 일어날 것을 알면서 요런 자세로 꽃이 되어야 쓰는가.
>
> – 박봉우, 「휴전선」부분

'순수하고 무기력하게 보고만 있다가 남북 전쟁이 일어나면 결국 죽고 말 수밖에 없는 부정적 의미의 꽃'이 되어서는 안 된다는 의미를 "요런 자세로 꽃이 되어야 쓰는가"의 의문문의 형식으로 표현했어. 이런 경우의 표현법을 설의법, 또는 설의적 표현이라고 하는 거야.

⑽ 문답법

문답법(問答法)은 묻고 대답하는 형식으로 내용과 감정을 표현하여 문장에 변화를 주고 의미를 강조하는 표현법이야.

문답법 묻고 대답하는 형식으로 시적 의미를 강조하는 표현법

문 · 답

問 묻다 문
答 대답하다 답

> 도원(桃園)이 있다 하여도 예 듣고 못 봤더니
> 홍하(紅霞)이 만동(滿洞)하니 이 진짓 거기로다
> 이 몸이 또 엇더하뇨 무릉인(武陵人)인가 하노라
>
> – 김득연, 「산중잡곡」 제14수

종장에서 "이 몸이 또 엇더하뇨 무릉인가 하노라"라고 묻고 답함으로써 산 속에서 은거하는 자신이 무릉도원에 사는 사람과 같다는 의미를 강조

하고 있어.

(11) 반어법

반어법(反語法)은 말하는 의도와 문장의 내용을 반대로 표현하여, 의도를 반대로 전달하는 표현법이야.

反 반대로 반
語 말하다 어

반어법 말하고자 하는 의도를 문장의 내용과 반대로 말하는 표현법
반 어

> 영화가 시작하기 전에 우리는
> 일제히 일어나 애국가를 경청한다.
> 삼천리 화려강산의
> 을숙도에서 일정한 군(群)을 이루며
> 갈대숲을 이륙하는 흰 새떼들이
> 자기들끼리 끼룩거리면서
> 자기들끼리 낄낄대면서
> 일렬 이열 삼열 횡대로 자기들의 세상을
> 이 세상에서 떼어 메고
> 이 세상 밖 어디론가 날아간다.
>
> — 황지우, 「새들도 세상을 뜨는구나」 부분

이 시는 영화가 시작되기 전에 일제히 일어나서 애국가를 먼저 들어야 했던 70~80년대의 독재적 현실 상황을 풍자하는 내용의 시야. 이 시의 주체인 '우리'는 '낄낄'이라는 표현에서 보듯이, '애국가를 경청하는 것이 아니라 애국가를 들어야 하는 독재 사회를 비웃고 있는 거야.' 그러니까 '경청한다'의 의미는 반대로 해석해야 하는 반어법이 사용된 거지. 그리고 자유를 억압하는 독재자가 존경받는 부정적 현실이 '삼천리 화려강산'이라는 긍정적 의미로 표현되었으므로 이 또한 반어법이 사용된 거라고 할 수 있어.

> 한 줄의 시는 커녕
> 단 한 권의 소설도 읽은 바 없이
> 그는 한평생을 행복하게 살며
> 많은 돈을 벌었고
> 높은 자리에 올라
> 이처럼 훌륭한 비석을 남겼다
>
> – 김광규, 「묘비명」 부분

시와 소설이 힘없이 소외된 사람들의 고통에 대한 공감을 주로 표현한 것이라면 '한 줄의 시'나 '단 한 권의 소설'도 읽은 바 없이 많은 돈을 벌며 행복하게 살며 높은 자리에 올라 남긴 '비석'은 결코 '훌륭한 것'이 될 수 없는 거야. '더럽고 부끄러운 비석'인 것이지. 김광규 시인은 '더럽고 부끄러운 비석'을 반대로 '훌륭한 비석'이라고 표현했어. 이런 경우의 표현법을 반어법이라고 하는 거야.

⑿ 역설법

역설법(逆說法)은 문장의 형식을 서로 모순되게 표현하여 전달하고자 하는 의미를 긴장되게 강조하는 수사법이야.

역설법 겉으로 보기에 상식과 논리에 어긋나게 말하여 의미를 긴장되고 깊이 있게 담아내는 표현법
　　　　　　　　　　　　　　　　↳역　　　↳설

逆 어긋나다 역
說 말하다 설

• **모순 형용** 꾸미는 성분과 꾸밈받는 성분이 모순된 경우

> 이것은 소리 없는 아우성.
>
> — 유치환, 「깃발」 부분

　유치환은 '나부끼는 깃발'을 '소리 없는 아우성'이라고 했어. 꾸미는 성분(수식어)인 '소리 없는'과 꾸밈받는 성분(피수식어)인 '아우성'의 표현 상태는 마치 '둥근 삼각형'과 같이 모순된 모습(형용)으로 표현된 거야. 이런 경우를 '모순 형용'이라고 하고, 역설법이라고 해.

> 모란이 피기까지는
> 나는 아직 기다리고 있을 테요, 찬란한 슬픔의 봄을.
>
> — 김영랑, 「모란이 피기까지는」 부분

> 밤에 홀로 유리를 닦는 것은
> 외로운 황홀한 심사이어니,
>
> — 정지용, 「유리창」 부분

　'찬란한 슬픔의 봄'과 '외로운 황홀한 심사' 역시 모순 형용으로 표현되었어. '봄'은 모란이 핀다는 점에서 찬란하지만, 모란이 지는 슬픈 계절이기도 해. 이와 같이 서로 반대되는 감정을 불러오는 '봄'의 의미를 '찬란한 슬픔의 봄'이라는 모순 형용으로 긴장되게 표현한 거야. 이와 마찬가지로 정지용 역시 아무리 유리를 닦아 보아도 유리창에서 죽은 아들을 찾아볼 수 없는 외로움과 미치 별이 되이 이비지를 초롱한 눈으로 바라보는 듯한 아들의 환상에서 황홀함을 동시에 느낀 거야. 이러한 모순된 감정을 '외로운 황홀한 심사'라고 서로 대립된 감정을 병치하여 모순되게 표현한 거야.

• 병치 나란히(竝) 놓음(置)

• **모순 어법** 문장 전체 내용의 앞뒤가 모순되거나 상식적 이치와 어긋나는 경우

> 아아, 님은 갔지마는 나는 님을 보내지 아니하였습니다.
>
> — 한용운, 「님의 침묵」 부분

님이 갔으면 님이 없다는 뜻이고, 님을 보내지 않았다면 님이 있다는 뜻이 되므로 문장의 전체 내용이 모순되게 표현된 거지. 이런 경우 모순 어법이라고 해.

> 나는 향기로운 님의 말소리에 귀먹고, 꽃다운 님의 얼굴에 눈멀었습니다.
>
> — 한용운, 「님의 침묵」 부분

상식적으로 볼 때 아름다운 음성에 귀가 번쩍 열리고, 예쁜 얼굴에 눈이 번쩍 뜨이는 거야. 그런데 이런 상식에 맞지 않게 귀먹고 눈멀었다고 표현했으므로 모순 어법을 통해서 님을 사랑하고 따르는 무조건적 절대성을 강조한 거야.

> 우리들의 사랑을 위하여서는
> 이별이, 이별이 있어야 하네
>
> — 서정주, 「견우의 노래」 부분

사랑을 하려면 '만남'이 있어야 하는데, 오히려 '이별이 사랑을 위한 것'

이라고 하니 이치에 맞지 않는 모순된 표현이지. 이별을 통해서 사랑하는 마음이 더욱 깊어질 수 있다고 믿기 때문에 이런 표현을 했다고 생각되지 않니? 이런 표현법을 역설법, 또는 모순 어법이라고 해.

• 심층 겉면이 아니라 깊은 속에[深] 담긴 층[層].

• 심층 역설 겉으로 보기에 모순이 없어 보이나, 문장에 깊이 담긴 의미가 상식, 이치에 맞지 않는 역설법을 심층 역설(深層逆說)이라고 해.

> 아름다운 나무의 꽃이 시듦을 보시고
> 열매를 맺게 하신 당신은
>
> 나의 웃음을 만드신 후에
> 새로이 나의 눈물을 지어 주시다.
>
> – 김현승, 「눈물」 부분

이 시는 김현승 시인이 어린 아들을 잃고 쓴 시로 알려졌어. 이 시의 겉면만을 보면 하느님을 뜻하는 '당신'이 '웃음'을 준 뒤에 '눈물'을 주었다는 의미로 역설적으로 파악되지 않아. 그러나 심층적으로 이해해 보자. '눈물'을 주셨다는 것은 '아들의 죽음을 가져오게 했다'는 의미야. 그런데 이 시의 주체는 '눈물'을 '꽃이 진 뒤의 열매'와 같이 소중한 가치로 받아들이며 '당신'께 감사드리고 있어. 따라서 심층적으로 이해해 보면, 상식에 어긋나는 역설적 생각이 담겨 있는 거야. 이 또한 모순 어법인 역설법의 일종이고, 달리 말하면 '심층 역설'의 표현법이라고 하는 거야.

⑬ 돈호법

돈호법(頓呼法)은 불쑥 대상을 불러 감정과 의미를 강조하는 수사법이야.

頓 갑자기, 불쑥 **돈**
呼 부르다 **호**

돈호법 불쑥 대상을 불러 감정과 의미를 강조하는 표현법
↳돈   ↳호

> 순이야, 영이야, 또 돌아간 남아.
>
> 굳이 잠긴 잿빛의 문을 열고 나와서
> 하늘가에 머무른 꽃봉오릴 보아라
>
> — 서정주, 「밀어(密語)」 부분

　어린 시절에 먼저 죽은 친구들의 이름을 불쑥 부르는 돈호법을 이용하여 그리운 감정과 부활에 대한 열망을 강조하고 있어.

⑭ 도치법

　도치법(倒置法)은 문장 순서를 바꾸어 의미와 감정을 강조하는 수사법이야.

도치법 문장의 순서를 바꾸어 놓아 의미와 감정을 강조하는 표현법
　　　　　└→ 도 └→ 치

倒 바꾸다 도
置 놓다 치

> 나 보기가 역겨워
> 가실 때에는
> 죽어도 아니 눈물 흘리우리다.
>
> — 김소월, 「진달래꽃」 부분

　슬프지만 슬픔을 참고 눈물을 흘리지 않겠다는 의지를 강조하기 위해 부사 '아니'의 위치를 앞으로 빼 강조했어.

> 대동강 물은 언제나 마르려나　　　　　大同江水何時盡
> 이별 눈물 해마다 푸른 강물에 떨어지는데　別淚年年添綠波
>
> — 정지상, 「송인(送人)」 부분

제3구인 전(轉)구와 제4구인 결(結)구의 문장 순서를 서로 바꾸어 표현하여 벗을 보내는 슬픔을 강조했어.

⒂ 복합적 강조

복합적 강조는 한 시의 행과 연에서 표현의 효과를 위해 두세 가지 이상의 강조법을 사용한 것을 말해.

> 나 보기가 역겨워
> 가실 때에는
> 죽어도 아니 눈물 흘리우리다.
>
>   – 김소월, 「진달래꽃」 부분

사실은 많은 눈물을 흘릴 것이라는 의미를 눈물을 흘리지 않겠다고 반어법을 써서 강조하는 동시에 '아니'라는 부사의 위치를 앞으로 빼내는 도치법을 사용하여 슬픔을 참고 견디겠다는 의지 역시 복합적으로 강조했어.

> 산산히 부서진 이름이여!
> 허공 중에 헤어진 이름이여!
> 불러도 주인 없는 이름이여!
> 부르다가 내가 죽을 이름이여!
>
>   – 김소월, 「초혼(招魂)」 부분

죽은 임의 이름을 부르는 슬픔을 강조하기 위하여 영탄법, 반복법, 점층법을 복합적으로 사용하여 강조하고 있어. 이를 영탄적 반복법, 점층적 반복법 등을 사용했다고 해.

상징법

3

상징법(象徵法)은 말하고자 하는 내용을 직접 말하지 않고 대신할 수 있는 사물 등을 이용하여 의미를 전달하는 법을 말해. 상징법은 '원관념 +보조 관념'의 형식을 지닌 비유법과 달리, '보조 관념만이 반복되는 형식'의 표현법이야.

상징 말하고자 하는 내용(모양)을 드러낼, 대신할 사물을 말함. 이를테면 평화의 상징은 비둘기

 모양 **상**

 드러내다 **징**

> 폭포는 곧은 절벽을 무서운 기색도 없이 떨어진다.
>
> 규정할 수 없는 물결이
> 무엇을 향하여 떨어진다는 의미도 없이
> 계절과 주야를 가리지 않고
> 고매한 정신처럼 쉴 사이 없이 떨어진다.
>
> 금잔화도 인가도 보이지 않는 밤이 되면
> 폭포는 곧은 소리를 내며 떨어진다.
>
> — 김수영, 「폭포」 부분

‘폭포’를 인간에 비유하여, 부정에 맞서 용감하게 저항하고 희생하는 ‘높고 빼어난 정신’의 의미를 부여한 경우야. 이때 ‘폭포’를 ‘희생적이고 저항적인 높은 정신’을 ‘상징’한다고 하는 거야.

(1) 원형 상징

상징의 의미가 시대나 지역에 의해 제한되지 않고 모든 인류가 근본적으로 공감하고 이해할 수 있는 보편적 상징을 **원형 상징**이라고 해.

 으뜸. 근본 **원**
 본보기, 모범 **형**
 모양 **상**
 드러내다 **징**

원형 상징 언제 어디서나 인간 의식의 근본과 연관된 보편적 상징
      ↳원   ↳형

> 불 : 수직적 상승의 에너지. 공격적인 남성, 인간의 생명 · 사랑, 육체의 파괴와 소멸, 정화와 재생.
> 물 : 수평적 하강, 모성 혹은 여성, 죽음, 정화와 재생, 순환, 시간의 흐름.
> 나무 : 인간의 형상, 인간의 상승 욕구, 초월에의 의지, 크고 넉넉한 인격.
> 하늘 : 공간의 영원성, 고고한 정신, 신(神), 순결, 무(無), 부재(不在)
>
> – 2003학년도 수능 현대시 기출 문항의 〈보기〉 참조

(2) 관습적 상징

상징의 의미가 일정한 문화와 관습에 의해 제한되는 상징을 관습적 상징이라고 해. 예컨대 유교 문화권에서 선비의 꺾이지 않는 드높은 정신을 상징하는 **관습적 상징물**로 ‘매화 · 난초 · 국화 · 대나무’ 등의 사군자(四君子)를 들 수 있지.

 익숙하다 **관**
 습관 **습**

관습적 상징 한 사회나 문화에서 익숙하게 습관처럼 사용되는 상징
      ↗관   ↗습

국화야 너는 어이 삼월동풍 다 보내고
낙목한천(落木寒天)에 네 홀로 피었느냐
아마도 오상고절(傲霜孤節)은 너뿐인가 하노라

– 이정보, 「국화야 너는 어이」

• **낙목한천** 떨어지는[落] 나무와[木] 추운[寒] 하늘 [天]. 낙엽이 지고 서리가 내리는 늦가을을 뜻함.
• **오상고절** 서리를[霜] 비웃는[傲] 높은[孤] 절개 [節].

사군자의 하나인 '국화'의 유교적 관습 상징물로, 죽음의 위협을 뜻하는 '서리'를 비웃는 선비의 높은 정신을 드러내고 있어.

(3) 개인적 상징

시문학은 작가 개인의 '창조성'이 강조되는 예술 작품이므로, 시인은 원형 상징과 관습적 상징을 그대로 사용하기보다 이를 파괴하는 한편 혁신하여 의미를 표현하는데, 이런 상징을 개인적 상징 또는 창조적 상징이라고 해. 김수영의 시 「폭포」는 죽음을 두려워하지 않고 '바른 소리'를 외치는 '유교적 선비 정신'을 '현대 지식인의 양심과 자유에의 의지'로 혁신한 작품이야. 그래서 4군자와 같은 관습적 상징물을 사용하지 않고 '폭포'라는 새로운 상징물을 사용한 거야. 이런 경우의 '폭포'를 개인적 상징 또는 창조적 상징이라고 하는 거야.

• **개인적 상징** 시인 개인이 사물에 새로운 의미를 부여하여 창조해 낸 상징

예전에는 사람을 성자(聖者)처럼 보고
사람 가까이
사람과 같이 사랑하고
사람과 같이 평화를 즐기던

사랑과 평화의 새 비둘기는
이제 산도 잃고 사람도 잃고
사랑과 평화의 사상까지
낳지 못하는 쫓기는 새가 되었다.

— 김광섭, 「성북동 비둘기」 부분

　　'사랑과 평화의 새'였던 비둘기의 관습적 상징 의미가 김광섭 시인에 의해 삶의 터전을 잃고 쫓겨 다니는 소외된 생명체와 인간의 새로운 의미로 창조되었어.

20여 년이 지난 지금
성북동에 비둘기는 없는 걸요
채석장도 없어요
요즈음은 비둘기를 보려면
도심으로 들어와 시청 광장쯤에서 팝콘을 뿌리지요
순식간에 몰려드는 비둘기떼
겁 없이 손등까지 올라와
만져도 도망가지 않고
소리쳐도 그냥 얌전히 팝콘을 먹지만
나머지 부스러기 하나마저 먹으면
올 때처럼 어디론지 사라져 버리는
비둘기를 만날 수 있어요. 그 때에는
눈으로 손으로 애원해도
다시 오지 않아요

— 김유선, 「김광섭 시인에게」 부분

　　김광섭 시인이 창조해 낸 비둘기의 상징적 의미를 파괴하고, 김유선 시인은 비둘기에 '탐욕적이고 이기적이며 냉정한 현대인'이라는 새로운 의미를 부여했어. 이렇듯 시인은 이미 있었던 상징적 의미를 사용하려고 하기

보다, 시인 개인이 새로운 의미를 부여하는 창조적 상징을 사용하려고 하는 거야.

> 눈은 살아 있다
> 죽음을 잊어버린 영혼과 육체를 위하여
> 눈은 새벽이 지나도록 살아 있다.
>
> 기침을 하자
> 젊은 시인이여 기침을 하자
> 눈을 바라보며
> 밤새도록 고인 가슴의 가래라도
> 마음껏 뱉자.
>
> – 김수영, 「눈」 부분

동아시아 한자 문화권에서는 시를 쓰는 행위를 가래와 침을 뱉는 행위와 같은 것이라고 생각해 왔어. 그래서 시를 '해타'라고도 했지. 김수영은 이런 전통을 잘 알고 이것을 혁신하여 새로운 상징물을 잘 창조해 낸 시인이야. '가래'는 시인의 가슴 속에 고인 '비겁하고 더러운 감정'을, '눈'은 '그 비겁하고 더러운 감정을 반성하며 버려야 할 것을 깨우쳐 주는 순수한 생명력'을 상징하는 거야. 조선 시대 600여 년간 '눈'은 선비의 절개를 꺾고자 하는 '시련과 고통을 가하는 위협'을 뜻하는 상징물로 자주 사용되어 왔어. 김수영은 '눈'의 이와 같은 관습적 상징 의미를 깨뜨리고 새로운 상징적 의미를 부여한 거야.

• 해타(咳唾) 가래[해]를 뱉다[타].

추상의 감각적 표현

시문학의 주제는 손으로 잡거나 눈으로 직접 들여다볼 수 없는 **추상적** 관념이지만, 시에서는 이러한 추상적 관념을 감각적인 언어로 바꾸어 표현해. 이를 **형상화**라고 한다고 했지.

抽 뽑다 **추**
象 모양 **상**

形 모양 **형**
象 모양 **상**
化 ～로 바꾸다 **화**

추상 모양에서 뽑아낸 보거나 만질 수 없는 감정이나 생각
　　　　↳상　↳추

형상화 추상적인 정서나 관념을 모양이 있는 감각 언어로 바꾸어 표현하는 것　　　　　　　　　　　　　　↳형, 상
↳화

(1) 추상의 감각화

사람의 감정이나 생각, 즉 추상적인 것을 감각적 언어로 표현하는 것을 추상의 감각화라고 해.

> 내 마음 베어내어 저 달을 만들고자.
> 구만 리 장천에 번듯이 걸려 있어
> 고운 님 계신 곳에 비추어나 보리라.
>
> 　　　　　　　　　　　　　– 정철, 「내 마음 베어내어」

'마음'을 '베어낸다'고 표현하는 것은 추상인 마음을 가위나 칼로 오리고 자를 수 있는 사물처럼 상상하여 표현한 거야.

> 동짓달 기나긴 밤을 한허리를 베어내어,
> 춘풍 이불 아래 서리서리 넣었다가,
> 정든 임 오신 날 밤이어든 굽이굽이 펴리라.
>
> — 황진이, 「동짓달 기나긴 밤을」

추상적 시간 단위인 '밤'의 한가운데를 칼로 베어 이불 아래 잘 말아 넣어 두었다가 님이 오시는 날 굽이굽이 펼치겠다고 한 것 역시 추상을 감각적인 언어와 연결하여 표현한 추상의 감각화야.

> 내 고장 칠월은
> 청포도가 익어가는 시절.
>
> 이 마을 전설이 주저리주저리 열리고
> 먼 데 하늘이 꿈꾸며 알알이 들어와 박혀,
>
> — 이육사, 「청포도」 부분

추상적 관념어인 '전설'이 주렁주렁(주저리주저리) 열린다고 표현한 것 역시 전설을 주렁주렁 열려 매달린 포도송이들처럼 상상하여 표현한 거야.

> 아! 누구던가
> 이렇게 슬프고 애닯은 마음을
> 맨 처음 공중에 달 줄을 안 그는.
>
> — 유치환, 「깃발」 부분

슬픈 마음을 공중에 매달아 걸었다고 표현한 것은 '깃발'을 공중에 매달려 나부끼는 자신의 슬픈 마음이라고 생각했기 때문이야.

> 새해의 눈시울이
> 순수의 얼음꽃,
> 승천한 눈물들이 다시 땅 위에 떨구이는
> 백설을 담고 온다.
>
> – 김남조, 「설일(雪日)」 부분

추상적 관념인 '순수'를 직접 '얼음꽃'에 비유하여 '순수의 얼음꽃'이라고
했네. 이것 역시 추상의 감각적 표현이라고 할 수 있어.

(2) 감각의 전이

감각의 전이는 하나의 감각을 또 하나의 다른 감각으로 바꾸어 표현하
는 수법을 말해.

감각의 전이 감각을 **바꾸어 옮김**. 시각을 청각으로 바꾸거나 청각을 촉
각으로 바꾸어 표현하는 수법

- **청각의 시각화** 청각이 시각으로 전이된 경우

> 날카로운 고탑같이 언덕 위에 솟아 있는
> 퇴색한 성교당의 지붕 위에선
>
> 분수처럼 쏟아지는 푸른 종소리
>
> – 김광균, 「외인촌」 부분

'종소리'를 '분수처럼 쏟아지는 푸른'으로 감각을 전이시켰어.

↳청각 ↳색채와 시각의 언어

• **청각의 촉각화** 청각이 촉각으로 전이된 경우

> 옳거니
> 새벽까지 시린 귀뚜라미 소리
> 들으며 여물었나니
>
> — 고은, 「열매 몇 개」 부분

청각인 귀뚜라미 소리를 '시리다'의 촉각으로 전이시켜 표현했어.

이상과 같이 하나의 감각을 또 다른 감각으로 바꾸어 옮기는 표현을 감각의 전이라고 하니까 잘 알아 둬. 그리고 감각의 전이가 일어난 이미지를 **공감각**적 이미지 또는 공감각적 심상이라고 해.

공감각 한 가지 감각이 다른 영역의 감각을 일으키는 일 또는 여러 가지 감각이 함께 일어나는 것

↳공 ↳감각

↳감각 ↳공

共 함께 **공**

感 느끼다 **감**

覺 깨닫다 **각**

(3) 객관적 상관물

시인의 생각이나 감정과 연관된 사물을 '객관적 상관물'이라고 해.

객관적 상관물 시인의 감정이나 생각과 서로 관련 있는 사물

↳상 ↳관 ↳물

'objective'는 마음 밖의 사물과 대상을 뜻하고, 'correlative'는 서로 연관된다는 뜻이야. 그러니까 시인의 감정이나 생각을 대신 드러내 주는 사물을 객관적 상관물이라고 해. 서양 문학사에서 현대시는 감정이나 생각을

客 손님 **객**

觀 보다 **관**

的 ~의 **적**

相 서로 **상**

關 관계하다 **관**

物 물건 **물**

직접 드러내기보다 이 '객관적 상관물'을 제시하여 거기에서 일어날 수 있는 감정이나 생각을 간접적으로 불러일으키거나 전달하는 방식을 사용해.

> 군중 속에서 유령처럼 나타나는 이 얼굴들
> 젖은, 검은 나뭇가지 위의 꽃잎들
> The apparition of faces in the crowd :
> Petals on a wet, black bough
>
> — E. 파운드, 「지하철 역에서(In a station of metro)」

파운드의 이 시에 '검은 나뭇가지의 젖은 꽃잎들'은 인간이 인간을 파괴하는 부정적 방향성을 지닌 현대 문명을 상징하는 기차의 유리창으로 보이는 군중들의 얼굴이 유령 같다는 것에서 오는, 말하는 주체의 공포와 비판 의식과 연관된 '객관적 상관물'이야.

> 지당(池塘)에 비 뿌리고 양류(楊柳)에 내 끼인 제,
> 사공은 어디 가고 빈 배만 매였는가.
> 석양에 짝 잃은 갈매기만 오락가락 하노매.
>
> — 조헌, 「지당에 비 뿌리고」

조헌의 이 시조에서 사공이 없는 '빈 배'나 짝을 잃고 오락가락 날고 있는 '갈매기'는 시인의 외롭고 쓸쓸한 감정과 연관된 '객관적 상관물'이야. 예전에 우리 선조 문학인들은 이를 '촉물(觸物)'과 '탁물(託物)'이라는 용어로 오래전부터 사용해 왔어. 촉물은 일정한 감정을 일으키는 사물이고, 탁물은 시인이 전달하고자 하는 뜻이 담긴 사물을 말하는 거야.

 의탁하다 **탁**
 사물 **물**
 맡기다 **우**
 뜻 의

탁물우의 전달하고자 하는 감정과 의미를 사물에 맡기고 생각에 의탁함
　　　　　　물　　탁　　의　우

> 훨훨 나는 저 꾀꼬리
> 암수 서로 정답구나.
> 외로워라 이 내 몸은
> 뉘와 함께 돌아갈꼬.
>
> — 유리왕, 「황조가」

이 시의 '꾀꼬리'는 화자에게 외로운 감정을 일으키는 사물로 전통 용어로 말하면 '정서적 촉물'이라고 할 수 있어. 현대 용어로 바꾸면 화자의 외로운 감정과 반대되는 '대조적 상관물'이라고 할 수 있지.

> 뿌리 깊은 나무는 바람에 아니 흔들리므로, 꽃이 좋고 열매가 많으니.
> 샘이 깊은 물은 가뭄에 아니 그치므로, 내에 이르러 바다에 가느니.
>
> — 「용비어천가」 2장

이 시가의 '나무'와 '물'은 역사와 전통이 오래되고 튼튼한 '조선'을 의미하는 '탁물'이라고 할 수 있어. 현대 용어로 '상징'이라 할 수 있지.

> 내 님을 그리워하여 울며 지내니
> 산의 접동새와 난 비슷하구나
>
> — 정서, 「정과정곡」 부분

새벽이 오도록 님을 그리워하며 울고 있는 '나'와 산속에서 밤새 울고 있는 '접동새'는 '나'의 감정과 동일하게 연관된 사물이지. 이런 경우의 '접동새'를 '동일시된 상관물'이라고 하는 거야. 이런 경우의 '객관적 상관물'을 달리 말하면, 자아의 '정서적 융합물'이라고도 해. 이 말은 자아의 감정이 녹아들어 사물과 하나로 합해진 사물이라는 뜻이지. 그리고 '자아의 분신'이라고도 하지.

融 녹아들다 융
合 하나가 되다 합
物 사물 물

分 갈라져 나오다 분
身 몸 신

정서적 융합물 자아의 감정과 하나로 녹아들어 완전하게 동일시된 사물
　　　　　　　　　　　합　　　융　　　　　　　　　　법

자아의 분신 자아의 감정과 일체가 되는, 몸에서 갈라져 나온 것
　　　　　　　　　　　　　　신　　　분

(4) 주객전도

시에서 '주객전도(主客顚倒)'는 말하는 주체인 자아와 대상인 객체가 서로 바뀌어 표현된 것을 뜻하는 거야.

主 주체, 자아 주
客 객체, 대상 객
顚 거꾸로 하다 전
倒 반대로 하다 도

주객전도 자아와 대상인 객체가 서로 거꾸로 되거나 반대로 되어 표현된 것
　　　　　　　주　　　객　　　　전　　　도

> 딴은 밤을 새워 우는 벌레는
> 부끄러운 이름을 슬퍼하는 까닭입니다.
> 　　　　　　　　　　　　　　　　　　　　　－ 윤동주, 「별 헤는 밤」 부분

이 시에서처럼 말하는 주체인 자아가 밤을 새워 슬퍼하는 것을 말해지는 대상인 '벌레'가 밤을 새워 슬퍼한다는 식으로 주체와 객체가 서로 바뀌어 표현된 것을 '주객전도(主客顚倒)'라고 하는 것이지. **객체**

> 공명(功名)도 날 꺼리고 부귀(富貴)도 날 꺼리니
> 청풍명월(淸風明月) 외에 어떤 벗이 있사올고.
> 　　　　　　　　　　　　　　　　　　　　　－ 정극인, 「상춘곡(賞春曲)」 부분

이 고전시가[가사(歌辭)]에서도 주체인 '나'가 객체인 '부귀공명(富貴功名)'을 멀리하는 것을 객체인 '부귀공명'이 주체인 '나'를 멀리한다는 식으로 서로 바뀌어 표현되어 있지. 이러한 표현법을 시에서 '주객전도'라고 해.

(5) 감정 이입

감정 이입은 말하는 주체의 감정을 객체인 사물의 감정으로 주체와 객체를 서로 바꾸어 표현하는 수법이야.

감정 이입 느낌과 정서가 옮기어 들어감. 화자의 감정을 사물의 감정에 옮기어 표현한 것

感 느낌 **감**
情 정서 **정**
移 옮기다 **이**
入 넣다 **입**

> 종은 울음을 떠나보내기 위해
> 이렇게 부들부들 떨며 살갗을 찢는다고
> 생각했던 날이 있었다.
>
> — 천승세, 「종」 부분

부들부들 떨며 살갗이 찢어지는 듯한 슬픈 울음은 사실 화자의 감정이야. 이 감정을 객관적 사물인 '종'과 연결하여 표현하였어. 이런 경우 '감정 이입'의 수법을 사용했다고 하는 거야.

> 차단한 등불이 하나 비인 하늘에 걸려 있다.
> 내 호올로 어딜 가라는 슬픈 신호냐.
>
> — 김광균, 「와사등」 부분

일제 강점기, 불이 밝아 오는 서울의 거리에서 어디로 갈지 몰라 슬퍼하는 화자의 감정이 와사등(가스등)의 '차단한(차가운) 등불'과 연결되어 '슬픈 신호'로 표현되었네. 이런 경우를 '감정 이입법'이 사용되었다고 해.

> 딴은 밤을 새워 우는 벌레는
> 부끄러운 이름을 슬퍼하는 까닭입니다.
>
> — 윤동주, 「별 헤는 밤」 부분

이 시에서 서술된 대로만 정리하면, '벌레'는 부끄러운 제 이름을 슬퍼하며 밤을 새워 우는 생물이지. 그러나 부끄러운 제 이름을 슬퍼하며 밤을 새워 우는 것은 사실은 '벌레'가 아니라 벌레가 우는 소리를 듣는 '자아'인 '나'야. 윤동주 시인은 일제 강점기에 일본에 유학 가기 위해서 '윤(尹)'이라는 성(姓)을 일본식 성인 '히라 누마[平沼]'로 바꾸어야 했지. 윤동주 시인은 자신의 이름이 '히라누마 도우주우'로 바뀐 이러한 사실을 몹시 부끄러워했지.

⑹ 감정의 투사

서정 양식인 시는 감정을 위주로 표현하는 문학 양식이므로 감정의 투사가 중요해.

감정의 투사는 사물에 시인 또는 시적 자아의 감정을 옮겨 넣는 것을 말해. 시문학은 서정 양식이므로, 시의 세계에 나오는 '사물'은 대개가 자아의 감정이 투사 또는 투영된 것이야.

投 던지다 **투**
射 쏘아 맞히다 **사**

감정 투사 사물에 자아의 감정을 던져 화살로 쏘아 맞히듯이 표현한 것
투   사

감정의 투사는 **감정의 투영**이라고 한다고도 했자.

投 던지다 **투**
影 그림자, 형상 **영**

감정 투영 사물에 자아의 감정을 던져 그림자나 형상으로 맺힌 듯이 표현한 것
투   영

• **석양(夕陽)** 저녁 해.

> 지당(池塘)에 비 뿌리고 양류(楊柳)에 내 끼인 제,
> 사공은 어디 가고 빈 배만 매였는가.
> 석양(夕陽)에 짝 잃은 갈매기는 오락가락 하노매.
>
> – 조헌 「지당에 비 뿌리고」

조헌의 이 평시조에서 '빈 배'와 '짝 잃은 갈매기'는 말하는 주체인 자아의 '외로운 감정'이 투영, 투사된 사물이지. 이 시조의 '빈 배'와 '짝 잃은 갈매기' 역시 자아의 외로움이 투사, 투영, 이입(移入)된 '객관적 상관물' 또는 '정서적 융합물'이야.

여기서 정신 차리고 명심해야 할 것이 있어!

이 시조의 '빈 배'와 '짝 잃은 갈매기' 역시 자아의 외로운 감정이 투사된 자아의 분신, 즉 객관적 상관물들이지만, '표현법으로서의 감정 이입법'이 사용된 것이 아니라는 사실! 이 점을 분명히 명심해!

> 공산(空山)에 우는 접동* 너는 어이 우짖느냐
> 너도 나와 같이 무슨 이별 하였느냐
> 아무리 피나게 운들 대답이나 하더냐
>
> — 박효관, 「공산에 우는 접동」

• 접동 접동새. 소쩍새.

박효관의 이 평시조에 나오는 '접동'처럼 목에서 피가 나게 불러 봐도 대답이 없는 님을 그리워하며 그와 이별한 슬픔에 아파하는 자아의 감정과 주객전도로 직접 연결된 경우에 한정해서 '표현법으로서의 감정 이입법'이 사용되었다고 하는 거야.

조헌의 시조에서와 같은 '빈 배'와 '짝 잃은 갈매기'는 '자아의 외로운 감정과 직접 연결되어 표현되지 않았지.' 이런 경우에는 '감정 이입법'이 사용되었다고 하지는 않아. 명심해라, 응! 다만 '빈 배'와 '짝 잃은 갈매기'는 '자아의 외로운 감정이 투사, 투영, 함축, 내포된 객관적 상관물이자 자아의 분신'이라고 하는 거야.

적용과 문제 풀이

1 다음 시조의 표현상의 특질에 대해서 <u>잘못</u> 이해한 것은?

> 지당(池塘)에 비 뿌리고 양류(楊柳)에 내 끼인 제,
> 사공은 어디 가고 빈 배만 매었는가.
> 석양(夕陽)에 짝 잃은 갈매기만 오락가락 하노매.
>
> — 조헌, 「지당에 비 뿌리고」

① 대구적 표현을 통하여 시적 상황을 제시하고 있다.

② 설의적 표현을 통하여 화자의 정서를 강조하고 있다.

③ 영탄적 표현을 통하여 화자의 정서를 강조하고 있다.

④ 자연물을 통하여 화자의 정서를 간접적으로 표현하고 있다.

⑤ '빈 배'와 '짝 잃은 갈매기'는 외로움의 정서를 환기하는 사물이다.

해설

　설의적 표현(설의법)은 전달하고 하는 내용과 반대되는 방식의 의문문 형식으로 표현하는 수사법이다. 중장의 '사공은 어디 가고 빈 배만 매었는가'가 설의법이라면 '사공은 어디 가지 않고 배에 있구나'의 내용이어야 한다. 그러나 이것은 '사공은 어디론가 가고 빈 배만 매였구나'의 영탄적 표현이다. 초장의 '지당에 비 뿌리고'과 '양류에 내 끼인 제'은 비슷한 내용의 구절을 나란히 놓는 대구법, 중장과 종장은 영탄법을 사용한 한 것이다.

정답 ②

2 다음 시조에 나타난 표현상의 특질을 <u>잘못</u> 이해한 것은?

청산리(靑山裏) 벽계수(碧溪水)야 수이 감을 자랑마라
일도 창해(一到滄海)하면 다시 오기 어려우니
명월(明月)이 만공산(滿空山)할 제 쉬어간들 엇더리

– 황진이, 「청산리 벽계수야」

① 대구적 표현을 통하여 시적 상황을 제시하고 있다.
② 설의적 표현을 표현을 통하여 청자를 설득하고 있다.
③ 자연물에 인격을 부여하여 명령법으로 표현하고 있다.
④ 자연과 인생을 유추하여 인생의 무상함을 환기하고 있다.
⑤ 중의법을 사용하여 정서와 의미를 간접적으로 표현하고 있다.

해설

　하나의 시어로 두 가지 의미를 동시에 표현하는 중의법은 '명월(밝은 달, 황진이)'과 '벽계수(푸른 시냇물, 왕실의 선비)'에 사용되었다. 설의법은 종장에서 '명월이 빈산에 가득할 제(나 황진이가 당신 곁에 있을 때) 쉬어가면 좋을 것이다'는 내용이 의문문의 형식으로 표현되어 사용되었다. '벽계수'에 인격을 부여하여 명령문의 형식으로 표현하였고, 중장에서 한 번 바다에 간 물이 되돌아 올 수 없다는 자연현상을 한 번 늙으면 다시 젊어질 수 없다는 인생에 유추하여 인생무상을 표현하고 있지만, 대구법은 사용되지 않았다.

정답 ①

3 다음 시가를 읽고 표현상의 특질에 대해 이해한 것 중 적절한 것은?

> 정월ㅅ 나릿므른 아으 어져 녹져 ㅎ논듸
> 누릿 가운듸 나곤 몸하 ㅎ올로 녈셔
>
> — 작자 미상, 「동동」

① 자연과 인생을 유추하여 삶의 교훈을 깨닫고 있다.

② 대구적 표현을 통하여 시적 상황을 제시하고 있다.

③ 설의적 표현을 표현을 통하여 청자를 설득하고 있다.

④ 영탄적 표현을 사용하여 봄을 맞이하는 감격을 표현하고 있다.

⑤ 자연 현상과 화자의 처지를 대조하여 화자의 정서를 강조하고 있다.

해설

　봄이 오는 정월달에 시냇물은 얼었다 녹으려 하는 생기나 나지만, 화자의 몸은 정월이 와도 아무 변화 없이 홀로 외롭게 지낼 수밖에 없다는 탄식이 대조법과 영탄법을 통해 표현되었다. 그러나 이 시가에서 영탄법은 사용되었지만 봄을 맞는 감격이 아니라 고독이 표현된 것이다. 역시 설의적 표현은 없으며, 대구법 역시 없는 동시에 삶의 교훈 역시 없다.

정답 ⑤

4 다음 시를 읽고 표현상의 특질에 대해 이해한 것 중 적절하지 <u>않은</u> 것은?

> 나 하늘로 돌아가리라.
> 새벽빛 와 닿으면 스러지는
> 이슬 더불어 손에 손을 잡고,
>
> 나 하늘로 돌아가리라.
> 노을빛 함께 단 둘이서
> 기슭에서 놀다가 구름 손짓하면은,
>
> 나 하늘로 돌아가리라.
> 아름다운 이 세상 소풍 끝내는 날,
> 가서, 아름다웠다고 말하리라…….
>
> — 천상병, 「귀천」

① 직유법을 사용하여 현세의 삶을 아름답게 긍정하고 있다.

② 상징적 시어를 사용하여 죽음 이후의 세계를 긍정하고 있다.

③ 자연 현상과 인생을 유추하여 죽음을 긍정적으로 수용하고 있다.

④ 반복적인 표현을 사용하여 운율을 형성하고 의미를 강조하고 있다.

⑤ 이 시의 '이슬'과 '노을빛'은 짧고 아름다운 삶을 비유하는 시어이다.

천상병의 '귀천'은 '아름다운 이 세상 소풍 끝내는 날 / 가서 아름다웠다고 말하
리라'에서 현세의 삶을 아름답게 긍정하고 있는 것은 맞지만, 보조 관념에 '~처럼,
~인 듯, ~같이'가 붙는 직유법은 사용되지 않았다.

이 시에서 반복적으로 사용된 '하늘'은 상징적 시어로 '죽음 이후의 초월 세계'를
의미하고, '나 하늘로 돌아가리라'는 동일 문장이 매 연의 처음에서 반복되어 운율
을 형성하고 의미를 강조하는 동시에 시의 구성에 통일성을 부여하고 있다. '이슬'
과 '노을'은 자연 현상으로 '짧고 아름다운 인생'에 유추되는 비유적 이미지들이다.

정답 ①

5 다음 시를 읽고 표현상의 특질에 대해 이해한 것 중 적절하지 <u>않은</u> 것은?

사랑을 잃고 나는 쓰네

잘 있거라, 짧았던 밤들아
창밖을 떠돌던 겨울 안개들아
아무것도 모르던 촛불들아, 잘 있거라
공포를 기다리던 흰 종이들아
망설임을 대신하던 눈물들아
잘 있거라, 더 이상 내 것이 아닌 열망들아

장님처럼 나 이제 더듬거리며 문을 잠그네
가엾은 내 사랑 빈집에 갇혔네

– 기형도, 「빈집」

---

① 직유법을 사용하여 현실을 긍정하고 있다.
② 추상적 관념을 돈호법을 통하여 사물화하고 있다.
③ 도치법을 사용하여 이별의 정서를 강조하고 있다.
④ 대상을 의인화하여 대상과의 친밀했던 정서를 환기하고 있다.
⑤ 반복적인 표현을 사용하여 운율을 형성하고 의미를 강조하고 있다.

'장님처럼 나 이제 더듬거리며 문을 잠그네'에 직유법이 사용된 것은 맞지만 이는 현실을 긍정하는 것이 아니나 사랑을 잃은 현실에서 오는 아픔을 표현한 것이다.

'잘 있거라 짧았던 밤들아'와 같이 어순을 바꾸어 의미를 강조하는 도치법은 이 시에서 여러 번 사용되었다. '더 이상 내 것이 아닌 열망들아'는 추상적 관념인 '열망'을 사물화하여 이름을 부르듯 돈호법으로 표현한 것이며, 이 시에서 '잘 있거라'가 반복되면서 운율이 형성되는 동시에 의미가 강조되고 있다. '밤, 안개, 종이, 촛불, 눈물' 등을 돈호법을 사용하여 이름을 부르듯 표현한 것은 사람처럼 의인화한 표현으로 과거에 친밀했던 대상들이다.

정답 ①

6 다음 시를 읽고 표현상의 특질을 이해한 것 중 옳지 <u>않은</u> 것은?

> 눈은 살아 있다.
> 떨어진 눈은 살아 있다.
> 마당 위에 떨어진 눈은 살아 있다.
>
> 기침을 하자.
> 젊은 시인이여 기침을 하자.
> 눈 위에 대고 기침을 하자.
> 눈더러 보라고 마음 놓고 마음 놓고
> 기침을 하자.
>
> 눈은 살아 있다.
> 죽음을 잊어 버린 영혼과 육체를 위하여
> 눈은 새벽이 지나도록 살아 있다.
>
> 기침을 하자.
> 젊은 시인이여 기침을 하자.
> 눈을 바라보며
> 밤새도록 고인 가슴의 가래라도
> 마음껏 뱉자.
>
> — 김수영, 「눈」

① 대립적 이미지를 통하여 자아를 성찰하고 있다.

② 점층적인 표현으로 대상의 의미를 강조하고 있다.

③ 명령문으로 형식으로 청자의 행동을 촉구하고 있다.

④ 상징적인 표현으로 바람직한 삶의 태도를 표현하고 있다.

⑤ 활유법과 반복법을 사용하여 대상의 순수한 생명력을 강조하고 있다.

해설

 '젊은 시인이여 기침을 하자'는 청자인 젊은 시인에게 행동을 촉구하는 표현이지만, 명령문이 아니라 청유문의 형식으로 되어 있다.

 '눈은 살아 있다'는 활유법이며, 이 문장의 변형을 통하여 반복됨으로써 '눈의 살아 있는 순수함'이 강조되는 것이며, 아울러 반복을 통하여 의미가 점점 고조되는 점층적 표현 역시 사용되어 대상의 의미가 강조된 것이다. '눈'은 상징적 시어로 '가래'와 대립되며, 눈을 보고 가래를 뱉은 행위는 바람직한 삶의 태도와 관련된다. 또한 눈을 보며 '가래를 뱉는 기침'을 생각하는 것은 자신을 비롯한 젊은 시인의 '불순한 것'들을 성찰하는 행위와 연관된다.

정답 ③

> 백천동(百川洞) 곁에 두고 만폭동(萬瀑洞) 들어가니
> 은(銀) 같은 무지개 옥(玉) 같은 용의 초리
> 섞어 돌며 뿜는 소리 십리에 퍼졌으니
> 들을 제는 우레러니 뵈는 건 눈이로다.
>
> — 정철, 「관동별곡」

7 다음 〈보기〉를 참조하여 위의 시가에 대해 이해한 것 중 적절하지 <u>않은</u> 것은?

〈보기〉

　위의 부분은 정철이 금강산의 만폭동(萬瀑洞)에서 쏟아지는 폭포의
장관을 보고 우리말의 다양한 수사법을 활용해 이를 표현한 것이다.
만폭동(萬瀑洞)의 글자 그대로의 뜻은 '많은 폭포가 쏟아지는 골짜기'
라는 뜻이다.

① 폭포를 의인화하여 대상에 대한 화자의 친밀함을 강조했군.
② 대구법을 활용하여 만폭동 폭포의 장관을 운율 있게 표현하였군.
③ 은유법을 사용하여 폭포를 청각과 시각의 이미지로 나란히 비유했군.
④ 폭포를 은유법으로 표현한 뒤 다시 직유법을 활용하는 복합 비유를
　사용했군.
⑤ 폭포의 색채를 '은'과 '옥'에 비유한 것은 대상의 희고 깨끗함을 강조
　한 것이군.

해설

　'은 같은 무지개'와 '옥 같은 용의 초리'는 은유법을 사용하여 폭포를 '무지개'와 '용의 초리'로 비유한 것이며, 이를 다시 '은 같은'과 '옥 같은'의 직유법으로 다시 비유한 복합 비유를 사용한 것이다. 또한 '은 같은 무지개 옥 같은 용의 초리'는 같은 대상의 비슷한 구절을 나란히 놓은 대구법이며, '들을 제는 우레러니 뵈는 건 눈이로다'는 폭포를 청각과 시각으로 대구법으로 표현하는 동시에 은유법으로 표현한 것이다. 그러나 폭포에 사람과 같은 인격을 부여하지는 않았다.

정답 ①

8 위의 시가에 대한 이해로 적절하지 <u>않은</u> 것은?

① 쏟아져 내리는 폭포 소리를 천둥소리에 비유했군.

② 공감각적 이미지를 활용하여 시각을 청각으로 바꾸어 표현했군.

③ 길게 쏟아져 내리는 폭포를 용이 하늘에 오르는 모양에 비유했군.

④ 직유, 은유, 대구 등의 다양한 표현법을 사용하여 폭포의 장관을 표현하였군.

⑤ 4음보의 외형적 운율뿐만 아니라 대구적 표현을 통하여 음악적 효과를 증폭시켰군.

폭포를 시각과 청각으로 표현하였지만 시각을 청각으로 전이시킨 공감각적 이미지는 사용되지 않았다. '우레'는 천둥치는 소리로 폭포를 청각적으로 은유화한 것이며, '용의 초리'는 용의 꼬리라는 뜻으로 폭포가 흘러내리는 모양을 용이 하늘로 솟구치는 모양으로 표현한 것이다. 그리고 대구적 표현은 유사한 문장 구조가 짝을 지어 반복됨으로써 운율이 형성된다.

정답 ②

9 다음 시의 표현상의 특질을 이해한 것 중 적절하지 <u>않은</u> 것은?

나무는 자기 몸으로

나무다

자기 온몸으로 나무는 나무가 된다

자기 온몸으로 헐벗고 영하 십삼 도

영하 이십 도 지상에

온몸을 뿌리박고 대가리 쳐들고

무방비의 나목으로 서서

두 손 올리고 벌 받는 자세로 서서

아 벌 받은 몸으로, 벌 받는 목숨으로 기립하여, 그러나

이게 아닌데 이게 아닌데

온 혼으로 애타면서 속으로 몸속으로 불타면서

버티면서 거부하면서 영하에서

영상으로 영상 오 도 영상 십삼 도 지상으로

밀고 간다, 막 밀고 올라간다

온몸이 으스러지도록

으스러지도록 부르터지면서

터지면서 자기의 뜨거운 혀로 싹을 내밀고

천천히, 서서히, 문득, 푸른 잎이 되고

푸르른 사월 하늘 들이받으면서

나무는 자기의 온몸으로 나무가 된다

아아, 마침내, 끝끝내

꽃 피는 나무는 자기 몸으로

꽃 피는 나무이다

– 황지우, 「겨울– 나무로부터 봄–나무에로」

① 대상을 의인화하여 상징적 의미를 부여하였군.

② 종결부에서 쉼표의 잦은 사용으로 시적 긴장을 이완시켰군.

③ 점층적 반복법을 사용하여 운율을 형성하는 한편 의미를 강조하였군.

④ 부정적 서술어를 반복하여 현실에 대한 저항적 태도를 표현하였군.

⑤ 연쇄적 표현을 사용하여 운율을 형성하는 한편 나무의 생명력을 강
　조하였군.

 해설

　종결부의 잦은 쉼표 사용은 말하는 이의 호흡이 끊어져 주의를 집중시켜 의미를
강조하는 한편 읽는 이의 긴장을 고조시키는 효과와 관련된다.

　연쇄적 표현은 "온몸이 으스러지도록 /으스러지도록 부르터지면서/터지면서 자
기의 뜨거운 혀로 싹을 내밀고"에 사용되었으며, 점층적 반복법은 "영상으로 영상
5도 영상13도 지상으로 / 밀고 간다, 막 밀고 올라간다"와 같은 부분에 사용되었
다. 그리고 "이게 아닌데 이게 아닌데"와 같은 부정적 표현의 반복으로 현실을 부
정하는 저항적 태도를 표현하였다. 또 이 시의 '나무'는 의인화되어 '강인한 생명력'
또는 '부정적 현실을 극복하고 민주주의의 소망을 실현하는 주체적 의지'라는 상징
적 의미가 부여되었다.

10 다음 시를 읽고 표현상의 공통점에 대하여 바르게 설명한 것은?

> (가) 아! 누구던가
>   이렇게 슬프고 애달픈 마음을
>   맨 처음 공중에 달 줄을 안 그는.
>
> — 유치환, 「깃발」 부분
>
> (나) 내 고장 칠월은
>   청포도가 익어가는 시절.
>
>   이 마을 전설이 주저리주저리 열리고
>   먼 데 하늘이 꿈꾸며 알알이 들어와 박혀,
>
> — 이육사, 「청포도」 부분
>
> (다) 내 마음 베어내어 저 달을 만들고자.
>   구만 리 장천에 번듯이 걸려 있어
>   고운 님 계신 곳에 비추어나 보리라.
>
> — 정철, 「내 마음 베어내어」

① 추상적 대상을 감각화하여 표현하였다.

② 영탄적 표현을 사용하여 고조된 감정을 강조하였다.

③ 반어적 표현을 사용하여 의도를 반대로 전달하였다.

④ 의문문의 형식인 설의법을 사용하여 정서를 강조하였다.

⑤ 역설적 표현을 사용하여 상식 이상의 진리를 표현하였다.

(가)의 "이렇게 슬프고 애달픈 마음을 / 맨 처음 공중에 달 줄을 안 그는", (나)의 "이 마을 전설이 주저리주저리 열리고", (다)의 "내 마음 베어내어 저 달을 만들고 자" 등은 모두 추상적 대상인 '애달픈 마음', '전설', '내 마음'을 감각적으로 사물화 하여 '공중에 매달다', '주저리주저리(주렁주렁) 열리고', '베어내다' 등의 시어와 결 합해 표현한 것이다.

정답 ①

11 다음 (가)와 (나)의 시를 읽고 이해한 것 중에서 적절하지 <u>않은</u> 것은?

(가) 이 몸이 죽어가서 무엇이 될꼬하니,

봉래산 제일봉에 낙랑장송(落落長松) 되어 있어

백설(白雪)이 만건곤(滿乾坤)할 제 독야청청(獨也靑靑) 하리라.

– 성삼문, 「이 몸이 죽어가서」

(나) 눈은 살아 있다.

죽음을 잊어 버린 영혼과 육체를 위하여

눈은 새벽이 지나도록 살아 있다.

기침을 하자.

젊은 시인이여 기침을 하자.

눈을 바라보며

밤새도록 고인 가슴의 가래라도

마음껏 뱉자.

– 김수영, 「눈」 부분

---

① (나)의 '눈'과 '가래' 역시 서로 대립적 의미를 가지는 상징물이군.

② (가)의 '백설'과 '낙랑장송'은 서로 대립적 의미를 가지는 상징물이군.

③ (가)의 시조의 '눈'의 상징적 의미를 (나)에서는 변형하여 새로운 의미의 상징물로 표현 했군.

④ (가)의 '백설(흰 눈)'이나 '낙락장송(높고 큰 소나무)'은 창조적 · 개인적 상징물로 (나)의 '눈'과는 다른 의미이군.

⑤ (가) '백설'이 부정적 의미의 시련이라면, (나)의 '눈'은 불순한 것을 반성케 하는 순수한 생명력을 상징하는 사물로 긍정적 의미를 지니는군.

(가)의 '백설'과 '낙락장송'은 각각 '외적 시련'과 '꺾이지 않는 절개' 등을 뜻하는 상징물로 조선 시대 시가에서 자주 등장하는 관습적 상징물로 창조적 상징물이 아니다.

정답 ④

12 다음 시의 밑줄 친 부분에 대한 발상과 표현법이 같은 것은?

> 저녁 밥상에 애기가 없다.
> 애기가 앉던 밥상에 한 쌍의 은수저
> 은수저 끝에 눈물이 고인다.
>
> – 김광균, 「은수저」 부분

① 내 마음은 호수요.

② 펜은 칼보다 강하다.

③ 가을밤같이 차게 울었다.

④ 강물이 웃는다, 강물이 웃는다.

⑤ 유신(有信)한 강파(江波)는 보내느니 바람이로다.

해설

    이 시의 '은수저'는 죽은 아기가 사용하던 수저로 죽은 아기를 대신하는 비유물로 대유법(환유법)이 사용된 것이다. ②의 '펜'은 언론인이 사용하는 것으로 '언론의 힘'을 '칼'은 군인이 사용하는 것으로 '무력'을 뜻하는 대유법(환유법)이 사용된 것이다.

    ① 은유법 ③ 직유법 ④ 의인법 ⑤ 의인법

정답 ②

뭐니 뭐니 해도 시의 가장 큰 특징은 '운율'이라고 할 수 있어. 앞에서도 '운'이 리듬을 뜻한다는 것을 배웠지? 그러니까 운율은 리듬의 법칙이라고 할 수 있어. 여러 시를 분석해 보면 그 리듬의 법칙을 알 수 있는데, 여기서는 그에 대해 다룰 거야. 앞에서 시는 원래 노래였다고 했지. 노래는 불러야 맛이고, 시는 읽어야 맛이야. 시의 운율을 제대로 느끼려면 반드시 읽어 보는 게 좋아. 눈으로 읽지만 말고 소리 내어 읽어 보는 연습을 하는 게 도움이 될 거야. 특히 최근 수능에서는 운율에 대한 문제가 자주 나오고 있으니 주의 깊게 공부해 보자.

시와 운율

1 외형률과 내재율

고전시가에서 시와 노래가 서로 단단하게 결합되어 있다는 것은 앞에서 여러 번 말했지? 지겨울 정도로 말이야. 현대시 역시 '노래하기'를 본질로 하므로, '산문 형태의 시'라 할지라도, 시의 리듬인 '**운율**'을 절대 무시할 수 없는 거야.

↳산문시

韻 소리 운
律 법칙 율

운율 사람의 호흡에서 형성되는 시의 생기 있는 리듬감. 특정한 소리나 울림의 규칙적인 법칙이나 비율. 또는 이것의 변화로 표현되는 시의 가락 ↳운
↳율

가수가 노래를 부를 때 '숨을 쉬는 법', 즉 '호흡법'이 매우 중요한 것이라는 점은 여러 번 들어 보았을 거야. 서정 갈래인 현대시와 고전시가의 운율은 바로 이 '사람 호흡의 숨결'과 긴밀하게 연결되어 있어.

> 너에게로 가는
> 그리움의 전깃줄에
> 나는
> 감
> 전
> 되
> 었

　고정희의 이 시에는 처음부터 동일한 규칙적 리듬은 찾을 수는 없어. 그러나 이 시를 '노래의 악보'라고 생각을 해 봐! 1행의 "너에게로 가는"과 2행의 "그리움의 전깃줄에"는 각각 두 덩이의 호흡 단위로 끊어서 읽을 수 있겠네.

　이와 같이 호흡 단위를 '같은 시간의 길이'로 읽는다면, 이 시에서는 각각 두 덩이의 호흡 단위로 끊겨 읽히고 반복되는 울림이 만들어지네. 그런데 '니에게로' '그리움의' '전깃줄에' 등의 덩어리는 각각 4글자(4음절)이지만 '가는'은 두 글자로 된 덩어리네. 이 네 덩어리를 각각 '같은 시간의 길이'로 읽는다면 '가는'은 '느린 속도'로 읽어야 하고, 나머지는 '보통 속도'로 읽으면 돼.

　시의 '호흡 단위'와 '시간의 길이', '읽는 속도'를 고려하여 이 시 전체에서 느껴지는 '사람 호흡의 숨결'을 다음과 같이 정리할 수 있어

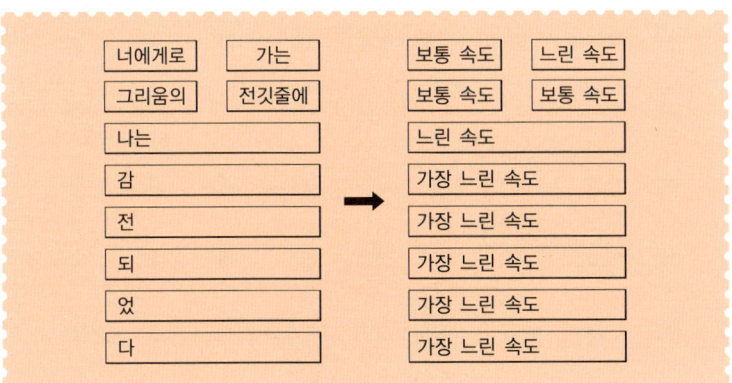

고정희의 「고백」은 처음부터 끝까지 '겉으로 뚜렷이 드러나는 일정한 운율'을 찾을 수 없어. 그러나 자세하게 파고들어 분석하면 위와 같이 불규칙한 속에서도 어느 만큼은 일정한 규칙으로 반복되고 변화하는 운율을 찾을 수 있지. 이처럼 시의 행과 연이 전개되는 전체의 과정 속에 숨어 있는 운율을 '내재율(內在律)'이라고 해.

內 안 **내**
在 있다 **재**
律 규칙 **율**

내재율 시의 행과 연이 전개되는 전체의 과정 속에 숨어 존재하는 운율
↳내 　↳재 ↳율

'율(律)'은 '법률(法律), 규율(規律), 율법(律法)' 할 때의 '율'로, 법령이나 비율이라는 뜻이야. '운(韻)'은 '소리, 울림, 음운' 등의 뜻을 지니지. '운율(韻律)'을 글자 그대로 풀면 '특정한 소리나 울림이 어떤 규칙적인 비율과 변화로 표현되는 시의 리듬'이라고 할 수 있어.

다음 안민영의 평시조를 보자.

> 금강 일만 이천 봉이 눈 아니면 옥이로다
> 월성루 올라가니 천상인(天上人)이 되었어라
> 아마도 서부진화부득(書不盡畫不得)은 금강인가 하노라
>
> — 안민영, 「금강 일만 이천 봉」

• 서부진화부득(書不盡畫不得) 글로 다 옮길 수 없고 그림으로 다 그려 낼 수 없음.

시조는 본래 눈으로 읽기 위해 창작한 것이 아니라 노래를 부르기 위해서 창작된 갈래야. 그래서 예전에는 시조를 가곡(歌曲)이라고 불렀지.
초장인 1행은 "금강 일만 / 이천 봉이 / 눈 아니면 / 옥이로다"와 같이 네 덩이의 호흡 단위로 끊기고, 2행인 중장 역시 "월성루 / 올라가니 / 천상인이 / 되었어라"와 같이 네 덩이의 호흡 단위로 끊겨. 그리고 3행인 종장 역시 "아마도 / 서부진화부득은 / 금강인가 / 하노라"와 같이 네 덩이의 호흡 단위로 끊겨. '일정한 길이의 호흡 단위로 끊기는 소리의 덩이'를 '음보(音步)'라고 해. 그러니까 네 덩이의 호흡 단위를 좀 유식(?)하게 음보가 4

개라고 하는 거야.

음보 일정의 길이의 호흡 단위로 끊기는 소리의 일정한 단위

안민영의 시조는 각 장의 음보가 4개씩 반복되는 규칙성을 띠지. 이와 같이 겉으로 뚜렷이 드러나는 규칙적 음보의 반복에서 오는 리듬을 **외형률(外形律)**이라고 해.

외형률 음보와 같이 겉으로 뚜렷한 형태로 드러나는 규칙적인 운율

안민영의 시조와 같이 초장, 중장, 종장이 모두 네 덩어리의 호흡 단위, 즉 음보가 4개씩 반복되는 규칙적 운율을 지닌 시조를 '평시조'라고 하는 거야. 그러니까 모든 평시조는 초·중·종장 모두 음보가 4개씩 반복돼. 그러므로 평시조를 '4음보율의 외형적 운율'을 지닌 갈래라고 하는 거야.

4음보율 네 개씩의 소리 단위로 반복됨으로써 형성되는 운율

음보는 글자 그대로 풀면 '안정된 발걸음의 폭과 같은 소리의 일정한 시간 길이'라 할 수 있지. 우리 문학에서 '음보'는 4글자(4음절)를 기준으로 해. 여기에서 한두 글자가 첨가되거나 빠져도 하나의 '음보'로 봐. 그래서 보통 '2~5글자'를 '하나의 음보'로 치는 거야.

평시조 하나를 더 볼까?

> 이화(梨花)에(3) / 월백(月白)하고(4) / 은한(銀漢)이(3) / 삼경(三更)일 제(4)
> 일지(2) / 춘심(一枝春心)을(3) / 자규야(3) / 알랴마는(4)
> 다정도(3) / 병인 양 하여(5) / 잠 못 들어(4) / 하노라(3)
> — 이조년, 「다정가」

音 소리 음
步 발걸음 보

운율

外 겉 외
形 형식 형
律 비율, 규칙 률

이조년의 평시조 「다정가」 역시 음보가 네 개씩 반복되는 4음보의 외형적 운율을 지닌 평시조야. 중장의 '일지(2)'는 2음절(2글자)로 되었지만 하나의 음보가 된 것이고, 종장의 '병인 양 하여(5)'는 5음절로 되었지만 역시 하나의 음보가 된 거야. 이때 '4음절'을 기준으로 '음보의 길이'를 '똑같은 시간의 길이'로 정할 때, '월백하고(4)' '삼경일 제(4)' '알라마는(4)' '잠못 들어(4)' 등은 '보통 속도'로 안정된 리듬감으로 읽히고, '일지(2)'는 가장 느린 속도로 읽히며, '이화(梨花)에(3)' '은한(銀漢)이(3)' '춘심(春心)을(3)' '자규야(3)' '다정도(3)' '하노라(3)' 등은 조금 느린 속도, 그리고 '병인 양 하여(5)'는 빠른 속도로 읽히게 돼. 이럴 때 '호흡과 숨결'이 '느려졌다, 빨라졌다, 안정되었다' 하며 생기 넘치는 운율의 아름다움이 창조되는 거야. 이런 **생기 넘치는 운율의 아름다움**을 **율동미** 또는 율동의 아름다움이라고 하는 거야.

<율동감>

• **생기(生氣)** 살아 움직이는 듯한 기운.

律 운율 **율**
動 살아 움직이다 **동**
美 아름답다 **미**

율동미 운율의 살아 움직이는 듯한, 생기 넘치는 아름다움
　　　　　　↘율　　↘동　　　　　↘미

여기서 다시 안민영의 평시조로 돌아와서 공부한 내용을 확인해 보자. 다음 안민영의 평시조에서 가장 빠른 속도의 급박한 율동감을 주는 음보는 어딜까?

> 금강 일만 / 이천 봉이 / 눈 아니면 / 옥이로다
> 월성루 / 올라가니 / 천상인(天上人)이 / 되었어라
> 아마도 / 서부진화부득(書不盡畵不得)은 / 금강인가 / 하노라
>
> 　　　　　　　　　　　　　　　　　– 안민영, 「금강 일만 이천 봉」

그렇지 종장의 두 번째 음보인 '서부진화부득(書不盡畵不得)은'은 무려 7음절로 된 음보인데, '4음절의 소리 길이'와 같은 길이 단위로 읽어야 하니까 말의 속도가 급박하게 빨라지는 부분이지. 이렇게 급박했다가 다시 '금강인가(4)'의 4음절로 된 음보로 돌아오니까 보통 속도의 안정감을 찾

으며, 노래가 끝나 간다는 느낌이 들면서 시조의 의미도 하나의 완결된 단위로 끝맺음될 수 있는 거야. 이런 율동(律動)의 변화를 추구하며 의미를 완결 짓기 위해 시조의 종장은 다른 장과 마찬가지로 4음보로 되어 있지만, 종장의 첫째 음보는 3음절로 고정시켜 놓고, 둘째 음보는 5음절 이상, 셋째 음보나 넷째 음보는 4음절이나 3음절을 사용하는 거야.

• 아마도	서부진화부득(書不盡畫不得)은	금강인가	하노라
(3)	(7)	(4)	(3)
느린 느낌	급박하게 빠른 느낌	보통 속도의 안정된 느낌	다시 느린 느낌, 여운을 주며 노래가 끝났다는 느낌

시조 종장의 4음보율의 호흡 변화가 일으키는 율동감을 위와 같이 정리할 수가 있어. 어때? 여러분도 소리를 내어 낭송하면서 율동감을 느껴 보길 바래.

운율의 완급 : 완급율

현재 문학 교육에서는 '운율의 개념 이해와 적용'에 관한 내용이 이전보다 더욱 강화되었어. 그 중의 하나가 '운율의 완급'에 관한 것이야. **완급(緩急)**은 '느림과 빠름'이라는 뜻으로 '완만함과 급박함'이라고 해. 노래를 부를 때 가수가 '숨을 쉬는 법', 즉 '호흡법'이 매우 중요한 것이라는 점은 앞에서도 말했지.

 느리다, 늘어지다 **완**
 급하다, 빠르다 **급**
 비율, 규칙 **율**

완급율 시행의 길고 짧음에 따라 호흡이 느려지기도 하고 빨라지기도 하는 데서 형성되는 운율

↳**완**   ↳**급**
↳**율**

자, 다음을 보자.

산은
구강산(九江山)
보랏빛 석산(石山)

산노화
두어 송이
송이 버는데,

봄눈 녹아 흐르는

옥 같은
물에

사슴은
암사슴
발을 씻는다.

— 박목월, 「산도화(山桃花)」

1연 1행의 '산은'은 2음절로 느린 호흡, 2행의 '구강산'은 3음절로 보통 호흡, 3행의 '보랏빛 석산'은 5음절로 보다 빨라지는 호흡이야. 따라서 1연의 운율 구성은 '느린 호흡에서 점점 빨라지는 호흡'으로 배열되어 있지. 2연도 '3음절 / 4음절 / 5음절'로 '느린 호흡에서 점점 빨라지는 호흡'으로 배열되어 있어.

그런데 3연은 이와 반대로 구성되어 있네!

봄눈 녹아 흐르는
옥 같은
물에

보다시피 3연 1행은 '7음절'로 되어 있어. 지금까지 각 연의 행을 '한 호흡'으로 읽었으니까, 3연의 1행 역시 '한 호흡'으로 읽으려면 이 부분의 호흡은 급격하게 빨라지는 거야. 그리고 2행은 느려지고, 3행은 더 느려지는 거지.

박목월 시인은 1, 2연의 '느렸다가 점점 빨라지는 운율 구성'을 3연에서는 반대로 뒤집었어. 3연의 운율은 '급격하게 빨라졌다가 점점 느려지는 율동'으로 구성한 것이야. '운율 완급의 변화'를 준 것이지.

이렇게 한 것은 아마도 두 가지 효과를 노렸을 거야.

첫째, 1연의 '보랏빛 석산'은 정지된 감각의 심상이고, 2연의 '두어 송이 피어나는 산도화'는 거의 정지된 감각의 미세한 움직임인데, 3연에 와서는 '봄눈 녹아 흐르는 옥 같은 물'은 '비교적 빠른 감각의 이미지'로 바뀌지. 이러한 동적 이미지를 강조하기 위해서 3연의 1행을 '빠른 호흡의 급박한 운율'로 구성한 것이라고 보면 돼! 이를 이해할 감상 능력이 있는지 천재교육 문학 교과서에는 "이 작품은 그 호흡이 3연에서 변화했다가 4연에서 원래대로 돌아온다. 이 변화 과정을 운율의 완급으로 설명해 보고, 이것이 대상의 움직임을 형상화하는 데 어떤 도움을 주는지 말해 보자."라는 학습 활동 문제가 실려 있네. 어렵다고만 생각하지 말고, 이 시를 호흡의 느림과 빠름에 따라 직접 입으로 소리를 내어 낭송해 봐! 눈으로만 읽지 말고!

완급 ♪

그러면 두 번째 효과는 무엇일까?

둘째 효과는 1, 2연의 운율적 호흡을 '느렸다가 점점 빨라지는 구성'으로 반복하여 통일했고, 3연에서는 정반대로 '아주 빨라졌다가 느려지는 구성'으로 변화를 준 뒤, 4연에서 다시 1, 2연과 유사한 '느렸다가 빨라지는 원래의 호흡'으로 돌아오게 함으로써 이 시 「산도화」가 '기승전결'의 구성으로 완결된다는 느낌을 분명히 하기 위한 것으로 보면 돼. 즉 '△(1연), △(2연), ▽(3연), △(4연)'과 같이 운율의 완급을 '반복·변화·반복'한 것이야.

다음의 시를 예로 하나 더 들어 '호흡의 완급'에 대해서 정리하고 넘어가자.

머언 산 청운사
낡은 기와집

산은 자하산
봄눈 녹으면

느릅나무
속잎 피어나는 열두 굽이를

청노루
맑은 눈에

도는
구름

– 박목월, 「청노루」

박목월의 「청노루」에서 '가장 급박한 느낌의 호흡으로 읽히는 부분'은? 그래! 3연의 "속잎 피어나는 열두 굽이를"이야. 그러면 반대로 '가장 완만한 느낌의 호흡으로 읽히는 부분'은? 그렇지! 마지막 연의 '도는'과 '구름'이지!

마지막으로 김수영의 「눈」을 하나 더 보자.

눈은 살아 있다.
떨어진 눈은 살아 있다.
마당 위에 떨어진 눈은 살아 있다.

– 김수영, 「눈」 부분

이 시의 1행은 '눈은 살이 있다'로 표현되었고, 2행은 1행의 '눈은 살아 있다'에 '떨어진'을 덧붙여 반복하고, 3행은 2행의 '떨어진 눈은 살아 있다'에 다시 '마당 위에'를 첨가하여 '마당 위에 떨어진 눈은 살아 있다'로 반복 표현되었네.

이렇게 점점 호흡의 속도가 빨라지는 식으로 시행을 구성하여, '반복 속에서 변화'를 추구하면서도 '점점 의미가 강조되는 속에 점점 급박해지는 운율'을 배열함으로써 '운율의 빠른 속도감으로써 의미와 감정을 강조하여 결합하는 율동의 아름다움'를 이루어 내는 데 성공하고 있어.

자, 이제 '운율'을 어느 정도 이해했으면 운율의 여러 가지, 즉 음수율, 음보율, 음위율 등에 대해 보다 자세하게 공부해 보도록 하자.

음수율과 음보율

음수율은 일정한 글자 수(음절 수)를 반복함으로써 생기는 운율이야.

음절 음

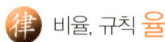
숫자 수

律 비율, 규칙 율

음수율 일정한 음절 수를 반복함으로써 형성되는 외형적 운율

음 수 ⟶ ⟵ 율

다음 평시조를 보자.

천만리(3) / 머나먼 길에(5) / 고운 님(3) / 여희옵고(4)
내 마음(3) / 둘 데 없어(4) / 냇가에(3) / 앉아 있으니(5)
저 물도(3) / 내 안 같도다(5) / 울어 밤길(4) / 예놋다(3)

— 왕방연, 「천만리 머나먼 길에」

이 시조는 3음절과 4음절을 중심으로 이루어져 있지. 물론 예외로 5
음절로 된 부분도 있어. 그러나 3음절과 4음절을 기본으로 하기 때문에,
3·4조의 음수율을 지닌다고 하는 거야.

하나 더 보자.

삭풍은(3) / 나무 끝에 불고(6) / 명월은(3) / 눈 속에 찬데(5)
만리(2) / 장성에(3) / 일장검(3) / 짚고 서서(4)

긴 파람(3) / 큰 한 소리에(5) / 거칠 것이(4) / 없어라(3)

– 김종서, 「삭풍은 나무 끝에 불고」

김종서 장군의 이 평시조도 6음절·5음절·2음절이 있지만, 3음절과 4
음절 중심으로 되어 있잖아. 그래서 이 시조 역시 3·4 조의 음수율을 지
닌다고 하는 거야.

우리 국문 시가의 대표라 할 수 있는 평시조는 이렇듯 3·4 조의 음수
율을 기본 율격으로 운율이 이미 정해져 있는 시가야. 그래서 정형시라
고 해.

• **시조** 3·4 조의 음수율

이와 마찬가지로 평시조보다 훨씬 긴 형식의 연속체 시가를 '가사(歌辭)
문학'이라고 하는데, 이 가사 역시 3·4 조의 음수율을 기본 율격으로 운
율이 이미 정해져 있는 시가야. 물론 가끔씩 2음절이나 5, 6음절이 섞이
기는 하지만 전체적으로 3·4 조의 음수율을 기본 율격으로 하지.

무등산(3) / 한 활기 뫼히(5) / 동 다히로(4) / 버더 이서(4)
멀리(2) / 떼쳐 와(3) / 제월봉이(4) / 되어거늘(4)
무변(2) / 대야의(3) / 무슨 짐작(4) / 하노라(3)
일곱 구비(4) / 한데 움쳐(4) / 므득므득(4) / 버렸는 듯(4)
가운데(3) / 구비는(3) / 굼기 든(3) / 늙은 용이(4)
선잠을(3) / 갓 깨어(3) / 머리를(3) / 얹혔으니(4)

– 송순, 「면앙정가」 부분

송순의 「면앙정가」는 가사야. 3·4 조의 음수율을 기본 율격으로 하여
연속적으로 말이 이어지는 매우 긴 형식의 장형 시가이지.

'가사 문학'의 예를 하나 더 들어 보자.

삼삼오오(4) / 야유원에(4) / 새 사람이(4) / 나단 말가.(4)
꽃 피고(3) / 날 저물 제(4) / 정처 없이(4) / 나가 있어(4)
백마(2) / 금편으로(4) / 어디어디(4) / 머무는고.(4)
원근을(3) / 모르거니(4) /소식이야(4) / 더욱 알랴.(4)
인연을(3) / 끊었든들(4) /생각이야(4) / 없을소냐.(4)
얼굴을(3) / 못 보거든(4) / 그립기나(4) / 마르려믄(4)
열두 때(3) / 김도 길샤(4) / 서른 날(3) / 지루하다.(4)

– 허난설헌, 「규원가」 부분

허난설헌의 「규원가」 역시 3 · 4 조의 음수율을 기본 율격으로 그 운율이 이미 정해져 있는 긴 형식의 정형시가야. 이런 시가 형식을 '가사 문학'이라고 해.

정리해 보자.

• **가사** 3 · 4 조의 음수율

다음 고려 속요 「청산별곡」을 볼까.

살어리(3) / 살어리(3) / 랏다.(2) / 청산에(3) / 살어리(3) / 랏다.(2)
머루랑(3) / 다래랑(3) / 먹고 (2) / 청사에(3) / 살어리(3) / 랏다.(2)

– 작자 미상, 「청산별곡」 부분

인용된 「청산별곡」의 위 부분은 '3음절, 3음절, 2음절'이 규칙적으로 반복되고 있네. 그래서 「청산별곡」은 '3 · 3 · 2 조의 음수율'을 지닌 시가라고 하는 거야.

• **청산별곡** 3·3·2조의 음수율

고려 속요를 하나 더 볼까.

가시리(3) / 가시리(3) / 잇고(2) 나난
버리고(3) / 가시리(3) / 잇고(2) 나난
위 증즐가 대평성대(大平盛代)

날러는(3) / 엇지(2) / 살라고(3)
버리고(3) / 가시리(3) / 잇고(2) 나난
위 증즐가 대평성대(大平盛代)

— 작자 미상, 「가시리」 부분

「가시리」 역시 '3음절, 3음절, 2음절'이 규칙적으로 반복되고 있네. 물론 '날러는(3) / 엇지(2) / 살라고(3)'는 여기서 벗어났지만, 그 기본은 '3·3·2조의 음수율'이므로, 이 시가의 운율은 '3·3·2조의 음수율'이라고 하는 거야.

• **가시리** 3·3·2조의 음수율

다음은 김소월의 「진달래꽃」을 보자.

나 보기가(4) / 역겨워(3)
가실 때에는(5) ↘ 7

말없이(3) / 고이 보내(4) / 드리우리다.(5)
→7

영변에(3) / 약산(2)
진달래꽃(4) //
아름 따다(4) / 가실 길에(4) / 뿌리우리다.(5)

가시는(3) / 걸음걸음(4)
놓인 그 꽃을(5) →7
사뿐히(3) / 즈려밟고(4) / 가시옵소서.(5)
→7

나 보기가(4) / 역겨워(3) →7
가실 때에는(5) →7
죽어도(3) / 아니 눈물(4) / 흘리우리다.(5)
→7

– 김소월, 「진달래꽃」

이 시는 2연을 제외하고는 '3 · 4 · 5' 또는 '4 · 3 · 5'의 음절 수가 반복되는 규칙이 있어. 그런데 '3 · 4'나 '4 · 3'은 7음절이므로, 김소월의 「진달래꽃」은 '7 · 5 조의 음수율'을 기본 율격으로 하는 현대시라고 하는 거야.

• 김소월의 「진달래꽃」 7 · 5 조의 음수율. 3 · 4 · 5 또는 4 · 3 · 5의 음수율

그런데 2연은 이에서 벗어났으므로, 2연의 음수율은 '7 · 5 조 음수율의 파격'이라고 하지.

破 깨트리다 파
格 틀, 갖춰진 형식 격

운율의 파격 일정한 운율의 틀을 깨뜨림
→격 →파

음보율은 앞에서 공부했지만, 한 번 더 정리해 보자.

음보(音步)는 글자 그대로 풀면 '안정된 발걸음의 폭과 같은 소리의 일정한 시간 길이'라 할 수 있지.

우리 문학에서 '음보'는 4글자(4음절)를 기준으로 해. 여기에서 한두 글자가 첨가되거나 빠져도 하나의 '음보'로 봐. 그래서 보통 '2~5글자'를 '하나의 음보'로 치는 거야. 경우에 따라 '6, 7음절'도 하나의 음보가 되기도 하는데, 아주 예외적인 경우야.

음보율  소리의 단위가 일정한 숫자대로 반복되는 데서 형성되는 운율. 보통 4음절을 표준으로 삼아, 여기에 한두 음절이 줄거나 늘어나는 것을 허용하여 이를 음보라고 함

音 소리 음
步 걸음 보
律 비율, 규칙 율

음보가 다음과 같이 네 개씩 반복되는 규칙이 있으면 '4음보율'이라고 해.

삭풍은(3) / 나무 끝에 불고(6) / 명월은(3) / 눈속에 잔네(5)
만리(2) / 장성에(3) / 일장검(3) / 짚고 서서(4)
긴 파람(3) / 큰 한 소리에(5) / 거칠 것이(4) / 없어라(3)

　　　　　　　　　　　　　　　　　　　　 – 김종서, 「삭풍은 나무 끝에 불고」 부분

• **삭풍은 나무 끝에** 　4음보율

무등산(3) / 한 활기 뫼히(5) / 동 다히로(4) / 버더 이서(4)
멀리(2) / 떼쳐 와(3) / 제월봉이(4) / 되어거늘(4)
무변(2) / 대야의(3) / 무슨 짐작(4) / 하노라(3)
일곱 구비(4) / 한데 움쳐(4) / 므득므득(4) / 버렸는 듯,(4)
가운데(3) / 구비는(3) / 굼기 든(3) / 늙은 용이(4)
선잠을(3) / 갓 깨어(3) / 머리를(3) / 얹혔으니(4)

　　　　　　　　　　　　　　　　　　　　 – 송순, 「면앙정가」 부분

위의 두 시가는 모두 4음보율의 공통점을 지니지. 이렇듯 '시조문학'과 '가사문학'은 4음보의 공통적 운율(율격)을 지니는 거야.

정리해 보자.

다음 고려 속요를 볼까.

다음 고려 속요는 음보가 3개씩 반복되네. 이렇듯 음보가 3개씩 반복되는 규칙이 있으면 '3음보율'이라고 해.

살어리(3) / 살어리(3) / 랏다. (2) / 청산에(3) / 살어리(3) / 랏다. (2)
머루랑(3) / 다래랑(3) / 먹고, (2) / 청산에(3) / 살어리(3) / 랏다. (2)

– 작자 미상, 「청산별곡」 부분

가시리(3) / 가시리(3) / 잇고(2) 나난
버리고(3) / 가시리(3) / 잇고(2) 나난
위 증즐가 대평성대(大平盛代)

날러는(3) / 엇지(2) / 살라고(3)
버리고(3) / 가시리(3) / 잇고(2) 나난

위 증즐가 대평셩대(大平盛代)

– 작자 미상, 「가시리」 부분

- **가시리** 3음보율

고려 속요는 거의가 3음보율의 규칙성을 띠지. 그래서 고려 속요는 대체로 3음보율의 공통적 운율을 지녔다고 하는 거야.

- **고려 속요** 3음보율

이제 김소월의 「진달래꽃」을 다시 보자. 김소월을 '전통적 현대 시인'이라고 하는 것은 우선 운율의 면에서 고려 속요 · 시조 · 가사 등의 음수율과 음보율을 현대적으로 변형하여 이이 오는 데 성공했기 때문이야.

나 보기가(4) / 역겨워(3)
가실 때에는(5) ↘7
말없이(3) / 고이 보내(4) / 드리우리다.(5)
↘7

영변에(3) / 약산(2)
진달래꽃(4) //
아름 따다(4) / 가실 길에(4) / 뿌리우리다.(5)

가시는(3) / 걸음걸음(4)
놓인 그 꽃을(5) ↘7
사뿐히(3) / 즈려밟고(4) / 가시옵소서.(5)
↘7

나 보기가(4) / 역겨워(3)
가실 때에는(5) ↘7

죽어도(3) / 아니 눈물(4) / 흘리우리다.(5)
7

– 김소월, 「진달래꽃」

- **음수율** 7 · 5 조의 음수율 = 3 · 4 · 5 조의 음수율
- **음보율** 3음보율

7 · 5조는 '3 · 4 · 5' 또는 '4 · 3 · 5'로 나눌 수 있잖아. 그러니까 시조나 가사의 음수율이 변형되었다고 보는 거야. 그리고 고려 속요의 3음보율과도 이어지지. 그래서 운율 면에서 김소월은 '전통적 현대 시인'이라고 할 수 있는 거야.

다음 동요 하나를 볼까?

달 달 / 무슨 달
쟁반같이 / 둥근 달
어디 어디 / 떴나
남산 위에 / 떴지

– 작자 미상, 「달달 무슨 달」

- **달달 무슨 달** 2음보율

이제 음수율과 음보율에 대한 공부를 정리해 보자.

- **음수율** 일정한 음절 수의 규칙적 반복에서 오는 운율
  예 3 · 4조의 음수율, 3 · 3 · 2조의 음수율, 7 · 5조의 음수율
- **음보율** 일정한 음보 수의 규칙적 반복에서 오는 운율
  예 2음보율, 3음보율, 4음보율

음위율

일정한 소리나 같은 계열의 소리가 시의 연과 행의 처음, 중간, 끝 등의 일정한 위치에서 반복되는 운율을 음위율이라고 해.

음위율 일정한 소리의 위치에서 반복되는 소리로 형성되는 운율
↳음 ↳위 ↳율

音 소리 음
位 위치 위
律 규칙, 비율 율

음위율에는 두운(頭韻), 요운(腰韻), 각운(脚韻) 등이 있어.

(1) 두운(頭韻)

시행의 첫머리나 연의 첫머리에 일정한 소리가 반복되는 데서 형성되는 운율을 두운이라고 해.

두운 시행이나 연의 처음에서 반복되는 운율
↳두 ↳운

頭 머리, 처음 두
韻 소리, 가락 운

물레나 바퀴는
실실이 시르렁
어제도 오늘도 흥겨이 돌아도
사람의 한 생은 시름에 돈다오

> 물레나 바퀴는
> 실실이 시르렁
> 외마디 겹마디 실마리 풀려도
> 꿈같은 세상 가두새 얽히오.
>
> – 김억, 「물레」 부분

김억의 「물레」는 총 4연으로 된 시인데, 모든 연의 처음이 '물레나 바퀴는 / 실실 이 시르렁'으로 반복되는 규칙적 운율이 있어. 이렇듯 행이나 연의 처음 부분에서 규칙적으로 반복되는 소리의 운율을 '두운'이라고 해.

(2) 요운(腰韻)

시행의 가운데 부분에서 일정한 소리가 반복되는 데서 형성되는 운율을 요운이라고 해.

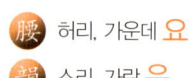

腰 허리, 가운데 **요**
韻 소리, 가락 **운**

요운 시행의 중간 부분에서 반복되는 운율
요   운

> 돌담에 속삭이는 햇발같이
> 풀 아래 웃음 짓는 샘물같이
> 내 마음 고요히 고운 봄길 위에
> 오늘 하루 하늘을 우러르고 싶다.
>
> – 김영랑, 「돌담에 속삭이는 햇발같이」 부분

김영랑의 위 시의 3행의 중간에 의도적으로 '고'를 두 번 반복한 부분이 보이지? 그리고 4행에서는 '하'를 두 번 반복했네. 이렇듯 시행이나 연의 중간 부분에 같은 소리가 반복될 때 이루어지는 운율을 '요운'이라고 하는 거야.

> 반중 조홍감이 고와도 보이나다
> 유자 아니라도 품음직도 하다마는
> 품어가 반길 이 없으니 그를 설워 하노라
>
> – 박인로, 「조홍시가」

박인로의 위 시조의 초장과 중장의 가운데에 보조사 '도'가 반복되는 것을 찾았니? 이것 역시 '요운'을 활용한 것이라 할 수 있어.

(3) 각운(脚韻)

시행이나 연의 끝에서 일정하게 반복되는 소리에서 형성되는 운율을 각운이라고 해.

각운 시행의 끝 부분에서 반복되는 운율
　　　↳각　　　↳운

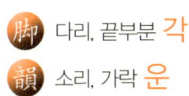
脚 다리, 끝부분 **각**
韻 소리, 가락 **운**

> 추강에 밤이 드니 물결이 차노매라.
> 낚시 들이우니 고기 아니 무노매라.
> 무심한 달빛만 싣고 빈 배 저어 오노매라.
>
> – 월산대군, 「추강에 밤이 드니」 부분

월산대군의 이 시조를 보면, 초장은 '차노매라', 중장은 '무노매라'로 끝나. 그리고 종장은 '오노라'로 끝났지. 각 장의 끝에서 같은 소리가 반복되므로 이러한 운율을 '각운'이라고 하는 거야.

> 물레나 바퀴는
> 실실이 시르렁

어제도 오늘도 흥겨이 돌아도
사람의 한 생은 시름에 돈다오.

물레나 바퀴는
실실이 시르렁
외마디 겹마디 실마리 풀려도
꿈같은 세상 가두새 얽히오.

물레나 바퀴는
실실이 시르렁
언제나 실마리 감자던 도련님
언제는 못 풀어 날 잡고 운다오.

물레나 바퀴는
실실이 시르렁
원수의 도련님 실마리 풀어라
못 풀 걸 왜 감고 날다려 풀라나.

– 김억, 「물레」 부분

위의 시 「물레」에서 4연을 제외하면, 1 · 2 · 3연의 마지막이 모두 '오'로 끝나므로 이 시 역시 '각운'의 운율 방법을 활용했다고 하는 거야.

나 보기가 역겨워
가실 때에는
말없이 고이 보내 드리우리다.

영변에 약산
진달래꽃
아름 따다 가실 길에 뿌리우리다.

가시는 걸음걸음
놓인 그 꽃을
사뿐히 즈려밟고 가시옵소서.

나 보기가 역겨워
가실 때에는
죽어도 아니 눈물 흘리우리다.

– 김소월, 「진달래꽃」

김소월은 위의 「물레」를 창작한 김억의 제자였어. 김소월은 김억보다 운율을 한층 발전시켜 사용했는데 「진달래꽃」을 보면 역시 각운의 운율 방법을 활용했네. 위 시의 3연을 제외하면 나머지 연들 모두 '~우리다'로 종결되네. 그러니까 '~우리다'의 각운을 사용했다고 보면 되는 거야.

우리 고전시가나 현대시에서 '두운, 요운, 각운'은 반드시 중국이나 유럽의 정형시처럼 어떤 위치에서 반드시 사용해야만 한다는 고정된 규칙은 없어. 유럽의 정형시나 중국의 정형시인 한시에서는 일정한 위치에 '음위율'을 고정시켜 놓는 엄격한 규칙이 있지만, 우리 고전시가나 현대시에서는 이런 고정된 규칙이 있는 것은 아니야. 그런 점에서 우리 시가 문학은 보다 자유롭게 '음위율'을 사용해 왔다고 할 수 있지. 이에 대해서는 우리의 시가 문학이 일정한 격식을 중시하면서도 그 속에서 '자유 발랄함'을 즐기는 민족의 성품을 운율로써 보여 준다고 해석할 수 있는 거야. 다이내믹 코리아가 이 같은 운율의 질서와 자유와 관련 있는 것 아닐까?

5 운율 형성의 다양한 방법

(1) 음운(音韻)의 반복을 통한 운율 형성

「강남 스타일」이란 노래로 월드 스타가 된 싸이의 새 노래 「젠틀맨」의 가사를 잠깐 보자.

> 알랑가 몰라 왜 화끈해야 하는 건지
> 알랑가 몰라 왜 말끔해야 하는 건지
> 알랑가 몰라 아리까리하면 까리해
>
> – 싸이, 「젠틀맨」 가사 부분

이 노래 가사를 시로 본다면 시행의 처음에서 '알랑가 몰라'가 반복되니까 앞에서 공부한, 시행의 처음에서 같은 소리가 반복되는 '두운'이 사용되었지. 그렇게 분석했다면 공부를 참 열심히 했다는 거야. 잘했어! 칭찬해 줄게.

그러나 거기에서만 멈추지 말고 더 생각해 보자.
'알랑가 몰라'의 표준어는 '아는지 몰라'야. 왜 '아는지 몰라'를 사용하지 않고, '알랑가 몰라'를 썼을까? 여러분이 '알랑가 몰라'와 '아는지 몰라'를 직접 소리 내어 발음해 보고 리듬의 차이를 느껴 봐! 무슨 차이가 있을까?

이 노래의 가사에서 '아는지 몰라'의 표준어를 사용하지 않고 전라도 방언(사투리)인 '알랑가 몰라'를 사용한 것은 '양성모음'인 'ㅏ, ㅗ'를 중심으로 '밝고 경쾌한 운율'을 형성하기 위한 의도야.

양성 모음 <u>밝고 부드럽고 경쾌한 성질을 가진 리듬의 모음. 'ㅏ, ㅗ, ㅘ' 계통의 모음</u>

陽 볕, 밝다 **양**

性 성격 **성**

음성 모음 <u>어둡고 무거운 성질을 가진 리듬의 모음. 'ㅓ, ㅜ, ㅝ' 계통의 모음</u>

陰 그늘, 어둡다 **음**

性 성격 **성**

그리고 또 있지. 자음 중에서 '성대가 울리는 음운인 자음'은 'ㄴ, ㄹ, ㅁ, ㅇ'의 네 개뿐이야. 이것들을 '울림소리'라고 하는데, '아는지 몰라'가 아닌 '알랑가 몰라'를 가사로 선택한 것은 'ㄹ, ㅁ, ㅇ'의 울림소리를 써서 '매끄럽고 가볍게 굴러가는 운율'을 만들기 위한 의도가 있었기 때문이야.

이와 같이 '같은 계통이나 동일한 음운'을 연속적으로 발음할 때 만들어지는 리듬을 '동일하거나 유사한 음운의 반복을 통해서 형성되는 운율'이라고 하는 거야.

• 울림소리 유성음(有聲音).

• 음운 자음과 모음.

• 자음 중 울림소리 ㄴ, ㄹ, ㅁ, ㅇ

살어리 살어리랏다. 청산에 살어리랏다.
머루랑 다래랑 먹고, 청산에 살어리랏다.
얄리얄리 얄랑셩 얄라리 얄라

— 작자 미상, 「청산별곡」 부분

비음

위에 인용된 「청산별곡」의 노랫말을 보면, 'ㄹ'이 제일 많고, <u>울림소리</u> 'ㄹ'과 같은 계열의 'ㅁ, ㄴ, ㅇ'의 '코 울림소리'가 'ㄹ'과 조화를 이루지. 여기에 후렴구인 '얄리얄리 얄랑셩 얄라리 얄라'를 붙여서, 'ㄹ'과 'ㅇ'의 연속 여음구 적인 울림소리가 반복됨으로써 매끄럽고 경쾌한 운율을 형성하는 거야.

유관순 누나로 하여금 우리는 처음
저 아득한 3월의 고운 하늘
푸름 속에 펄럭이는 피깃발의 외침을 알았다.

– 박두진, 「3월의 하늘」 부분

박두진의 「3월의 하늘」의 마지막 연에서는 '거센소리 ㅍ'을 의도적으로 연속 반복하고 같은 거센소리 계통인 'ㅊ'이 다시 따라 붙게 함으로써, 감정의 강렬함을 효과적으로 강조했다고 하는 거야.

하나 더 보자.

갈래갈래 갈린 길
길이라도
내게 바이 갈 길은 하나 없소

– 김소월, 「길」 부분

김소월의 「길」의 마지막 연을 보면, 'ㄱ, ㄹ'을 연속적으로 변화 반복함으로써 막히는 느낌의 'ㄱ'과 흘러가는 느낌의 'ㄹ'의 매끄러운 운율을 통해서 '갈 곳 없는 나그네의 막막함'과 '구름처럼 쉼 없이 흘러 다녀야 하는 나그네의 서러움'의 감정이 조화를 이루고 있지.

자, 이제 '음운의 반복을 통한 운율의 형성'이 무얼 뜻하는지 알겠니? 어렵다고? 알았어. 그럼 여기까지만.

(2) 음절의 반복을 통한 운율 형성

음절 소리의 마디. 몇 개의 음소로 이루어지며 모음은 단독으로 한 음절이
되기도 함

音 소리 음
節 마디 절

　우리말 음절은 '강'(ㄱ, ㅏ, ㅇ : 초성, 중성, 종성)과 같이 '초성(자음), 중
성(모음), 종성(자음)'의 3분 체계를 기본으로 하고 있어. 물론 '아, 어' 등
은 모음 하나만으로, '가, 너' 등은 자음 + 모음으로 음절이 이루어진 것
이지.

　이때 같거나 비슷한 음절을 반복하면 역시 운율이 조성돼.
↳리듬, 율동

　구전 동요 하나를 들어 보자.

> 하나 하면 할머니가 지팡이를 짚는다고 잘잘잘
> 둘 히면 두부장수가 두부를 판다고 잘잘잘
> 셋 하면 새색시가 거울을 본다고 잘잘잘
> 넷 하면 냇가에서 빨래를 한다고 잘잘잘
>
> – 구전 동요

　우리들은 어릴 때 이런 노래를 부르면서 놀았는데 너희들은 무슨 노래
를 부르며 놀았니? 위 동요의 색 글씨로 표시된 글자처럼 같거나 비슷한
소리의 음절을 반복하면 신나고 경쾌한 운율이 만들어지는 거야.

　너희들은 아마도 '소녀시대'의 「Gee」를 부르면서 놀지 않았을까?

> 너무 반짝 반짝 눈이 부셔 노(No) 노(No) 노(No) 노(No) 노(No)
> 너무 깜짝 깜짝 놀란 나는 오(Oh) 오(Oh) 오(Oh) 오(Oh) 오(Oh)
> 너무 짜릿 짜릿 몸이 떨려 지(Gee) 지(Gee) 지(Gee) 지(Gee) 지(Gee)
>
> – 소녀시대, 「Gee」 부분

이 노래가 우리나라뿐만 아니라 외국에서도 불리며 사랑받는 이유는 '소녀시대'가 미녀 부대였기 때문만이었을까? 우리 한국어가 무슨 뜻인지 몰라도 신나고 경쾌한 율동감의 언어가 국경을 넘어 '전 세계의 언어'가 될 수 있었기 때문이었겠지. └→ 리듬감

소녀시대의 「Gee」는 같거나 비슷한 소리의 음절 반복뿐만 아니라, 앞에서 공부한 두운, 요운, 각운 등이 다 구사되고, '눈이, 놀란, 몸이' 등에서 알 수 있듯이 일정한 위치에서 자음 중 울림소리인 'ㄴ, ㄹ, ㅁ' 등 음운 반복을 통한 운율 형성까지 구사함으로써 신나고 경쾌한 리듬이 만들어진 노래야.

마지막으로 소녀시대 이전의 서태지의 노래 「오렌지」 하나를 더 들어 보자.

니 지독한 독선 갖은 위선
니 틀 박힌 공식
역시 또 이기적 독식
박식한 척 했던 허세 가식
탐식 깃든 약육강식

– 서태지, 「오렌지」 부분

이 노래는 막혔다가 터지는 예사소리인 파열음 'ㄱ' 음운을 반복적으로 사용하여 '답답한 심정을 터뜨리는 느낌이 반복되는 정감'을 전달하는 하는 한편 일정한 흥을 이루기 위해 '독, 선, 식' 등의 음절 반복을 통해 운율을 형성했어.

(3) 어휘의 반복을 통한 운율 형성

운율은 '같은 소리의 반복'을 통해 조성된다고 했지. 그러니까 같은 소리

나 비슷한 소리를 지닌 어휘를 반복하면 운율이 형성되는 것 역시 당연하
잖아.

청산도 절로절로, 녹수도 절로절로
산 절로 수 절로, 산수 간에 나도 절로
이 중에 자란 몸이 늙기도 절로절로

– 송시열, 「청산도 절로절로」

시조는 본래 '노래'였어. 고대 가요, 향가, 고려 가요, 시조, 가사 등 모
두 '노래'였지. 송시열의 이 시조를 보면, '청산·산 / 녹수·수·산수' 등
의 어휘에서 동일 음절인 '산'과 '수'의 반복, 첨가와 반복의 뜻을 더해 주는
보조사 '도'의 반복, 동일 어휘인 '절로'와 '절로절로'의 연속 반복으로 인한
음절 반복과 울림소리 유음 'ㄹ'의 반복으로 물 흐르듯 매끄럽고 경쾌한 운
율이 조성되었다는 것을 알 수 있어.

⑷ 연쇄법(連鎖法)을 통한 운율 형성

'고리와 고리로 이어진 쇠사슬'을 '연쇄'라고 하는 거야. **연쇄법**은 '쇠사
슬을 이어가듯이 구절의 꼬리말을 이어가는 표현법'이야.

연쇄법 쇠사슬을 이어 가듯 꼬리말을 이어 가는 표현법

連 잇다 연
鎖 쇠사슬 쇄
法 법 법

고인(古人)도 날 몯 보고 나도 고인 몯 뵈
고인을 몯 뵈도 녀던 길 알ㅅ 잇늬
녀던 길 알ㅅ 잇거든 아니 녀고 엇덜고

– 이황, 「도산십이곡」

이황의 이 시조는 '고인 몯 뵈'로 끝난 말을, '고인을 몯 뵈도'로 사슬처럼 이어 가고, 다시 '녀던 길 알픠 잇너'로 끝난 말을 '녀던 길 알픠 잇거든'으로 이어 가잖아. 이런 수법을 연쇄법, 또는 연쇄적 표현이라고 하는데, 같은 어휘나 구절이 반복되므로 운율이 형성되는 거야. 이런 수법을 연쇄적 표현을 통한 운율 형성이라고 하는 거야.

현대시 하나를 예로 추가해 보자.

온몸이 으스러지도록
으스러지도록 부르터지면서
터지면서 자기의 뜨거운 혀로 싹을 내밀고

– 황지우, 「겨울─나무로부터 봄─나무에로」 부분

'으스러지도록 / 으스러지도록 부르터지면서' 와 '으스러지도록 부르터지면서 / 터지면서 자기의 뜨거운 혀로 싹을 내밀고'와 같이 같은 말을 연쇄적으로 반복하며 운율을 형성하고 있어.

(5) 음성 상징어의 사용을 통한 운율 형성

우리 국어는 모양을 흉내 낸 '의태어'와 소리를 흉내 낸 '의성어'가 발달되었는데, 이 둘을 음성 상징어라고 하는 거야.

'촐랑촐랑, 출렁출렁'과 같은 의태어를 사용하면, 양성모음(ㅗ, ㅏ)이나 음성모음(ㅜ, ㅓ)의 음운 반복, 자음 'ㅊ, ㄹ, ㅇ'의 음운 반복과 함께 같은 음절 또한 반복되기 때문에 운율이 형성되지. 의성어의 사용 역시 이와 같은 원리로 운율이 형성되는 거야.

擬 흉내 내다 의
態 모양 태
語 말씀 어

의태어 모양을 흉내 낸 말

의성어 소리를 흉내 낸 말

성　의　어

擬 흉내 내다 의
聲 소리 성
語 말씀 어

> 해야 솟아라. 해야 솟아라. 말갛게 씻은 얼굴 고운 해야 솟아라. 산 넘어 산
> 넘어서 어둠을 살라 먹고, 산 넘어 밤새도록 어둠을 살라 먹고, 이글이글
> 애띤 얼굴 고운 해야 솟아라.
>
> 달밤이 싫여, 달밤이 싫여, 눈물 같은 골짜기에 달밤이 싫여, 아무도 없는
> 뜰에 달밤이 나는 싫여……
>
> 해야, 고운 해야. 늬가 오면, 늬가사 오면, 나는 나는 청산이 좋아라. 훨훨
> 훨 깃을 치는 청산이 좋아라. 청산이 있으면 홀로래도 좋아라.
>
> 사슴을 따라, 사슴을 따라, 양지로 양지로 사슴을 따라, 사슴을 만나면 사
> 슴과 놀고, 칡범을 따라, 칡범을 따라, 칡범을 만나면 칡범과 놀고……,
>
> 해야, 고운 해야. 해야 솟아라. 꿈이 아니래도 너를 만나면, 꽃도 새도 짐
> 승도 한자리 앉아, 워어이 워어이 모두 불러 한자리 앉아 애띠고 고운 날을
> 누려보리라.
>
> ― 박두진, 「해」

　박두진의 「해」는 산문시 양식이지만, 다양한 방식으로 운율이 구사되었
어. 그 중 '이글이글, 훨훨훨, 워어이 워어이' 등 음성 상징어의 잦은 사용
도 운율 형성의 한 방법이야.

(6) 통사 구조의 반복을 통한 운율 형성

　통사(統辭)는 단어가 모여 문장을 이루는 단위를 말해. 그래서 '통사'를
'문장'이라는 의미로 사용하기도 하는 것이고, '통사 구조'는 '문장 구조' 또
는 '어순 구조'와 같은 의미로도 사용돼.

統 모두 **통**
辭 말씀 **사**

통사 생각이나 감정을 말로 표현할 때 완결된 의미를 형성하는 최소의 말씀이나 단위

운율은 '같거나 비슷한 소리의 반복을 통해 조성되는 것'이라고 했지. 같거나 비슷한 통사 구조를 반복하면, '같거나 비슷한 소리들'이 반복되므로 '운율'이 형성돼. 이를 두고 '통사 구조의 반복을 통한 운율 형성'이라고 해.

> 우리가 물이 되어 만난다면
> 가뭄 어느 집에선들 좋아하지 않으랴.
> 우리가 키 큰 나무와 함께 서서
> 우르르 우르르 비오는 소리로 흐른다면.
>
> 흐르고 흘러서 저물녘에
> 저 혼자 깊어지는 강물에 누워
> 죽은 나무 뿌리를 적시기도 한다면.
> 아아, 아직 처녀인
> 부끄러운 바다에 닿는다면.
>
> – 강은교, 「우리 물이 되어」 부분

위 시는 '~가 ~한다면'의 통사 구조를 바탕으로 조금씩 변화를 주면서 반복함으로써 운율을 형성하고 있어. 이렇게 반복되는 운율을 타고 의미가 점점 세지고 있지. 이를 두고 유사한 통사 구조의 점층적˙ 반복을 통한 운율 형성이라고 해.

• 점층적 점점 강하게 하는

송순의 「면앙정가」의 부분을 보자.

> 어디러로 가노라 므숨 일 비얏바
> 듯는 둣 ᄯ로는 둣 밤낮즈로 흐르는 둣.
>
> – 송순, 「면앙정가」 부분

송순의 가사 「면앙정가」의 위 부분에 '~흐는 듯'의 통사를 반복하여 탄력적인 운율이 구사되어 있지. 송순의 「면앙정가」는 이와 같이 통사 구조의 반복적 열거를 통하여 생기 발랄한 율동을 잘 구사한 시가야.

백석의 「여우난골 족」을 하나 더 보자.

얼굴에 별자국이 솜솜 난 말수와 같이 눈도 껌벅거리는 하루에 베 한 필을 짠다는 벌 하나 건너 집엔 복숭아나무가 많은 신리(新里) 고무 고무의 딸 이녀(李女), 작은 이녀(李女)
열여섯에 사십(四十)이 넘은 홀아비의 후처가 된 포족족하니 성이 잘 나는 살빛이 매감탕 같은 입술과 젖꼭지는 더 까만 예수쟁이 마을 가까이 사는 토산(土山) 고무 고무의 딸 승녀(承女) 아들 승(承)동이
육십리(六十里)라고 해서 파랗게 뵈이는 산을 넘어 있다는 해변에서 과부가 된 코끝이 빨간 언제나 흰옷이 정하던 말끝에 설게 눈물을 짤 때가 많은 큰골 고무 고무의 딸 홍녀(洪女) 아들 홍(洪)동이 작은 홍(洪)동이

― 백석, 「여우난 곬족」 부분

위에 인용된 백석의 「여우난골 족」 2연 1, 2, 3행을 보면 각각 거의 같은 '문장의 형태'로 짜여 통일성을 주네. '~에 ~는 ~는 ~는 의 명사 + 명사'의 기본 통사 구조가 반복되잖아.

이상과 같이 같거나 비슷한 형태의 문장 구조의 반복을 통한 운율 형성 방식을 '통사 구조의 반복을 통한 운율 형성'이라고 하는 거야.

(7) 대구를 통한 운율 형성

의미가 비슷한 구절을 짝을 지어 나란히 놓는 것을 '대구'라고 해. 이럴 때도 통사 구조가 반복되는 것이니까 운율이 형성되는 것이지.

對 마주놓다 대	**대구법** 비슷한 글귀를 쌍을 지어 놓는 표현법
句 글귀 구	
法 법 법	

靑燈(청등)을 돌라 노코 綠綺琴(녹기금) 빗기 안아
碧蓮花(벽련화) 한 곡조를 시름 조ᄎᆞ 섯거 타니
瀟湘夜雨(소상야우)의 댓소리 섯도ᄂᆞᆫ 듯
華表(화표) 천년의 別鶴(별학)이 우니ᄂᆞᆫ 듯

– 허난설헌, 「규원가」 부분

위의 '瀟湘夜雨(소상야우)의 댓소리 섯도ᄂᆞᆫ 듯 / 華表(화표) 천년의 別鶴(별학)이 우니ᄂᆞᆫ 듯'은 비슷한 글귀를 나란히 짝을 지어 놓는 '대구법'으로 표현된 구조야. 그런데 '~의 ~이 ~ᄒᆞᄂᆞᆫ 듯'의 문장 구조가 짝을 이루어 한 번 반복되므로 운율이 형성되는 거야.

(8) 대조를 통한 운율 형성

의미가 서로 반대되는 구절을 짝을 지어 나란히 놓는 것을 '대조'라고 해.

對 맞세워 놓다 대	**대조법** 반대되는 의미의 구절을 쌍을 지어 나란히 비추어 놓는 표현법
照 비추다 조	
法 법 법	

이럴 때도 통사 구조가 반복되는 것이니까 운율이 형성되는 것이지.

노픈 듯 ᄂᆞ즌 듯 긋ᄂᆞᆫ 듯 닛ᄂᆞᆫ 듯
숨거니 뵈서니 가서니 너ᄆᆞᆯ서니

– 송순, 「면앙정가」 부분

송순의 위 시가에서는 반대되는 구절과 어휘를 짝을 지어 열거함으로써 같은 소리들이 반복되는 운율이 형성되어 있어. 이렇듯 대조를 통해서도 운율이 형성되는 거야.

⑼ 열거를 통한 운율 형성

같거나 비슷한 어휘들이나 구절들을 셋 이상 가지런하게 늘어놓는 표현을 '열거법'이라고 해.

열거법 비슷한 어휘나 구절들을 들어 가지런히 줄지어 늘어놓는 표현법
↳거   ↳열   ↳법

列 줄지어 놓다 열
擧 들다 거
法 법 법

다음 백석의 시를 볼까.

> 새끼오리도 헌신짝도 소똥도 갓신창도 개니빠디도 너울쪽도 짚검불도 가락
> 닢도 머리카락도 헝겊조각도 막대꼬치도 기왓장도 닭의 깃도 개터럭도 타
> 는 모닥불
>
> — 백석, 「모닥불」 부분

위의 「모닥불」 1연은 명사에 첨가와 반복의 뜻을 더해 주는 보조사 '~도'를 붙인 통사를 길게 열거하여 반복함으로써 운율이 형성되는 거야. 백석의 시에는 이런 운율 구사가 자주 등장해.

⑽ aaba의 통사 구조를 통한 운율 형성

우리 고전 시가에 '창 내고쟈(a) 창을 내고자(a) 이 내 가슴에(b)에 창을 내고자(a)'와 같은 반복이 자주 등장하지.

> 살어리(a) 살어리랏다(a) 청산에(b) 살어리랏다(a)

> 우러라(a) 우러라 새여(a) 자고 니러(b) 우러라 새여(a)
>
> — 작자 미상, 「청산별곡」 부분

위와 같이 'aaba'의 형태의 반복을 통한 운율은 현대시에도 계승이 돼.

> 산에는 꽃 피네(a) / 꽃이 피네.(a) / 갈 봄 여름 없이(b) / 꽃이 피네.(a)
>
> — 김소월, 「산유화」 부분

> 해야 솟아라.(a) 해야 솟아라.(a) 말갛게 씻은 얼굴(b) 고운 해야 솟아라.(a)
>
> — 박두진, 「해」 부분

이런 경우를 전통적 운율의 계승이라고 하는 거야. 우리 고전 문학의 내용이나 형식은 부분적으로 변형되면서 현대 문학에 이어져 오지. 위에 인용된 부분은 고전 시가의 'aaba'의 형태의 반복을 통한 운율이 현대시에 계승된 사례야.

⑾ 생기 있는 운율과 기계적 운율

운율은 생명의 숨결에서 나오는 거야. 그래서 운율은 생명의 숨결과 유기적으로 결합되어 있어. '유기적'은 수많은 부분들이 전체와 서로 연결되어 분리될 수 없는 '생명체와 같다는 뜻이야. 만약 지금 내시 우리 손가락 하나가 끊어졌다고 생각해 보자. 어때? 손가락만 아플까? 온몸이 아프며 쓰러져 기절하겠지. 그것은 우리의 '몸'을 구성하고 있는 '모든 요소들'이 연결되어 '생명의 숨결'이 흐르고 서로 통하고 있기 때문이야. 그러나 기계는 전체를 구성하는 부품들을 언제라도 분리했다가 결합할 수 있지.

기계는 생명체와 달리 '생명의 숨결'이 없어. 그래서 기계는 부분과 전체의 분리 · 결합이 쉽게 이루어지는 거고, '유기적'과 반대되는 개념인 '기계적'이라고 하는 거야.

> • 유기적(有機的) ⇔ 기계적(機械的)

서정 문학인 시에서 운율은 말하는 주체의 감정의 숨결과 '유기적'으로 결합된 거야.

> 나 보기가(4) 역겨워(3)
> 가실 때에는(5)
> 말없이(3) 고이 보내(4) 드리우리다.(5)
>
> 영변에(3) 약산(2)
> 진달래꽃(4)
> 아름 따다(4) 가실 길에(4) 뿌리우리다.(5)
>
> 가시는(3) 걸음걸음(4)
> 놓인 그 꽃을(5)
> 사뿐히(3) 즈려밟고(4) 가시옵소서.(5)
>
> — 김소월, 「진달래꽃」 부분

김소월의 「진달래꽃」 전체는 운율이 '3(4) · 4(3) · 5'의 규칙성을 띠고 있어. 그런데 2연만 이 규칙에서 벗어나! 왜 그럴까?

> 영변에(3) 약산(2)
> 진달래꽃(4)
> 아름 따다(4) 가실 길에(4) 뿌리우리다.(5)

그것은 말하는 주체의 감정과 숨결이 달라졌기 때문이야. 사랑의 추억이 쌓인 영변 약산에 피어 있는 진달래꽃을 떠올려 말하려니 갑자기 슬픔이 출렁대는데, 격한 물결처럼 출렁대는 슬픈 감정을 꾹 눌러 참고 말을 하려니 말이 쉽게 안 나오고 느려지는 거야. 그래서 슬픈 마음을 눌러 참으며 원망을 뛰어넘어 떠나는 임을 축복해 주겠다는 고운 마음의 숨결이 운율에 실린 것이고, 그에 따라 운율도 느려진 거야.

영변에(3) 약산(2)
진달래꽃(4)

그래서 다른 연과 행에 비해 여백이 커지며 운율이 느려진 거야. 이어서 임을 편히 보내겠다는 마음이 본래의 숨결을 되찾아가며

아름 따다(4) 가실 길에(4) 뿌리우리다.(5)

와 같이 숨결이 조금 빨라지면서 다른 연과 거의 같은 운율로 돌아오게 되는 거지. 김소월의 이 시처럼 감정의 변화에 따라 운율도 섬세하게 변화해야 하는 거야. 아무 변화 없이 '동일한 소리를 동일하게만 반복'하면 그것은 '기계 돌아가는 소리'와 흡사한 '기계적 운율'로 바람직하지 않은 시로 훌륭한 시라고 할 수 없는 거야.

- **음수율** 3·3·4, 4·4·4, 4·4·4·4
- **음보율** 3음보율 기본, 2음보 연속 또는 4음보의 변형 음보율
- **음절의 반복을 통한 운율** '당당당 당추자'에서 같은 음절 '당'의 반복
  '홍실로 홍글위'에서 같은 음절 '홍'의 반복
- **대조를 통한 운율** '혀고시라 밀오시라'의 대조에서 '−고시라'와 '−오시라'의 반복
- **후렴구의 반복** '위 내가논대 남 갈셰라', '위 후슈동유 경ㅅ 긔 엇더?니잇고'
- **동일 구절의 반복** 삭옥섬섬 쌍수길에 / 삭옥섬섬 쌍수길에
- **자음 울림소리의 반복** '당당당 당추자'의 'ㅇ', '홍실로 홍글위'의 'ㅇ, ㄹ', '삭옥섬 섬 쌍수길헤'의 'ㅁ, ㅇ' 등등 울림소리를 연속적으로 또는 자주 사용하여 경쾌한 리듬을 형성함.

6 적용과 문제 풀이

1 다음 시를 읽고 운율 상의 특질에 대해 이해한 것 중 옳지 <u>않은</u> 것은?

> 나 보기가 역겨워
> 가실 때에는
> 말없이 고이 보내 드리우리다.
>
> 영변 약산
> 진달래꽃
> 아름 따다 가실 길에 뿌리우리다.
>
> 가시는 걸음걸음
> 놓인 그 꽃을
> 사뿐히 즈려밟고 가시옵소서.
>
> 나 보기가 역겨워
> 가실 때에는
> 죽어도 아니 눈물 흘리우리다.
>
> — 김소월, 「진달래꽃」

① 운율의 효과를 위하여 목적격 조사를 생략하였군.

② 수미상관의 구성으로 안정감을 주는 한편 의미를 강조했군.

③ '기승전결'의 4단 구성으로 '기, 승, 결' 부분에 '~우리다'의 각운을
  사용했군.

④ 2연에서는 음수율을 파괴하여 운율의 변화를 추구하는 한편 음보
  율도 파괴했군.

⑤ 2연을 제외하고 글자수를 7, 5 또는 3, 4, 5(4, 3, 5)로 통일시키는
  음수율 사용했군.

해설

  2연의 "영변 약산 / 진달래꽃 /아름 따다 가실 길에 뿌리우리다."는 음수율이
'2, 2, 4 / 4, 4, 5'로 다른 연의 '7, 5 또는 3, 4, 5(4, 3, 5)'의 음수율에서 벗어난
파격이지만, 3음보율로 분석된다.

  한편 "나 보기가 역겨워"는 음수율을 고려하여 "나를"에서 목적격 조사 '―를'이
생략되었다.

2 다음 시조와 가사를 읽고 운율상의 특징에 대해 이해한 것 중 적절하지 <u>않은</u> 것은?

(가) 추강에 밤이 드니 물결이 차노매라.

　　낚시 들이우니 고기 아니 무노매라.

　　무심한 달빛만 싣고 빈 배 저어 오노매라.

　　　　　　　　　　　　　　　　　　　－ 월산대군, 「추강에 밤이 드니」

(나) 삼삼오오 야유원에 새 사람이 나단 말가.

　　꽃 피고 날 저물 제 정처 없이 나가 있어

　　백마 금편으로 어디어디 머무는고.

　　원근을 모르거니 소식이야 더욱 알랴.

　　인연을 끊었든들 생각이야 없을소냐.

　　얼굴을 못 보거든 그립기나 마르려문

　　열두 때 김도 길샤 서른 날 지루하다.

　　　　　　　　　　　　　　　　　　　－ 허난설헌, 「규원가」 부분

① (가)는 각운이 사용되었군.

② (나)는 대구법을 사용하여 운율을 형성하였군.

③ (가)와 (나)는 전통적 음수율인 7. 5조를 사용하였군.

④ (가)와 (나)는 모두 4음보의 외형적 운율이 사용되었군.

⑤ (나)는 설의법을 사용하여 원망과 그리움의 정서를 강조하였군.

(가)와 (나)는 3, 4조의 음수율을 기본 율격으로 사용하였다.

시조와 가사는 기본 율격이 '3, 4'조의 음수율, 4음보의 음보율로 외형적 운율을 띤다. (가)는 '~노매라'의 종결 어미로 통일되는 각운이 사용되었고, (나)는 "꽃 피고 날 저물제", "원근을 모르거든 소식이야 더욱 알랴 / 인연을 끊었던들 생각이야 없을 소냐", "열두 때 김도 길샤 서른 날 지루하다"와 같이 각각 대구적 표현을 통하여 운율을 형성하였다. 또한 설의적 표현은 감정을 강하게 표현하는 강조법의 일종인데 (나)에서, "원근을 모르거든 소식이야 더욱 알랴 / 인연을 끊었던들 생각이야 없을 소냐"가 설의법에 해당한다.

정답 ③

3 다음 시조에 대해 이해한 것 중 옳지 <u>않은</u> 것은?

> 고인(古人)도 날 몯 보고 나도 고인 몯 뵈
>
> 고인을 몯 뵈도 녀던 길 알픠 잇뉘
>
> 녀던 길 알픠 잇거든 아니 녀고 엇뎔고
>
> — 이황, 「도산십이곡」

① 4음보의 외형적 운율을 사용하였군.

② 연쇄법을 사용하여 운율을 형성하였군.

③ 설의법으로 학문 수양에 대한 의지를 강조하였군.

④ 종장의 첫 음보는 여타의 평시조와 같이 3음절로 고정되었군.

⑤ 종장의 두 번째 음보인 '앞에 있으니'는 가장 완만한 호흡의 운율이군.

　종장의 두 번째 음보인 '앞에 있으니'는 다른 음보에 비해 글자 수가 많으므로 가
장 빠른 호흡, 즉 급박한 호흡의 운율이다.

　이 시조에서 '고인'은 돌아가신 '성인군자'를 뜻하여, '길'은 '학문 수양의 길'을 의
미한다. '나도 고인 못 봬 / 고인을 못 봬도 가던 길 앞에 있네 / 가던 길 앞에 있으
니'와 같이 문장의 끝 부분을 다음 문장에서 연쇄적으로 이어 표현하는 연쇄법을
사용하여 운율을 형성하였다. 또 종장의 '아니 가고 어떨고'에서 설의법이 사용되
었다.

정답 ⑤

산은
구강산(九江山)
보랏빛 석산(石山)

산도화
두어 송이
송이 버는데,

봄눈 녹아 흐르는
옥 같은
물에

사슴은
암사슴
발을 씻는다.

– 박목월, 「산도화」

4 위 시에 대하여 이해한 것 중 적절하지 <u>않은</u> 것은?

① 3음보율을 기본 율격으로 사용하였군.

② 고려 가요와 같은 '3. 3. 2'의 음수율을 기본 음수율로 표현하였군.

③ 동양의 낙원 의식이 감정이 절제되어 통일된 율격으로 표현되었군.

④ 전체적으로 짧은 시행을 사용하여 평화로운 감정의 운율적 효과를 느낄 수 있군.

⑤ 3연을 제외하면 나머지 연들은 각각 완만한 호흡에서 조금씩 빨라지는 호흡으로 율격이 통일되었군.

이 시는 '7, 5'조의 음수율을 기본으로 하여 부분적으로 변형한 것이다.

'도화(복사꽃)'는 동양의 낙원인 '무릉도원'과 연관되며, 여백이 많도록 각 행을 짧게 구성하는 한편 전체적으로 3음보율로 통일되어 평화로운 운율감을 준다.

정답 ②

5 다음 〈보기〉를 참조하여 이 시의 운율적 특질에 대해 이해한 것 중 가장 적절한 것은?

---〈보기〉---

운율은 감정의 효과적 전달과 연관되어 있다. 박목월의 「산도화」는 동양의 낙원 의식과 생명의 본향에 대한 그리움을 한 폭의 수묵화와 같이 표현한 현대시로서 '기승전결'의 한시적 구성법을 현대적으로 변형한 것이다. 이 시는 '전'에 해당하는 3연을 제외하고는 시행이 조금씩 길어지는 방식의 완급율로 통일되어 있다. 그러나 3연은 반대로 시행이 길었다가 짧아지는 완급율로 변화를 주었다.

① 기본 음보율을 파괴하여 변화된 감정을 표현하고자 한 것이군.

② 기본 음수율을 파괴하여 감정의 섬세함을 표현하고자 한 것이군.

③ 동양의 낙원 의식이 첫 연에서 마지막 연까지 일관된 운율로 표현되었군.

④ 전체적으로 짧은 시행을 사용하여 평화로운 감정의 운율적 효과를 고려한 것이군.

⑤ 완급율의 변화는 운율상의 전환을 통하여 시상을 매듭짓는 한편, 동적 심상을 강조하기 위한 것이군.

3연은 '기승전결'의 '전'에 해당하는 부분으로 완급율을 전환시켜 시상을 매듭짓기 직전의 단계에 해당하며, 3연 첫 행의 '봄눈 녹아 흐르는'은 둘째, 셋째 행보다 급박하게 잃히는 율격으로 시냇물의 동적 심상을 강조하기 위한 것과 연관되어 있다. ④는 이 시의 특질과 연관된 설명이지만, 보기와 관련지을 때는 ⑤가 적절하다.

정답 ⑤

6 다음 시에 대하여 이해한 것 중 적절하지 <u>않은</u> 것은?

> 너에게로 가는
> 그리움의 전깃줄에
> 나는
> 감
> 전
> 되
> 었
> 다
>
> — 고정희, 「고백」

① 4~8행은 한 글자가 한 행으로 구성된 시행의 파괴로 정서를 강조하고 있어.

② 4~8행은 전봇대나 전깃줄의 시각적 형상과 관련된 시행 구성이라고 할 수 있어.

③ 1행에서 2행까지는 4음보로 끊어 낭송할 수 있으나 3행에서는 4음보율을 찾기 어려워.

④ 이 시의 완급율은 3행에서부터 급박하게 바뀌어 그리운 감정을 긴장되게 표현하고 있어.

⑤ 뚜렷한 음보율이나 음수율을 찾을 수 없으니 이 시의 운율은 정형화되지 않은 내재적 운율이라고 봐야 해.

해설

　이 시는 3행은 두 글자, 나머지 4~8행은 각각 한 글자로 시행이 구성되어 갑자기 완만해지는 호흡으로 그리움을 긴장되게 표현하고 있다.

정답 ④

[7~8] 다음 시가를 읽고 물음에 답하시오.

살어리 살어리랏다. 청산(靑山)애 살어리랏다.
멀위랑 다래랑 먹고 청산(靑山)애 살어리랏다.
　　얄리얄리 얄랑셩 얄라리 얄라.

우러라 우러라 새여, 자고 니러 우러라 새여.
널라와 시름 한 나도 자고 니러 우니로라.
　　얄리얄리 얄랑셩 얄라리 얄라.

가던 새 가던 새 본다. 믈 아래 가던 새 본다.
잉 무든 장글란 가지고, 믈 아래 가던 새 본다.
　　얄리얄리 얄랑셩 얄라리 얄라.

이링공 뎌링공 하야 나즈란 디내와숀뎌.
오리도 가리도 업슨 바므란 또 엇디 호리라.
　　얄리얄리 얄랑셩 얄라리 얄라

어듸라 더디던 돌코 누리라 마치던 돌코.
믜리도 괴리도 업시 마자셔 우니노라.
　　얄리얄리 얄랑셩 얄라리 얄라.

살어리 살어리랏다. 바릿래 살어리랏다.
나마자기 구조개랑 먹고, 바다래 살어리랏다.
　　얄리얄리 얄랑셩 얄라리 얄라.

가다가 가다가 드로라. 에졍지 가다가 드로라.
사스미 짒대예 올아셔 해금(奚琴)을 혀기를 드로라.
　　얄리얄리 얄랑셩 얄라리 얄라.

가다니 배 브른 도긔 설진 강수를 비조라.
조롱곳 누로기 매와 잡사와니, 내 엇디 하리잇고.

얄리얄리 얄랑셩 얄라리 얄라.

– 작자 미상. 「청산별곡」

7 이 시의 운율상의 특징에 대한 설명으로 적절하지 <u>않은</u> 것은?

① 대체로 민요조의 3음보의 율격으로 통일되어 있다.

② 비음과 유음의 울림소리의 음운이 반복되는 운율적 효과를 준다.

③ 매끄럽고 경쾌한 느낌의 후렴구가 붙어 구조적 통일성의 효과를
준다.

④ 화자의 중심 정서와 후렴구의 경쾌한 운율이 상반되게 표현되어
있다.

⑤ 'AABA'의 통사 구조의 반복을 통한 운율 형성이 매연마다 나타난
다.

해설

이 시가의 4, 5, 8연에는 'AABA'의 통사 구조의 반복이 없다.

이 시의 화자의 중심 정서는 현실에서 오는 슬픔이다. 그러나 이 시의 후렴구
"얄리얄리 얄랑셩 얄라리 얄라"는 비음 'ㅇ'과 유음 'ㄹ'의 경쾌한 음운의 반복으로
중심 정서와 상반되게 표현되어 있다.

정답 ⑤

8 다음 〈보기〉를 참조하여 이 시의 기본 율격에 대해 설명한 것으로 적절하지 <u>않</u>은 것은?

───〈보기〉───

　「청산별곡」은 민요적 성격의 시가로서 『시용향악보』에 악보와 1연의 가사가 수록되어 있다. 악보에 배분된 가사를 보면 '살어리/ 살어리/ 랏다'의 세 마디로 분절되어 있는데, 「청산별곡」은 본래 읽기 위한 '시'가 아니라 노래 부르기 위해 지어진 '시가'이다. 따라서 이 시가의 운율은 세 마디 가락으로 분석하여 수용하는 것이 일반적이다.

① 「아리랑 타령」과 같이 일정한 후렴구가 붙는 분절 양식의 시가이군.

② 'AABA'의 통사 구조의 반복을 통한 민요적 운율이 자주 나타나는군.

③ 후렴구의 경쾌한 운율은 현실적 비애를 노래로써 달래 보려는 낙천적 삶의 태도와 연관되는군.

④ "살어리 / 살어리 / 랏다 // 청산애 / 살어리 / 랏다"와 같이 '3. 3. 2'의 음수율을 기본으로 하여 약간의 변형이 따르는 군.

⑤ "살어리/ 살어리랏다 /청산(靑山)애 /살어리랏다. // 멀위랑 / 다래랑 먹고 /청산(靑山)애 / 살어리랏다."와 같이 4음보의 율격을 지닌 시가이군.

해설

　　〈보기〉를 참조하면, 세 마디 가락으로 3음보의 율격을 지니는 시가라고 봐야
한다.

정답 ⑤

9 다음 〈보기1〉과 〈보기2〉를 참조하여 우리 시가 문학의 운율적 특질에 대해 이해한 것 중 적절하지 <u>않은</u> 것은?

〈보기1〉

　　우리 시가는 정형시가인 경우에도 중국의 한시나 유럽의 정형시처럼 '두운, 요운, 각운'을 특정한 위치에서 반드시 사용하도록 강제하지는 않는다. 그렇지만 시인의 개성에 의해 '두운, 요운, 각운' 등을 사용하기도 하고 사용하지 않기도 한다. 한편 우리 시가 문학의 운율은 고려 속요나 시조·가사와 같이 3음보나 4음보의 외형적 운율을 특질로 한다.

〈보기2〉

당당당 당추자 조협남기
홍실로 홍글위 매요이다.
혀고시라 밀오시라 정소년아
위 내 가논데 남 갈세라.
삭옥섬섬 쌍수길에 삭옴섬섬 쌍수길에
위 휴수동유 경 긔 엇더하니잇고.

– 한림제유, 「한림별곡」 8장

① 〈보기2〉의 감탄사 '위'로 시작하는 문장은 후렴구로 이해할 수 있어.

② 〈보기2〉의 시가에서는 특정한 위치에서 강제되는 음위율은 찾아볼 수 없어.

③ 〈보기2〉는 4음보를 기본 음보율로 하면서 3음보율이 부분적으로 나타나 있어.

④ 〈보기2〉에서 '강약약', '약강강'과 같은 강세를 통한 운율을 찾아낸다는 것은 우리 시가의 특질과 어긋나는 것으로 적절하지 않아.

⑤ 〈보기2〉의 '당당당 당추자'의 '당'의 반복, '홍실로 홍글위'의 '홍'의 반복은 동일 음절을 반복하는 운율로 경쾌한 음악적 효과와 연관돼 있어.

해설

　〈보기2〉의 「한림별곡」은 '위'로 시작하는 후렴구와 "삭옥섬섬 쌍수길에 / 삭옴섬
섬 쌍수길에"를 제외하면 3음보를 기본 율격으로 하고 있다.

정답 ③

10 다음 시를 읽고 운율 상의 특질에 대해 이해한 것 중 적절하지 <u>않은</u> 것은?

어제도 하로밤
나그네 집에
가마귀 가왁가왁 울며 새었소..

오늘은
또 몇 십리
어디로 갈까.

산으로 올라갈까
들로 갈까
오라는 곳이 없어 나는 못 가오.

말 마소 내 집도
정주 곽산
차 가고 배 가는 곳이라오.

여보소 공중에
저 기러기
공중엔 길 있어서 잘 가는가?

여보소 공중에
저 기러기
열 십 자 복판에 내가 섰소.

길래갈래 갈린 길
길이라도
내게 바이 갈 길은 하나도 없소.

– 김소월, 「길」

① '소'와 '오' 등의 각운을 사용하고 있다.

② 전통적 율격인 4음보율이 기본 율격이다.

③ 특정한 음운을 반복하여 운율을 형성하고 있다.

④ 음성 상징어를 사용하여 운율을 형성하고 있다.

⑤ 특정한 구절을 반복하여 운율을 형성하고 있다.

해설

이 시는 "어제도 / 하로밤 / 나그네 집에// 가마귀 / 가왁가왁 / 울며 새었소."와 같은 호흡 단위의 3음보율을 기본 율격으로 하고 있다.

"갈래갈래 갈린 길 / 길이라도"와 "갈 길" 등에서 분석할 수 있듯이 'ㄱ'과 'ㄹ'의 특정 음운을 반복하였고, 의성어 "가왁가왁"의 음성 상징어를 사용하였으며, "여보소, 공중에 / 저 기러기"의 구절이 2번 반복되어 운율이 형성되었다. 그리고 종결 어미를 '소'와 '오' 등으로 표현하는 각운을 사용하였다.

정답 ②

현대 사회는 미디어와 영상의 시대라고도 하지. 가는 곳마다 CCTV가 설치되어 있을 뿐만 아니라 자동차에 블랙박스를 설치하여 교통사고의 진실을 알려 주거나 범죄 용의자를 잡기도 해. 그만큼 영상보다 더 확실한 것은 없는 셈이지. 시도 마찬가지야. 내 생각과 느낌을 상대에게 전달할 때 가장 확실한 것은 눈으로 보여 주는 거지. 그러나 노래에는 리듬뿐만 아니라 가락이 있어서 그것으로 느낌을 전달할 수가 있어. 그런데 시는 말이나 글로 표현되기 때문에 한계가 있지. 그래서 눈에 보이듯이 표현해야 하는데, 이를 '심상'이라고 해. 마음속에 맺혀지는 모양이라고 해석하면 되겠지. 여기서는 시가 가진 또 하나의 특징이라고 할 수 있는 심상에 대해 알아보자.

시와 심상

1 추상과 심상

문학은 '눈에 보이거나 손으로 만져지지 않는 생각이나 감정'을 '보거나 만질 수 있는 것과 같은 언어'로 표현하는 것을 주요한 특징으로 하는 예술 작품이야. 생각이나 감정을 보거나 만지거나 들을 수 있는 것과 같이 표현된 언어를 이미지 또는 **심상(心象)**이라고 해.

抽 뽑다, 추리하다 추
象 모양 상

추상 모양에서 모양 없는 생각이나 감정을 뽑아낸 것. 눈에 보이지 않는 (모양이 없는) 감정이나 생각으로 '사랑, 분노, 평화, 자유'와 같은 것

具 갖추다 구
象 모양 상

구상 어떤 것의 갖추어진 모양. '붉은 해' '아기의 숨소리' '푸른 하늘을 나는 새'와 같이 모양을 갖추거나 감각으로 느낄 수 있는 것

具 갖추다 구
體 물체 체

구체 어떤 것의 갖추어진 몸체

이미지 즉 심상(心象)은 추상의 정서나 생각이 구상(具象)의 언어로 한축되어 표현된 것이므로, 이러한 구상의 언어를 이미지 또는 심상이라고 하는 거야. 김소월의 시를 잠깐 볼까.

심중(心中)에 남아 있는 말 한 마디는
끝끝내 마저 하지 못하였구나.
사랑하던 그 사람이여!
사랑하던 그 사람이여!

- 김소월, 「초혼」 부분

위의 경우는 감각으로 느낄 수 있는 심상이 없지. '사랑하던'이라는 추상적 생각이 직접 표현되네. 이런 경우 이미지 또는 심상이 표현되었다고 하지는 않지. 이런 경우는 감정이 직설적으로 표현되었다고 하는 거야.

- **감정의 직설적 표현** 감정이 이미지를 통해서 간접적으로 표현되지 않고 직접 표현됨

그러나

붉은 해는 서산마루에 걸리었다.

- 김소월, 「초혼」 부분

와 같이 '서산마루에 걸려 있는 붉은 해'는 이미지 또는 심상이라고 해. 그리고 이 이미지에는 '사랑하던 임의 죽음'과 '임의 죽음으로 인한 슬픔' 등의 추상이 함축되어 있다고 하는 거야. 또는 '사랑하던 임의 죽음'과 '임의 죽음으로 인한 슬픔' 등을 시각적 이미지로 형상화하였다고 하는 거야.

- **추상의 감각적 형상화** 감각적 이미지를 사용하여 추상적 생각과 감정을 표현함

↗관념

'화(化)'는 '~으로 바꾸다'는 뜻의 접미사야. 모양이 없는 정서나 <u>생각</u>을 '추상(抽象)'이라고 했지. 이러한 추상을 이미지로 바꾸어 표현하는 것을 '추상의 이미지화' 또는 '추상의 감각적 형상화'라고 하는 거야.

> 어두운 방안에
> 바알간 숯불이 피고
>
> 외로이 늙으신 할머니가
> 애처로이 잦아드는 어린 목숨을 지키고 계시었다.
>
> 이윽고 눈 속을
> 아버지가 약을 가지고 돌아오시었다.
>
> 아, 아버지가 눈을 헤치고 따오신
> 그 붉은 산수유 열매
>
> — 김종길, 「성탄제」 부분

'산수유 열매'는 이른 봄에 노란 꽃들이 피었다 지면 팥알만 한 초록 열매가 가을에 붉은색으로 익은 것을 말해. 이것을 말렸다가 달여서 그 물을 마시면, 오줌이 나오며 몸의 열이 내리지. 그래서 어린아이들이 몸에 열이 높아 위험할 때 '해열제'로 쓰이기도 해.

몸에 펄펄 열이 나서 작은 별들이 날아가듯이 숨이 흩어져 점점 목숨이 잦아드는 어린 아들을 살리고자 해열제를 구하러 눈 속을 헤매 찾아온 '붉은 산수유 열매'에는 어린 아들에 대한 아버지의 '사랑과 구원'의 의미가 담겨 있지. '사랑과 구원'은 추상의 개념이지. 이를 감각적으로 이미지화한 것이 "아, 아버지가 눈을 헤치고 따오신 / 그 붉은 산수유 열매"라는 표현이야. '눈[雪]'은 아버지가 산수유 열매를 구하기 위해 헤쳐야 했던 '고난·역경'을 뜻하고, '붉은 산수유 열매'는 자식을 향한 아버지의 '사랑과 구원'의 마음을 뜻하는 거야. '차고 흰 눈'과 '붉은 산수유 열매'를 <u>'나란히 놓음'</u>

↘병치

으로써 두 이미지를 대조·대립시켜 감각을 선명하게 하는 동시에 아버지의 구원과 사랑이라는 의미를 아름답게 강조했지.

예를 하나 더 들어 보자.

> 가난하다고 해서 외로움을 모르겠는가,
> 너와 헤어져 돌아오는
> 눈 쌓인 골목길에 새파랗게 달빛이 쏟아지는데.
> 가난하다고 해서 두려움이 없겠는가,
> 두 점을 치는 소리
> 방범 대원의 호각 소리, 메밀묵 사려 소리에
> 눈을 뜨면 멀리 육중한 기계 굴러가는 소리.
>
> — 신경림, 「가난한 사랑 노래」 부분

이 시에서 '외로움'은 추상이고, '외로움'을 시각적 형상으로 이미지화한 것이 '눈 쌓인 골목길에 새파랗게 쏟아지는 달빛'이야. 마찬가지로 '두려움'의 추상은 '멀리 육중한 기계 굴러가는 소리'로 이미지화되었어. '멀리 육중한 기계 굴러가는 소리'는 새벽 두 시까지 잠을 자지 못하고 먹고 살기 위해 기계처럼 일을 해야 하는 사회 현실에서 오는 두려움을 '청각적 이미지'로 표현한 것이야. 이런 이미지들을 '객관적 상관물'이라고도 하는 거야.

어때? '추상의 이미지화' 또는 '추상의 감각적 형상화'가 어떤 뜻인지 잘 알았지!

2 감정의 직설적 표현과 우의적 표현

감정의 직설은 '슬프다, 기쁘다, 희망적이다'라고 직접 감정을 말하는 것이야. 반면 **우의적(寓意的) 표현**은 '사물'이나 '이미지'에 감정을 실어 간접적으로 전달하는 것을 뜻해. '우의적(寓意的)'의 '우(寓)'는 '싣다, 붙이다, 머물다'는 뜻이니, '우의(寓意)'는 전하는 뜻을 직접 말하지 않고 사물에 빗대어 말한다는 뜻이야.

寓 맡기다 우
意 뜻 의

우의 맡긴 뜻. 직접 말하지 않고 사물에 맡겨 빗대어 말함

> 세상은
> 험난하고 각박하다지만
> 그러나 세상은 살 만한 곳,
>
> 한 살 나이를 더한 만큼
> 좀 더 착하고 슬기로울 것을 생각하라.
>
> — 김종길, 「설날 아침에」 부분

김종길의 「설날 아침에」의 위 내용은 '생각'을 직접 말하잖아. 이런 경우를 '직설적 표현'이라고 해. 그러나 김종길 시인은 다시 이렇게 말하지.

아무리 매운 추위 속에
한 해가 가고
또 올지라도

어린 것들 잇몸에 돋아나는
고운 이빨을 보듯

새해는 그렇게 맞을 일이다.

– 김종길 「설날 아침에」 부분

'매운 추위'는 감각적 심상으로 '험난하고 각박한 세상'이라는 뜻이 실린 것이고, '어린 것들 잇몸에 돋아나는 / 고운 이빨'은 '착하고 슬기로운 마음과 희망'이라는 뜻이 실린 거야. 이 '고운 이빨'을 이미지라고 하고, 객관적 상관물이라고도 하고, 이렇듯 표현되는 것을 '우의적 표현'이라고 하는 거야.

'우의(寓意)'라는 용어는 본래 '탁물우의(託物寓意)'라는 우리 시학의 전문 용어에서 나온 말이야.

'탁물(託物)'은 뜻을 붙여 맡긴 사물이라는 뜻이야. 김종길의 「설날 아침에」의 '고운 이빨'은 '착하고 슬기로운 마음의 희망'이라는 뜻이 붙여 실린 '탁물'이지. 서양에서는 20세기 초에 들어와서야 '객관적 상관물(objective correlative)'이라는 용어를 비로소 사용했지만, 동양에서는 이와 유사한 개념인 '탁물우의(託物寓意)'는 사용해 온 지 천 년도 더 되었지.

여러분들은 여기서 '감정의 직설'과 '우의적 표현' 또는 '간접적 표현'이라는 개념 중심으로 정리하면 돼.

- 탁(託) 맡기다.
- 물(物) 말하는 주체와 연관된 사물.

3

이미지와 감정의 유추

'유추(類抽)'는 논리학에서 사용하는 개념이기도 하지만, 시학에서는 그와는 좀 다른 뜻으로 사용되는 매우 중요한 개념이야. 유추(類抽)를 글자 그대로 풀이하면 대상에서 비슷한 속성을 뽑아낸다는 뜻이야. 그러기 위해서 두 대상의 속성을 비교해 봐야지.

類 비슷하다 유
抽 뽑다. 추론하다 추

유추 서로 다른 두 대상에서 비슷한 점을 뽑아냄

다음을 볼까.

> 춘산(春山)에 눈 녹인 바룸 건듯 불고 간 듸 업다
> 져근듯 비러다가 마리 우희 불니고져
> 귀 밋틱 힌 묵은 서리를 녹여 볼가 하노라
>
> — 우탁, 「탄로가」

'봄이 오는 새(春山)의 눈을 녹인 바람'을 빌려다가 하얗게 내린 '서리'와 같이 흰 머리카락이 난 머리 위에 불게 한다면, 눈서리가 녹듯이 흰 머리카락이 사라지고 검은 머리가 되어 '젊음'을 되찾지 않을까 하는 발상이 이 시조를 맛나게 하고 있다. '귀 밑의 해묵은 서리'는 '귀 밑의 흰 머리카락'을 비유한 것으로, 이 두 대상에 '유추 관계'가 있다고 하는 거야. 이와 마찬가

지로 '춘산에 눈 녹인 바람'의 속성에서 '젊음을 되찾을 수 있다는 소망'을 유추(類推)했다고 하는 거야.

이렇듯 자연 세계를 관찰하여 그 속성을 뽑아 인생의 의미에 비교하여 의미를 만들어 내는 것을 시학에서 '유추'라고 해.

현대시에서 예를 하나 더 들어 보자.

> 과목에 과물들이 무르익어 있는 사태처럼
> 나를 경악케 하는 것은 없다.
>
> — 박성룡, 「과목」 부분

박성룡 시인은 과일나무[과목]에 과일[과물]이 무르익어 있는 상황을 보고 턱이 떨리도록 놀랐다고 하네. 왜 그럴까? 거기에서 '삶의 의미'를 유추해 내었기 때문이라고 생각하면 돼.

> 뿌리는 박질 붉은 황토에
> 가지들은 한낱 비바람 속에 뻗어 출렁거렸으나
>
> 모든 것이 멸렬하는 가을을 가려 그는 홀로
> 황홀한 빛깔과 무게의 은총을 지니게 되는
>
> 과목에 과물이 무르익어 있는 사태처럼
> 나를 경악케 하는 것은 없다.
>
> — 박성룡, 「과목」 부분

박성룡 시인은 '과일나무의 속성'과 '삶의 속성'이 '같은 것[類 : 유]'이라고 생각했기 때문이야. '박질(薄質)• 붉은 황토'는 '삶의 불행한 환경', '가지들을 출렁이게 하는 비바람'은 '삶의 성취를 가로막는 시련과 장애'라는 생각이 든 것이지. 그런데 이 나무가 모든 것이 죽어서 사라지는 가을에 '황

• 박질(薄質) 기름지지 않고 몹시 메마른 성질.

홀한 빛깔과 무게의 은총'이라는 성취를 이루었으니, '나' 또한 고난과 시련을 이겨 내고 삶의 성취를 이룰 수 있다는 깨달음을 한순간에 얻은 것이지. 그리고 진정으로 황홀하고 아름다운 성취는 편하게 얻어 내는 것이 아니라 불행한 환경과 계속되는 고난 속에서 주어지는 것이라는 참된 아름다움을 느낀 거야.

> 흔히 시를 잃고 저무는 한해, 그 가을에도
> 나는 이 과목의 기적 앞에 시력을 회복한다.
>
> — 박성룡, 「과목」 부분

이 시의 마지막 연을 보면, 이 시의 자아는 불행한 환경과 계속되는 시련 속에서 시(詩)의 성취를 이루지 못하고 괴롭게 방황하고 있었다는 것을 알 수 있어. 그러나 이 시의 자아는, 어느 날 문득 모든 것이 시들어 죽는 가을날 기름기 하나 없이 몹시 메마른 땅에서 홀로 선 채 '황홀한 빛깔과 무게의 은총을 지니게 되는 과목의 기적' 앞에서, 진정으로 아름다운 성취가 무엇인지 알 수 있는 눈[시력(視力)]을 회복하고 다시 시의 성취를 이룰 수 있다는 깨달음과 용기를 얻은 거야. 그것이 '시력(視力)'의 의미인 거야.

이런 경우를 '자연 현상을 인생에 유추하여 삶의 갈등을 해결한다'라고 하는 거야.

'유추의 원리'를 좀 더 알아보자.

> 청산이 그 무릎 아래 지란(芝蘭)을 기르듯
> 우리는 우리의 새끼들을 기를 수밖에 없다
>
> — 서정주, 「무등을 보며」 부분

이 시는 6·25 전쟁으로 우리 모두가 삶의 절망에 빠져 있을 때 눈보라와 비바람을 이겨 내고 생명을 키워 내는 광주 무등산의 우람한 모습에서

'가난의 절망을 견디며 자식을 길러 내는 어버이의 강하고 넉넉한 삶의 자세'를 유추한 것이야. 부모님 밑에서 자라나는 것을 '부모 슬하(膝下)'라고 하지. 지초(芝草)와 난초(蘭草)를 무릎 아래 길러 내는 청산에서 어떠한 어려움 속에서도 좌절하지 않고 자식들을 길러 내는 어버이의 모습을 유추해 내고, 그렇게 살아야겠다는 결심과 의지를 다짐하는 것이 "청산이 그 무릎 아래 지란을 기르듯 / 우리는 우리의 새끼들을 기를 수밖에 없다"는 것의 의미야.

• 슬하 무릎 아래. 어버이의 곁을 이르는 말.

> 까치집 하나 짓게 해두고
> 반쪽은 부서져 나간
> 말라죽은 나무 앞에서
> 아비라는 것을 보았다
> 심간(心肝)이 타 부서지도록
> 서 있다 쓰러진, 강하고
> 불쌍한 나무를 보았다
>
> — 이규배, 「나무」

이 시의 자아는 '까치집'을 짓게 해 두고 반쪽이 부서져 나간 말라 죽은 '나무'에서 자식을 장가 보내어 집을 이루게 한 뒤, 어느 날 갑자기 돌아가신 아버지의 삶을 유추하고 있지. 심장과 간이 다 타 부서지도록 자식을 위해서 노동을 하며 애를 졸이던 아버지의 삶에 대한 존경과 연민을 "까치집 하나 짓게 해두고 / 반쪽은 부서져 나간 / 말라죽은 나무 앞에서 / 아비라는 것을 보았다"라고 감정과 이미지를 유추해 놓은 거야.

이제 '이미지와 감정의 유추'가 이해되니?
다음을 봐.

아무리 매운 추위 속에
한 해가 가고
또 올지라도

어린 것들 잇몸에 돋아나는
고운 이빨을 보듯

새해는 그렇게 맞을 일이다.

— 김종길, 「설날 아침에」 부분

이 시의 "어린 것들 잇몸에 돋아나는 / 고운 이빨을 보듯 / 새해는 그렇게 맞을 일이다"를 '할아버지께서 소금물에 담궈 놓으신 / 누런 틀니를 보듯 / 새해는 그렇게 맞을 일이다'로 바꾼다면? 하하. 뭔가 어색하고 부자연스럽지. 새해를 맞는 '어린이와 같은 착하고 슬기로운 희망감'을 유추할 수가 없기 때문이야.

마찬가지로 오늘 어머니·아버지의 어깨를 주물러 드리며 "저는 늘 아버지(어머니)를 번데기처럼 자랑스럽다고 생각했어요!"라고 한 번 말해 봐. 아마 혼날 걸! "어른을 희롱하냐?"며 불호령이 떨어지겠지. '번데기'와 '아버지'의 두 대상에서 '자랑스러움' 같은 속성을 유추하기가 불가능하거나 어색하기 때문이야.

이제 '이미지와 감정의 유추'가 이해되었으니 여기에서 한 걸음 더 나아가 보자.

인간 감정의 보편성과 심상의 보편성

사람이라면 누구나 공통적으로 지니고 있거나 느낄 수 있는 감정을 '감정 또는 정서의 **보편성(普遍性)**'이라고 해. '보(普)'는 '넓다, 넓히다'의 뜻이고, '편(遍)'은 '두루 미치다'의 뜻이야. 어떤 '심상'이 주어졌을 때 대부분의 사람들이 거기에서 공통적인 감정을 느낄 때, 그것을 '이미지의 보편성' 또는 '보편적 이미지'라고 하는 거야.

보편 넓은 세상에서 두루 통하는 것. 공통적인 것

    ↳보   ↳편

普 넓다 **보**
遍 두루 **편**

(1) 상승(上昇) 이미지와 하강(下降) 이미지

상승은 '위로 오른다'는 뜻이고, 하강은 '아래로 내려온다'는 뜻이야. '상승 이미지'는 높은 곳을 향하여 힘차게 솟구치는 느낌의 이미지로, 보편적으로 '이상에 대한 열정과 미래에 대한 희망 등'을 의미하지만, '하강 이미지'는 낮은 곳으로 무겁게 떨어지는 느낌의 이미지로, 보편적으로 슬픔, 절망, 죽음, 체념* 등을 뜻해. 이를 상징(象徵)한다고 하는 거야. '상징'은 감정이나 생각[추상]을 모양이 있는 사물로 드러내는 표현법 중의 하나야.

• 체념 : 포기하는 마음.

象 모양 **상**
徵 드러내다 **징**

상징 말하고자 하는 내용을 드러낼, 대신할 사물을 말함. 이를테면 평화의 상징은 비둘기 ↘**상** ↘**징**

上 위 **상**
昇 오르다 **승**

상승 위로 올라가다 ↘**상** ↘**승**

下 아래 **하**
降 내려오다 **강**

하강 아래로 내려가다 ↘**하** ↘**강**

하늘도 그만 지쳐 끝난 고원(高原)
서릿발 칼날 진 그 위에 서다.

어디다 무릎을 꿇어야 하나
한 발 재겨 디딜 곳조차 없다.

이러매 눈 감아 생각해 볼밖에
겨울은 강철로 된 무지갠가 보다.

– 이육사, 「절정」 부분

이 시에서 '강철'은 차고 무겁고 단단하게 떨어져 가라앉은 '하강 이미지'이고, '무지개'는 부드럽고 따스하게 오르는 '상승 이미지'야. "겨울은 강철로 된 무지갠보다"와 같은 표현을 하강 이미지와 상승 이미지가 **역설적(逆說的)**으로 통합된 표현이라고 하는 거야.

逆 거스르다 **역**
說 말하다 **설**

역설 겉으로 보기에 상식과 논리에 어긋나게 말하여 ↗**역** ↗**설** 의미를 긴장되고 깊이 있게 담아 냄. '둥근 삼각형', '즐거운 비명', '사랑을 위하여 이별이 있어야 하네' 등

다음을 더 보자.

관이 내렸다
깊은 가슴 안에 밧줄로 달아내리듯.
(중략)
이제
네 음성을
나만 듣는 여기는 눈과 비가 오는 세상.
너는 어디로 갔느냐
그 어질고 안쓰럽고 다정한 눈짓을 하고.
형님!
부르는 목소리는 들리는데
내 목소리는 미치지 못하는,
다만 여기는
열매가 떨어지면
툭 하는 소리가 들리는 세상.

— 박목월, 「하관」부분

박목월의 「하관(下官)」을 보면, 제목에서 알 수 있듯이 '동생의 죽음'에서
오는 슬픔이 무겁게 가라앉는 '하강 이미지'로 표현되어 있어. '관', '눈과
비', '열매' 등은 모두 '동생의 죽음'에서 오는 '슬픔[비애]'을 담은 하강 이미
지들이야.

여기에서 조심할 것은 '열매'의 의미야. '열매'는 보통 '성취, 결실'을 의
미하지만, 이 시에서는 동생의 죽음과 관련하여, "형님! / 부르는 목소리
는 들리는데 / 내 목소리는 미치지 못하는, / 다만 여기는 / 열매가 떨어
지면 / 툭 하는 소리가 들리는 세상"이라고, '열매의 의미'가 동생의 죽음
으로 인한 슬픔과 삶의 허무함을 함축하는 하강 이미지로 표현되었다는
거야.

(2) 생성 이미지와 소멸 이미지

'생성 이미지'는 생명이 꿈틀거리며 탄생되는 느낌의 이미지로, 보편적으로 희망, 이상에 대한 기대 등의 태도를 상징해. 반면 '소멸 이미지'는 제 빛을 잃고 죽어 가는 느낌을 주는 이미지로, 보편적으로 암울함, 비애, 절망감, 슬픔 등의 체념적 태도를 의미하지.

生 낳다 **생**
成 이루다 **성**

消 사라지다 **소**
滅 멸하다 **멸**

생성 태어나 이루어짐

소멸 사라져 없어짐

> 삶은 계란의 껍질이
> 벗겨지듯
> 묵은 사랑이
> 벗겨질 때
> 붉은 파밭의 푸른 새싹을 보아라.
> 얻는다는 것은 곧 잃는 것이다.
>
> — 김수영, 「파밭 가에서」 부분

김수영의 「파밭 가에서」의 자아는 '붉게 말라 죽는 묵은 파밭'의 소멸 이미지에서, 이제 낡아서 버려야 할 '묵은 사랑'을 보고, 이를 다시 '삶은 계란의 껍질'이라는 소멸 이미지에 비유하고 있지. 이것들은 모두 '새로운 생명'과 '삶의 새로운 혁신이나 소망'을 위해 버려져야 할 것들이야. '삶은 계란의 껍질', '붉은 파밭' 등과 대립되는 생성 이미지가 '푸른 새싹'이야. '푸른 새싹'은 '새로운 생명' 또는 '삶의 새로운 혁신이나 소망'을 함축하는 이미지야.

다음의 예를 통해서 더 생각해 보자.

나도 봄산에서는
나를 버릴 수 있으리.
솔이파리들이 가만히 이 세상에 내리고
상수리나무 묵은잎은 저만큼 지네
봄이 오는 이 숲에서는
지난날들을 가만히 내려놓아도 좋으리.
(중략)
눈 뜨리.
눈을 뜨리.
그대는 저 수많은 새 잎사귀들처럼 푸르른 눈을 뜨리.

― 김용택, 「그대 생의 솔숲에서」 부분

김용택은 김수영 시의 열렬한 애독자였다고 해. 김용택의 이 시 역시 김
수영의 「피밭 기에서」와 같이 자연을 인생에 유추하며, 소멸 이미지와 생
성 이미지를 사용하여 '지난날의 낡은 삶에 젖은 나'를 버리고, '새 잎사귀
들처럼 푸르른 눈'을 떠 '새로운 삶의 희망과 소망'을 보자고 말하고 있네.
버릴 수 있는 '나', '솔이파리들', '지난 날' 등은 소멸 이미지가 부여된 것으
로 '버려야 할 낡은 삶이나 욕심'을 의미하고, '눈', '새 잎사귀들' 등은 생성
이미지가 부여된 것으로 '새로운 삶의 깨달음'이나 '새로운 삶의 소망과 혁
신' 등을 함축하는 거야.

이렇듯 사람이라면 대상의 속성에서 공통적으로 일정한 감정이나 생각
을 느끼도록 하는 이미지를 '보편적 이미지' 또는 '이미지의 보편성'이라고
하는 거야.

한 가지 더 공부해 보자.

(3) 광명(光明) 이미지와 암흑(暗黑) 이미지

　광명 이미지는 '밝고 환한 상승의 이미지'로, 보편적으로 희망, 이상에 대한 기대 등의 태도를 상징해. 반면에 **암흑 이미지**는 캄캄하고 답답한 하강의 이미지로, 보편적으로 암울함, 비애, 절망감, 슬픔 등의 태도를 의미하는 거야.

 빛 **광**
 밝다 **명**

 어둡다 **암**
 검다 **흑**

광명 빛처럼 밝음
　　　↳광 ↳명

암흑 어둡고 검음
　　　↳암 ↳흑

> 강물 아래로 강물 아래로
> 한 줄기 어두운 이 강물 아래로
> 검은 밤이 흐른다.
> 은하수가 흐른다.
>
> 낡은 밤에 숨 막히는 나도 흐르고
> 은하수에 빠진 푸른 별이 흐른다.
>
> 강물 아래로 강물 아래로
> 못 견디게 어두운 이 강물 아래로
> 빛나는 태양이
> 다다를 무렵
>
> 이 강문 어느 지류에 조가처럼 서서
> 나는 다시 푸른 하늘을 우러러 보리…….
>
> ― 신석정, 「어느 지류(支流)에 서서」

　신석정 시인은 이육사처럼 일제의 폭압에 무기를 들고 직접 맞서 싸우지는 않았지. 그렇지만 친일 협력을 끝까지 거부하고 광복에 대한 신념과 의지를 절개 곧게 노래한 시인이야. 이 시의 '지류(支流)'는 본류(本流)에서 갈라져 나온 강물이라는 뜻인데, 친일 협력을 피하여 서울을 떠나서 고향인 전라북도 부안의 외딴 마을에 있으면서도 '광복을 향한 역사의 운동과 흐름의 법칙'을 굳게 믿으며 저항하고 있다는 '공간 이미지'인 거야.

'강물 아래', '검은 밤', '푸른 별이 빠진 은하수'는 암흑과 하강의 이미지로 일제 강점기의 절망적 상황을 의미하고, 이와 반대로 '빛나는 태양', '푸른 하늘' 등은 광명과 상승의 이미지로 '민족의 광복'과 '광복에 대한 소망과 의지'를 뜻하는 거야.

⑷ 화자(話者)의 태도와 심상(心象)의 함축적 의미

대입수학능력시험에서 다음과 같이 상징 사전의 내용을 소개했어. 그리고 '원형적 심상'을 설명하는 이 상징 사전을 적용하여 시의 의미를 각각 해석해 보라는 문제를 출제했지. 다음을 한번 읽어 보자.

- **작은 배** 피안의 세계로 건너가는 수단. 부활과 재생의 요람.
- **불** 수직적 상승의 에너지. 공격적인 남성. 인간의 생명. 사랑. 육체의 파괴와 소멸. 정화와 재생
- **물** 수평적 하강. 모성 혹은 여성. 죽음. 정화와 재생. 순환. 시간의 흐름.
- **나무** 인간의 형상. 인간의 상승 욕구. 초월에의 의지. 크고 넉넉한 인격.
- **하늘** 공간의 영원성. 고고한 정신. 신(神). 순결. 무(無). 부재(不在)

위의 사전에 나오는 '작은 배'는 '피안의 세계로 건너가는 수단' '부활과 재생의 요람' 등 두 가지 '원형적 심상'의 의미를 지닌다고 설명되어 있네.

원형은 까마득한 태고로부터 인간에게 전해져 오는 이미지에 대한 근본

↳심상(心象)

의식을 뜻해. 삶과 죽음, 현실과 이상, 죽음과 부활, 사랑과 분노, 모성, 부성, 육체에 대한 욕망, 파괴와 소멸 등등의 근본 의식을 원형(元型)이라고 해. 사람은 누구나 태어나서 죽는 과정을 경험하지. 살면서 욕망에 따라 다양한 경험을 하는 동시에 죽음 이후의 삶에 대해 생각해 보지 않을 수 없게 돼. 그래서 부활(復活)이나 재생(再生), 현실 너머 있다고 믿는 불교적 이상향인 피안(彼岸)이나 기독교적인 낙원, 그 반대인 지옥 등에 대한 본능적 의식 역시 원형(元型 : archetype)이라고 하는 거야.

• 부활 다시[復] 살아남[活]
• 재생 다시[再] 태어남[生]
• 피안 저 너머[彼] 세상[岸]

근본 **원**
모범 **형**

원형 모든 인간 의식의 근본이나 그를 대표하는 모형과 관련된 것
　　　　　　　↳원　　　　　　　　↳형

> 나는 나룻배
> 당신은 행인
>
> 당신은 흙발로 나를 짓밟습니다.
> 나는 당신을 안고 물을 건너갑니다.
> 나는 당신을 안으면 깊으나 옅으나 급한 여울이나 건너갑니다.
>
> – 한용운, 「나룻배와 행인」 부분

한용운의 「나룻배와 행인」에서 말하는 주체인 화자는 '나'로 직접 나왔네. 이 시의 '당신'은 '흙발로 짓밟는' 괴로움을 주지만, '나룻배'인 나는 강물을 건너 행인을 강 건너 저편의 세계로 건너가게 하네. 이와 같은 '화자의 태도'에 상징 사전의 " • 작은 배 : 피안의 세계로 건너가는 수단. 부활과 재생의 요람."이라는 내용을 적용해 보면, 두 가지 의미 중에서 '나룻배'는 '행인'이 괴로운 현실에서 벗어나 피안으로 건너갈 수 있게 해 주는 수단으로 볼 수 있겠지.

여기서 꼭 알아야 할 '해석의 공식'이 있어.

여기서 예를 더 들어서 확실하게 알고 넘어가자.

(가) 아! 그립다.
　　 내 혼자 마음 날같이 아실 이
　　 꿈에나 아득히 보이는가.

　　 향 맑은 옥돌에 불이 달아
　　 사랑은 타기도 하오련만
　　 불빛에 연긴 듯 희미론 마음은,
　　 사랑도 모르리, 내 혼자 마음은.

　　　　　　　　　　　　　　　　 – 김영랑, 「내 마음을 아실 이」 부분

(나) 우리가 물이 되어 만난다면
　　 가문 어느 집에선들 좋아하지 않으랴.
　　 우리가 키 큰 나무와 함께 서서
　　 우르르 우르르 비오는 소리로 흐른다면.
　　 (중략)
　　 그러나 지금 우리는
　　 불로 만나려 한다.
　　 벌써 숯이 된 뼈 하나가
　　 세상에 불타는 것들을 쓰다듬고 있나니.

　　　　　　　　　　　　　　　　 – 강은교, 「우리가 물이 되어」 부분

위의 ㈎와 ㈏의 시의 화자는 각각 '불'에 대해 말하고 있네. 이 두 시에 '불'에 대한 상징 사전의 다음 내용을 적용해서 각각 함축된 의미를 알아보자. 할 수 있겠지?

> • **불** 수직적 상승의 에너지. 공격적인 남성. 인간의 생명. 사랑. 육체의 파괴와 소멸. 정화와 재생.

㈎의 화자는 "향 맑은 옥돌에 불이 달아 / 사랑은 타기도 하오련만"이라고 하므로, 여기서의 '불'은 '사랑'을 의미하지. 그러나 ㈏의 화자는 모든 말라 죽는 가뭄의 상황에서 '물'이 되어 만나기를 바라는 태도를 취하지만, "그러나 지금 우리는 / 불로 만나려 한다 / 벌써 숯이 된 뼈 하나가 / 세상에 불타는 것들을 쓰다듬고 있나니" 하며, '불'이 되어 만나는 것을 부정하며 안타까워하고 있지. 그러므로 여기서의 '불'은 '물'과 반대되는 의미인 '파괴와 소멸, 싸움, 죽음' 등의 의미를 함축하는 거야. ↳생명, 사랑, 모성

어때, 할 수 있겠지?

다음의 '해석 공식'을 한 번 더 강조한다. 얘들아, 정신 차리고 명심해라, 응!

> • 이미지 또는 심상의 함축적 의미는 '상징 사전'에 있는 모든 의미를 적용하는 것이 아니라는 것!
> • 이미지의 함축적 의미는 심상(心象)의 속성이 '화자의 태도'에 맞게 해석되어야만 하는 것!

앞에서 현대시와 고전 시가를 아울러 "세계를 자아화하는 서정 양식"이라고 여러 번 강조했어. 그것은 해석학적으로 이미지의 속성에 맞게 화자의 태도에 의해 시어의 의미가 결정된다는 것을 뜻하는 거야. 알았지? ↳심상(心象)

적용과 문제 풀이

[1~2] 다음 시를 읽고 물음에 답하시오.

어두운 방안에
바알간 숯불이 피고

외로이 늙으신 할머니가
애처로이 잦아드는 어린 목숨을 지키고 계시었다.

이윽고 눈속을
아버지가 약을 가지고 돌아오시었다.

아, 아버지가 ㉠눈을 헤치고 따오신
㉡그 붉은 산수유 열매

나는 한 마리 어린 짐승
젊은 아버지의 서느런 옷자락에
열로 상기한 볼을 말없이 부비는 것이었다.

이따금 뒷문이 눈을 치고 있었다.
그날 밤이 어쩌면 성탄제의 밤이었을지도 모른다.

어느새 나도

그때의 아버지만큼 나이를 먹었다.

옛것이라곤 거의 찾아볼 길 없는
성탄제 가까운 도시에는
이제 반가운 ⓒ그 옛날의 것이 내리는데

서러운 서른살 나의 이마에
불현듯 아버지의 ⓔ서느런 옷자락을 느끼는 것은

눈속에 따오신 ⓜ산수유 붉은 알알이
아직도 내 혈액 속에 녹아 흐르는 까닭일까.

— 김종길, 「성탄제」

1 이 시의 ㉠~㉢의 이미지에 대한 이해로 적절하지 않은 것은?

① ㉠이 '눈'은 아버지가 겪었던 역경을 의미하는 차가운 속성의 이미지야.

② ㉡의 '그 붉은 산수유 열매'는 아들에 대한 아버지의 사랑과 구원을 뜻하는 시각적 이미지야.

③ ㉢의 '그 옛날의 것'은 '눈'을 뜻하는데 이것 역시 아버지가 겪었던 역경을 의미하는 이미지야.

④ ㉣의 '서느런 옷자락'은 아버지에 대한 그리움을 일으킨 촉각적 이미지야.

⑤ ㉤의 '산수유 붉은 알알이'는 화자의 몸속에 남아있는 아버지의 영원한 사랑을 뜻해.

해설
㉢의 '그 옛날의 것'이 '눈'을 뜻하는 것은 맞지만, 이 부분에서는 어린 시절 아버지에 대한 추억을 회상하게 하는 매개체로서의 이미지이다.

정답 ③

2 다음 〈보기〉를 참조하여 이 시에 대해 이해한 것 중 적절하지 <u>않은</u> 것은?

〈보기〉

　기독교에서 '성탄제'는 인류를 사랑으로 구원하고자 하늘에서 예수가 인간 세상으로 온 것을 기리는 축제를 뜻한다. 김종길은 「성탄제」에서 어린 시절 해열제의 약 성분을 지닌 '산수유 열매'를 아버지가 눈을 헤치고 따 온 기억을 촉각과 시각의 심상(이미지)을 사용하여, 자식에 대한 아버지의 사랑과 구원의 의미를 감각적으로 생생하게 형상화하였다.

---

① 이 시의 화자는 어린 시절 몸에 고열이 나서 해열제가 필요했었겠구나.

② 이 시의 화자는 어른이 된 현재 아버지의 사랑을 직설적으로 강조하여 전달하는구나.

③ 촉각적 심상과 시각적 심상이 선명한 대비를 이루며 '아버지의 사랑'이 부각되는구나.

④ 6연에서 '그날 밤'이 '성탄제의 밤'이었을 것이라고 한 것은 '아버지'의 사랑과 구원을 숭고하게 부각하고자 하는 의도였겠구나.

⑤ 이 시에서 과거의 '눈'은 아버지가 헤쳐야 했던 '역경'이었지만, 현재의 '눈'은 아버지에 대한 추억을 회상하게 하는 매개적 기능의 의미를 지니는구나.

해설

  화자에 대한 아버지의 사랑은 '산수유 붉은 열매', '산수유 붉은 알알이' 등의 시각적 이미지로 표현된다. 따라서 '아버지의 사랑'이 직설적으로 강조된 것이 아니라 이미지를 통하여 간접적으로 환기된 것이다.

정답 ②

3 다음 시를 읽고 A와 B의 표현상의 차이점에 대해서 바르게 이해한 것은?

A. 세상은
　　험난하고 각박하다지만
　　그러나 세상은 살 만한 곳,

　　한 살 나이를 더한 만큼
　　좀 더 착하고 슬기로울 것을 생각하라.

– 김종길, 「설날 아침에」 부분

B. 아무리 매운 추위 속에
　　한 해가 가고
　　또 올지라도

　　어린 것들 잇몸에 돋아나는
　　고운 이빨을 보듯

　　새해는 그렇게 맞을 일이다.

– 김종길, 「설날 아침에」 부분

---

① A는 여성적 어조로, B는 남성적 어조로 새해를 맞는 자세를 표현하고 있다.

② A는 설의법을 통하여, B는 명령법을 통하여 새해를 맞는 자세를 표현하고 있다.

③ A는 교훈적 내용을 공손한 어조로, B는 교훈적 내용을 단정적 어조로 표현하고 있다.

④ A는 하강 이미지를 통하여, B는 소멸 이미지를 통하여 새해를 맞는 자세를 표현하고 있다.

⑤ A는 교훈적 내용을 직설적으로, B는 새해의 희망을 생성 이미지를 통해 간접적으로 표현하고 있다.

해설

A는 "그러나 세상은 살 만한 곳 / 한 살 나이를 더한 만큼 / 좀 더 착하고 슬기로울 것을 생각하라"와 같이 교훈적 내용을 명령법을 통하여 직설적으로 표현하고, B는 "어린 것들 잇몸에 돋아나는 / 고운 이빨을 보듯 / 새해는 그렇게 맞을 일이다."와 같이 생성 이미지를 통하여 새해의 희망(고운 이빨)을 간접적으로 표현하고 있다.

정답 ⑤

4 다음 두 시조의 공통점에 대해서 적절하게 이해한 것은?

> (가) 이화우(梨花雨) 흩뿌릴 때 울며 잡고 이별한 님,
>
>   추풍낙엽(秋風落葉)에 저도 날 생각하는가.
>
>   천리에 외로운 꿈만 오락가락 하노매.
>
> – 계랑, 「이화우 흩뿌릴 제」
>
>
> (나) 마음이 어린 후이니 하는 일이 다 어리다.
>
>   만중운산(萬重雲山)에 어느 임 오리마는
>
>   지는 잎 부는 바람에 행여 그인가 하노라.
>
> – 서경덕, 「마음이 어린 후에」

① 광명의 이미지를 통하여 임과의 재회를 기대하고 있다.

② 암흑의 이미지를 통하여 임과 단절된 절망적 감정을 표현하고 있다.

③ 하강의 이미지를 통하여 오지 않는 임에 대한 원망을 표현하고 있다.

④ 하강과 소멸의 이미지를 통하여 부재하는 임에 대한 정서를 표현하고 있다.

⑤ 생성 이미지를 통하여 부재하는 임에 대한 변함없는 사랑을 표현하고 있다.

해설

　(가)의 '추풍낙엽'은 하강과 소멸의 이미지로 오지 않는 임에 대한 '원망과 그리움'을 표현한 것이며, (나)의 '지는 잎 부는 바람'은 임이 왔다는 환상과 착각을 일으키는 동시에 임에 대한 그리움을 표현한 것이다.

　그러나 (나)의 '지는 잎 부는 바람'이 '원망'의 정서를 표현한 것은 아니다.

정답 ④

5 다음 시조를 읽고 반응한 것 중 적절하지 <u>않은</u> 것은?

> 묏버들 가려 꺾어 보내노라 임에게,
> 자시는 창 밖에 심어 두고 보소서.
> 밤비에 새 잎 곧 나거든 나인가 여기소서.
>
> – 홍랑, 「묏버들 가려 꺾어」

① 청자를 염두에 두고 공손한 어조로 화자의 정서를 표현하고 있다.

② 도치법을 사용하여 떠나가는 임에 대한 화자의 정서를 강조하고 있다.

③ 떠나가는 임에게 버드나무 가지를 꺾어 주며 애틋한 사랑을 전하고 있다.

④ 생성 이미지를 통하여 이별 뒤에도 임의 사랑이 지속되기를 기대하고 있다.

⑤ 종장의 '밤비'는 암흑과 하강의 이미지로 임과 헤어진 뒤의 절망적 정서를 표현한 것이다.

종장의 '밤비'는 옮겨 심은 묏버들의 '새 잎'을 돋게 하는 긍정적 의미의 시어로,
임과 헤어진 뒤의 절망적 정서를 표현한 것으로 볼 수 없다.

　'새 잎'은 이별 뒤에도 지속되는 임과 '나'의 사랑을 의미하는 생성 이미지이며,
이 시의 화자는 '~하소서'의 공손한 어조로 정서를 표현하고 있다.

정답 ⑤

6 다음 시를 읽고 반응한 것 중 적절하지 <u>않은</u> 것은?

> 까치집 하나 짓게 해두고
> 반쪽은 부서져 나간
> 말라죽은 나무 앞에서
> 아비라는 것을 보았다
> 심간(心肝)이 타 부서지도록
> 서 있다 쓰러진, 강하고
> 불쌍한 나무를 보았다
>
> — 이규배, 「나무」

① 자연물에 감정을 이입하여 감정을 절제했구나.

② 객관적 상관물을 통하여 대상에 대한 애틋한 감정을 표현했구나.

③ 자연과 인간을 대비하여 아버지의 죽음으로 인한 슬픔을 강조했구나.

④ 수직 상승의 이미지에 소멸의 이미지를 부여하여 죽음을 표현했구나.

⑤ 자연의 섭리와 인생을 유추하여 아버지의 삶과 죽음의 의미를 생각하고 있구나.

해설

  이 시는 자연(나무)과 인간(아비)을 대비(반대되게 비교함)한 것이 아니라 비슷하게 유추하여 주제를 제시한 것이다.

  '나무'는 수직 상승의 이미지로 자식의 행복을 위해 곧고 굳게 버텨간 의지적 삶을 상징하는 이미지이나, '말라죽은 나무'라는 표현에서 소멸의 이미지가 부여되어 '아비의 죽음'을 간접적으로 제시했다. 또한 '불쌍한 나무'는 감정 이입의 기법이 사용된 것이고, '아비'를 대신하는 객관적 상관물이며, 아버지의 삶에 대한 연민의 정서가 함축되어 있는 이미지이다.

정답 ③

[7~8] 다음 시를 읽고 물음에 답하시오.

⊙겨울바다에 가 보았지.
미지의 새,
ⓛ보고 싶던 새들은 죽고 없었네.

그대 생각을 했건만도
매운 해풍에
그 진실마저 눈물져 얼어 버리고

허무의
불
ⓒ물이랑 위에 불붙어 있었네.

나를 가르치는 건
언제나 시간……
끄덕이며 끄덕이며 @겨울바다에 섰었네.

남은 날은
적지만

기도를 끝낸 다음
더욱 뜨거운
기도의 문이 열리는
그런 영혼을 갖게 하소서.

남은 날은
적지만

ⓜ겨울바다에 가 보았지.
인고(忍苦)의 물이

수심 속에 기둥을 이루고 있었네.

– 김남조, 「겨울바다」

7 이 시의 ⊙~⑩에 대한 해석으로 적절하지 <u>않은</u> 것은?

① ⊙의 '겨울바다'는 상실, 죽음, 허무의 관념이 내포된 이미지이다.

② ⓒ의 '보고 싶던 새'는 화자의 소망과 바람이 내포된 이미지이다.

③ ⓒ의 '물'은 '불'과 대립된 이미지로 삶의 의지를 상실한 '죽음'의 이
미지이다.

④ ②의 '겨울바다'는 시간이 지나면 허무가 사라질 것이라는 깨달음과
연관된 이미지이다.

⑤ ⑩의 '겨울바다'는 절대자에 대한 기도 이후에 새로이 생성된 삶의
의지를 내포한 이미지이다.

해설

이 시의 3연에서 '불'은 '허무의 불'이라는 은유적 표현에서 볼 수 있듯이 삶의 의
욕을 상실한 죽음과 허무의 의미를 내포한 상징적 이미지이며, '물'은 그와 대립되
는 '삶과 생명'의 의미를 내포하는 상징적 이미지이다.

정답 ③

8 이 시를 읽고 감상한 반응 중에서 적절하지 <u>않은</u> 것은?

① 추상적 관념을 구상적 이미지와 연결하여 표현하였다.

② 공간의 이동에 따라 화자의 갈등이 절정에 이르렀다가 반전되었다.

③ 대립적 이미지의 사용을 통하여 '삶의 허무'와 '삶의 의욕'을 표현하였다.

④ 시간의 흐름에 따라 화자의 태도가 변하면서 '겨울바다'의 의미 역시 변했다.

⑤ 절대자에게 의탁하여 경건한 자세의 기도하는 어조로 자기 구원을 바라고 있다.

1~2연까지는 상실과 허무로 인한 화자의 내적 갈등이 점층적으로 고조되어 절정에 이르렀다가 3연에서 시상이 반전되어 삶에 대한 긍정과 깨달음으로 태도가 바뀐다. 그러나 화자는 겨울바다 앞에 서서 겨울바다를 보면서 사색에 잠겨 있을 뿐 공간의 이동은 없다.

정답 ②

이제 바라보노라.
㉠지난 것이 다 덮여 있는 눈길을.
온 겨울을 떠돌고 와
여기 있는 낯선 지역을 바라보노라.
나의 마음속에 처음으로
눈 내리는 풍경
세상은 지금 묵념의 가장자리
㉡지나 온 어느 나라에도 없었던
㉢설레이는 평화로서 덮이노라.
㉣바라보노라 온갖 것의
보이지 않는 움직임을.
눈 내리는 하늘은 무엇인가.
내리는 눈 사이로
귀 기울여 들리나니 대지(大地)의 고백(告白).
㉤나는 처음으로 귀를 가졌노라.
나의 마음은 밖에서는 눈길
안에서는 어둠이노라.
온 겨울의 누리 떠돌다가
이제 와 위대한 적막을 지킴으로써
쌓이는 눈 더미 앞에
나의 마음은 어둠이노라

– 고은, 「눈길」

9 〈보기〉를 참조하여 이 시를 읽고 반응한 것 중 적절하지 <u>않은</u> 것은?

> ─〈보기〉─
>
> '어둠'의 보편적·원형적 심상은 대개 부정적 의미와 관련되어 '죽음·절망·부정적 현실·무지' 등의 의미를 상징한다. 그러나 이 시에서 고은 시인은 '어둠'의 이러한 보편적 심상을 따르지 않고 파괴하여 '분별없는 평화로운 마음', '번뇌와 해탈마저도 까맣게 사라진 절대적 평온'이라는 의미의 '창조적 심상'으로 사용하고 있다. 이 시의 화자가 오랜 방황 끝에 '낯선 눈길'을 '지나 온 모든 방황과 고뇌가 평화롭게 덮여 정화된 것'으로 인식한 뒤, 진리를 깨닫고 모든 고뇌가 사라진 상태의 마음을 '어둠'이라고 말하는 데서 이와 같은 의미가 분명해진다.

① 이 시의 시적 화자는 과거의 상황을 '방황과 고뇌'로 인식하고 있구나.

② 이 시의 시적 화자는 육안(肉眼)을 초월하여 심안(心眼)으로 대상을 바라보았구나.

③ 이 시의 시인은 '어둠'의 원형적 심상을 파괴하여 개인적 심상을 창조했구나.

④ 이 시의 화자는 '눈'이 '지난 것'을 덮어 정화해 준 것처럼 '어둠'은 모든 고뇌를 무화(無化)하는 것으로 생각했구나.

⑤ 이 시의 화자는 번뇌와 해탈이라는 불교적 구원의 문제를 절대자에 의지해 해결했구나.

해설

 이 시는 '번뇌와 해탈', '도를 얻기 위한 방황(구도적 방황)' 등 불교적 성격을 띠지만, 절대자에 의존하지 않고 도를 얻기 위한 방황과 명상을 통해 스스로 진리에 이르는 과정을 표현한 것이다.

정답 ⑤

10 이 시의 ㉠~㉤에 대한 해석과 반응으로 적절하지 <u>않은</u> 것은?

① ㉠의 '지난 것이 다 덮여 있는 눈길'에서 화자는 지나온 삶에 대한 회한에 잠겼구나.

② ㉡의 '지나온 어느 나라'는 진리를 구하기 위해 방황하던 고뇌의 과거를 뜻하는구나.

③ ㉢의 '설레이는 평화'는 '눈'의 이미지가 변주된 것으로 화자의 방황이 끝남을 의미하는 것이구나.

④ ㉣은 도치법과 역설법을 통하여 심안(心眼, 마음의 눈)을 통하여 우주의 진리를 얻을 수 있음을 강조한 것이구나.

⑤ ㉤은 진리를 깨달은 감격을 영탄적 어조를 통해 표현한 것이구나.

'회한'은 지나온 잘못을 뉘우치고 후회하며 슬퍼한다는 의미로, 문득 평화로운 상태로 '이제 바라보노라 / 지난 것이 다 덮여 있는 눈길을'에서 나타나는 새로운 상태로 나아가는 화자의 현재 심리와는 동떨어진 감정이다.

정답 ①

앞에서 시에는 리듬이 있다고 했지. 그런데 리듬만 있을까? 리듬이 말을 길고 짧게 하는 호흡과 관련된 것이라면, 가락 은 높낮이와 관련된 것이야. 노래에서 가락이라 하면 흔히 음계로 표현되는 음의 높낮이를 말하잖아. 시에도 이런 가락이 있어. 리 듬만으로도 감정을 표현할 수 있겠지만 좀 부족해 보여. 가락이 덧붙여 진다면 감정을 더 효과적으로 표현할 수 있을 거야. 이렇게 말 의 가락을 어조라고 하는데, 여기서는 시의 어조에 대해 함께 알아보자.

시적화자와
어조

1 감정의 절제와 감정의 분출

• 화자 말하는[話] 사람[者].

우리는 앞에서 화자에 대해서 배웠어. 화자란 말하는 사람이란 뜻이지. 그러니까 시적 화자란, 시에서 말하는 사람을 뜻해. 누구나 사람에게는 분위기라는 게 있듯이 시에서도 말하는 사람의 분위기라는 게 있지. 말하려는 목적과 의도에 따라 감정을 분출하기도 하는가 하면 때로는 감정을 절제하기도 하고, 풍자나 해학을 통해 표현하기도 하며, 여성적으로 말하기도 하지. 이런 말하는 분위기나 가락 또는 말하는 자의 의도와 감정의 분위기에 맞게 목소리를 고르게 조화시키는 말투를 **어조**라고 해. 여기서는 시적 화자와 어조에 대해 알아볼 거야.

語 말씀 어
調 가락 조

어조 말의 가락. 말하고자 하는 의도에 맞게 어휘를 선택하고 말의 속도와 크기를 고르게 조화시키는 말투

앞에서 우리는 또 시를 서정 갈래라고 배웠지? 서정이란 감정을 쏟아 내는 것이라고 했어. 그런데 감정을 무조건 분출하는 것이 좋은 시일까? 감정을 절제할 때도 있는가 하면 감정을 분출해야 할 때도 있겠지. 말하려는 목적과 의도에 맞게 잘 선택해서 표현해야 독자의 공감이 더 커지겠지.

절제란 알맞은 정도로 조절한다는 뜻이야. '절제'의 '節'은 본래 '대나무의 마디'를 뜻하는 말로, '알맞은 정도'라는 의미야. '예절(禮節)', '절도(節度)'에도 '알맞은 정도'라는 이 '節' 자가 사용되지. 그리고 '制'는 '조절하다,

통제하다'는 뜻이야. 이제 '감정의 **절제**'에 대해 너희들 스스로 설명할 수 있겠지.

절제 알맞은 정도로 통제함
　　↳절　　　↳제

節 절제하다 **절**
制 억제하다 **제**

그렇다면 감정의 **절제**란 구체적으로 무엇일까?

감정은 '자아'의 마음에서 나오는 것이라서 '주관적'이라고 하는 거야. 그런데 자아가 감정을 직접, 자주 드러내지 않고 '객관적 상황'이나 '객관적 상관물'을 통해 암시하는 것을 '감정의 절제'라고 하는 거야.

> 여승(女僧)은 합장(合掌)하고 절을 했다.
> 가지취의 내음새가 났다.
> 쓸쓸한 낯이 옛날같이 늙었다.
> 나는 불경(佛經)처럼 서러워졌다.
>
> 　　　　　　　　　　　　　　　　－ 백석, 「여승」 부분

위 시에서 백석 시인은 '나'의 서러움이라는 감정을 자주 드러내지 않고, "여승(女僧)은 합장(合掌)하고 절을 했다 / 가지취의 내음새가 났다 / 쓸쓸한 낯이 옛날같이 늙었다"와 같은 객관적 상황에 "나는 불경(佛經)처럼 서러워졌다"와 같은 주관적 감정을 균형 있게 조절했어. 이럴 때 자아인 '나'의 감정이 절제되어 표현되었다고 해.

반면 감정의 분출은 감정을 분수(噴水)처럼 내뿜어 낸다는 뜻이야. 한여름 광장의 분수대(噴水臺)에서 물줄기가 솟구치듯이 자아의 감정이 직접적이고 강하게 드러날 때, 이를 '감정의 **분출**'이라고 해.

분출 분수처럼 내뿜어 내다
　　↳분　　　↳출

噴 뿜다 **분**
出 내뿜다 **출**

> 마돈나, 뉘우침과 두려움의 외나무다리 건너 있는 내 침실, 열 이도 없으니.
> 아, 바람이 불도다. 그와 같이 가볍게 오려무나. 나의 아씨여, 네가 오느
> 냐?
> 마돈나, 가엾어라. 나는 미치고 말았는가. 없는 소리를 내 귀가 들음은 –
> 내 몸에 피란 피 – 가슴의 샘이 말라 버린 듯 마음과 몸이 타려는도다.
>
> – 이상화, 「나의 침실로」 부분

위 시에서 '나'는 "뉘우침과 두려움", "가엾어라", "미치고 말았는가",
"마음과 몸이 타려는도다"와 같이 감정을 자주 드러내네. 그리고 "아!"와
같은 감탄사, "나의 아씨여", "불도다", "가엾어라", "말았는가", "타려는도
다"와 같은 감탄형 어미를 자주 사용하네. 어때? 자아가 이렇게 말할 때
자아의 감정이 물결이 세차게 뿜어 나와 부딪쳐 흘러가듯 강렬하지 않니?
이런 경우를 '감정의 분출(噴出)'이라고 하는 거야. 또는 '감정의 격렬한 토
로(吐露)'라고 하지.

 격하다 **격**

烈 사납다 **렬**

격렬 물결이 세차게 흐르듯 마음이나 행동이 맹렬함을 이름
→ 격   → 렬

 먹은 것을 토하다 **토**

露 드러나다 **로**

토로 먹은 것을 왈칵 쏟아 내듯 감정을 드러낸다
→ 토   → 로

(1) 격정적 어조

어조(語調)는 전달하고자 하는 감정에 어울리는 말투를 뜻한다고 했어.
'격정적(激情的)'이라함은 감정이 물결이 부딪쳐 흘러가듯이 강렬하게 표
현됨을 말하는 거야. 이런 어조를 격정적 어조라고 해.

 부딪쳐 흐르다 **격**

情 감정 **정**

격정 물결이 부딪쳐 세차게 흐르듯 감정이 강렬함
→ 격   → 정

> 산산이 부서진 이름이여!
> 허공 중에 헤어진 이름이여!
> 불러도 주인 없는 이름이여!
> 부르다가 내가 죽을 이름이여!
>
> — 김소월, 「초혼(招魂)」 부분

일제 강점기에 나라를 잃고 임을 잃은 심정이 "이름이여!"라는 슬픔의 영탄이 4회 연속 반복되면서 점점 강하게 표현되지. 이런 경우의 말투를 슬픔의 격정적 어조라고 하는 거야.

그런데 계속하여 격정적으로만 말하면 감정의 전달 효과가 떨어져. 그래서 변화를 주기도 하지.

> 붉은 해는 서산마루에 걸리었다.
> 사슴의 무리도 슬피 운다.
>
> — 김소월, 「초혼(招魂)」 부분

김소월 시인은 죽은 임의 혼(魂)을 부르는 이 시의 3연의 위 두 행에서는 감탄문을 사용하지 않았어. 평서문을 사용하였지. 즉 "~여!"에서 "~다."로 바꾸어 표현한 거야. 이런 경우 감정이 보다 절제되었다고 하는 거야. 더욱이 감정을 직접 드러내지 않고, "붉은 해는 서산마루에 걸리었다." 하고 외부 세계를 묘사하잖아. 서산마루에 걸린 붉은 해는 임의 죽음과 그로 인해 슬퍼하는 '나'의 감정과 연관된 사물이야. 이런 걸 뭐라고 하였지? 그렇지. 객관적 상관물이라고 했지!

> 붉은 해는 서산마루에 걸리었다.

이 시행의 "붉은 해"는 떨어지는 붉은 해를 의미하는 동시에 '임의 죽음과 흩어져 사라지는 임의 혼', 그리고 '임을 잃은 자아의 슬픔'을 의미해. '떨어지는 붉은 해'는 외부 세계를 지시하는 외연적 의미이고, '임의 죽음 과 흩어져 사라지는 임의 혼' '임을 잃은 자아의 슬픔'은 내포적 의미·함 축적 의미라고 해. 자아의 슬픔이 직접 드러나지 않았다는 점에서 이 시에 서 말하는 주체는 '슬픔의 감정'을 억눌러 참아 숨겨 놓은 거야. 이를 감정 의 억제라고 해. 또한 감정의 객관화라고도 하지.

抑 누르다 억
制 조절하다 제

억제 감정을 누르고 조절하다
　　　　↘억　↘제

> 사슴의 무리도 슬피 운다.

이 부분은 자아의 슬픔과 객관적 상관물인 '사슴'이 주객전도 되어 감정 이 이입된 거야. 이런 경우를 표현법으로서의 감정 이입법(感情移入法)이 라 한다고 했어. 이렇게 표현될 때 감정이 보다 절제되어 표현된다고 하는 거야.

(2) 주정적 어조와 절제된 어조

주정적(主情的)의 '주(主 : 주인)'는 동사로 사용될 때 '~를 중심으로 하 다'야. 그렇게 생각하면, '주정적(主情的)'은 '감정 표현을 중심으로 하는'이 라는 뜻이야. 이와 반대되는 개념으로 주지적이란 말이 있는데, '주지적(主 知的)'은 '지성적 사색 표현을 중심으로 하는'이라는 뜻이 되겠지.

主 주인 주
情 감정 정
的 ~의 적

主 주인 주
知 알다 지
的 ~의 적

주정적 어조 감정 표현을 중심으로 하는 어조
　　　　↘정　　　　↘조

주지적 어조 지성적 사색 표현을 중심으로 하는 어조
　　　　↘지　　　　↘주

심중(心中)에 남아 있는 말 한 마디는
끝끝내 마저 하지 못하였구나.
사랑하던 그 사람이여!
사랑하던 그 사람이여!

— 김소월, 「초혼」 부분

위 시의 화자처럼 감정을 절제하지 않고 영탄적인 어조를 강하게 드러
낼 때 '주정적'이라고 하지. 예를 하나 더 볼까.

마돈나, 뉘우침과 두려움의 외나무다리 건너 있는 내 침실, 열 이도 없으니.
아, 바람이 불도다. 그와 같이 가볍게 오려무나. 나의 아씨여, 네가 오느
냐?
마돈나, 가엾어라. 나는 미치고 말았는가. 없는 소리를 내 귀가 들음은 –
내 몸에 피란 피 – 가슴의 샘이 말라 버린 듯 마음과 몸이 타려는도다.

— 이상화, 「나의 침실로」 부분

이상화의 「나의 침실로」는 주정적 어조를 설명하는 대표적인 서정시이
지. '주정적'이라는 용어는 낭만주의(浪漫主義)와 깊이 결합된 용어야. '낭
만(浪漫)'의 '낭(浪)'은 '물결치다, 파도가 치다'는 뜻이자. '풍랑(風浪)'할 때
도 이 '낭(浪)' 자를 써. '만(漫)'은 '질펀하다, 넘쳐흐르다'는 뜻이야. '낭만'
은 '사람의 감정이 물결치듯 넘쳐흐른다'는 뜻이야.

낭만 사람의 감정이 물결치듯 넘쳐흐르다
　　　　↘낭　　↘만

浪 물결치다 낭
漫 넘쳐흐르다 만

• **낭만주의** 주관적이고 감정 중심의 표현을 중시하는 예술의 경향

이상화의 「나의 침실로」와 같은 주정적 경향의 시를 '낭만주의 시'라고

도 해.

이러한 낭만주의 풍의 서정시가 감정을 너무 강하게 드러내는 것에 반발하여 나오는 시의 경향을 '주지주의(主知主義)'라고 하지.

> • **주지주의** 낭만주의에 반발하여 나온 20세기 초반의 예술 경향으로, 감정의 과도한 표현을 억제하고, 20세기 문명과 사회의 부정적 측면을 비판하던 예술 이념

> 아무도 그에게 수심(水深)을 일러준 일이 없기에
> 흰 나비는 도무지 바다가 무섭지 않다.
>
> 청무우 밭인가 해서 내려갔다가는
> 어린 날개가 물결에 절어서
> 공주처럼 지쳐서 돌아온다.
>
> 삼월달 바다가 꽃이 피지 않아서 서글픈
> 나비 허리에 새파란 초생달이 시리다.
>
> – 김기림, 「바다와 나비」

이 시에서 감정을 드러낸 시어는 '서글픈'이라는 시어 단 하나야. 그런데 이것도 화자의 감정으로 직접 표현되지 않고 '서글픈 나비 허리'와 같이 주객전도의 감정 이입법과 객관적 상관물을 통하여 표현되었네. 그리고 나머지는 감정을 일절 드러내지 않고 객관적 상관물과 감각적 이미지만으로 표현되었어. 더욱이 '~어!', '~구나!', '오!'와 같은 감탄형 어미나 삽입사 없이 평서형 어미인 '~다.'만으로 문장이 제시되네. 이런 경우 시의 화자가 지성을 앞세워 감정을 절제ㆍ억제하는 주지적 태도를 취했다고 하는 거야. 이런 경향의 시를 '주지주의 시'라고 하고, 줄여서 '주지시(主知詩)'라고 하는 거야.

그리고 이렇듯 감정을 절제하여 표현된 어조를 절제된 어조라고 하는 거야.

- **절제된 어조** 감정을 억누르며 조절하여 말하는 어조

하나 더 볼까.

내가 그의 이름을 불러 주기 전에는
그는 다만
하나의 몸짓에 지나지 않았다.

내가 그의 이름을 불러 주었을 때
그는 나에게로 와서
꽃이 되었다.

내가 그의 이름을 불러 준 것처럼
나의 이 빛깔과 향기에 알맞은
누가 나의 이름을 불러다오.
그에게로 가서 나도
그의 꽃이 되고 싶다.

우리들은 모두
무엇이 되고 싶다.
너는 나에게 나는 너에게
잊혀지지 않는 하나의 눈짓이 되고 싶다.

– 김춘수, 「꽃」

김춘수 시인은 김기림 시의 애독자로서 김기림의 주지주의 시를 공부했다고 알려져 있어. 김춘수의 대표시 「꽃」에서 시의 화자는 '나'로 직접 나

와. 그런데 이 '나'는 사물의 '이름'을 그 사물의 본질'이라고 생각하고, '이
름 불러 주기'를 대상의 본질을 파악하고 대상과 참다운 관계를 맺는 행위
라고 말하잖아. 이 시의 '이름', '꽃', '빛깔과 향기', '무엇', '눈짓' 등은 모두
'본질과 관계 맺음'의 의미와 연관되어 있는 것들이야.

　존재의 본질을 파악하는 것은 철학적 인식론의 문제이고, 대상과 참다
운 관계를 맺는 것은 사회학적 문제이지. 이 시의 화자는 '슬픔, 분노, 그
리움' 등의 감정을 앞세우지 않고, 철학적·사회학적 문제를 말하고 있지.
그리고 감정을 지성적으로 절제하고 있어. 그런 점에서 이 시의 화자는
'주정적'이지 않고, '주지적 태도'를 취했다고 하는 거야. 그리고 이런 경향
의 시를 '주지시'라고 하는 거야.

(3) 담화적 어조와 독백적 어조

　담화(談話)는 두 사람이 서로 말을 주고받는 것을 뜻하는 말이야. 담화
적 어조란 두 명의 화자가 등장하여 서로 대화하는 형식으로 이루어진 어
조야.

談 이야기 담
話 말하다 화

담화 두 명의 화자가 서로 말을 주고받는 이야기나 대화
　　　　　　　　　　　　　　　　↘담 ↘화

> 댁들에 동난지 사오, 져 쟝수야, 네 황후 그 무엇이라 외냐. 사쟈.
> 외골내육(外骨內肉), 양목(兩目)이 상천(上天), 전행 후행(前行後行), 소(小)아
> 리 팔족(八足), 대(大)아리 이족(二足), 청장(淸醬)에 ♀ 스슥흐는 동난지 사오.
> 쟝수야, 하 거북이 웨지 말고 게젓이라 하렴은.
>
> 　　　　　　　　　　　　　　　　　　　　　– 작자 미상 「댁들에 동난지 사오」

　위 사설시조처럼 게젓을 파는 장수와 물건을 사고자 하는 사람이 서로
말을 주고받는 형식의 어조를 담화적 어조라고 하는 거야.

그러나 대부분의 서정시는 개인의 감정 표현을 중심으로 하므로, 혼자서 말하는 **독백적 어조**를 사용하지.

독백적 어조 한 명의 화자 혼자서 말하는 어조

독 백

> 향단아 그넷줄을 밀어라.
> 머언 바다로
> 배를 내어밀듯이,
> 향단아.
>
> 이 다소곳이 흔들리는 수양버들나무와
> 베갯모에 놓이듯 한 풀꽃더미로부터,
> 자잘한 나비새끼 꾀꼬리들로부터,
> 아주 내어밀듯이, 향단아.
>
> — 서정주, 「추천사」 부분

위 시는 화자인 춘향이가 청자인 향단이에게 말을 건네는 식의 어투로 되어 있어. 문장 형식을 보면 대화체로 되어 있지. 그러나 청자인 향단이는 듣고만 있으므로, 사실은 춘향이 혼자서만 말하는 독백적인 어조라고 하는 거야.

(4) 풍자적 어조와 해학적 어조

풍자는 말하는 사람의 공격하고 비판하는 의도가 직접 드러나지 않고 숨겨져 있는 말하기를 뜻하는 말이야.

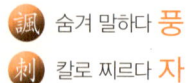

諷 숨겨 말하다 **풍**

刺 칼로 찌르다 **자**

풍자 상대를 공격하거나 비판할 의도를 숨겨서 칼로 찌르듯이 말하는 것

↳**풍** ↳**자**

> 영화가 시작하기 전에 우리는
> 일제히 일어나 애국가를 경청한다.
> 삼천리 화려 강산의
> 을숙도에 일정한 군(群)을 이루며
> 갈대숲을 이룩하는 흰 새떼들이
> 자기들끼리 끼룩끼룩거리면서
> 자기들끼리 낄낄대면서
>
> — 황지우, 「새들도 세상을 뜨는구나」 부분

위 시에서 "애국가를 경청한다."는 영화관에서 애국가 듣기를 강요하는 현실을 비웃으려는 의도를 반어적으로 표현한 것이고, "삼천리 화려 강산" 역시 독재자를 아름답게 꾸며 대는 억압적 사회 현실을 비판하는 의도를 반대로 표현한 것이야. 이렇듯 비판의 의도가 직접 드러나지 않는 말투의 어조를 **풍자적 어조**라고 하는 거야.

• **풍자적 어조** 비판과 공격의 의도를 숨겨서 간접적으로 전달하는 어조

반면 **해학**은 재미있고 익살스럽게 말하는 것을 뜻하는데, 누구를 공격하기보다 모두 어울려 화합하는 분위기로 모두 공감하는 방식의 말하기야.

諧 화해롭게 말하다 **해**

謔 익살스럽게 말하다 **학**

해학 모두 어울릴 수 있도록 익살스럽고 재미있게 말하는 것. 비판이나 공격의 의도가 없음

↳**해** ↳**학**

> 서방님 병 들여 두고 쓸 것 없어
> 종로 저자에 머리카락 팔아 배 사고 감 사고 유자 사고 석류 샀다 아자차차

> 잊었구나 오화당(五花糖)을 잊어버렸구나
> 수박에 숟가락 꽂고 한숨겨워 하노라.
>
> — 김수장, 「서방님 병 들여두고」

• 오화당 오색으로 물들여 만든 둥글 납작한 사탕.

위 사설시조를 보면, 병이 든 서방님께 과일 화채를 만들어 주고자 머리카락을 잘라 수박과 과일을 샀지만, 지금의 설탕과 같은 '오화당' 사 오는 것을 잊고 한숨짓는 내용이 "아자차차 잊었구나 오화당을 잊어버렸구나"와 같이 익살스럽게 표현되었네. 이때 화자의 처지에 비판을 일으키기보다 공감을 일으키는 웃음이 나오지. 이와 같이 말하는 어조를 해학적 어조라고 하는 거야.

• **해학적 어조** 익살스럽고 재미있게 말하는 어투로 비판이나 공격보다는 따뜻한 공감을 일으키는 웃음의 어조

(5) 여성적 어조와 남성적 어조

말하고자 하는 목적이 간절한 기원이나 슬픔 등을 말할 때는 가녀리고 부드러운 여성적인 말투를 사용해. 이를 여성적 어조라고 하는 거야.

반면 의지적이고 힘찬 기백을 담은 내용을 표현할 때는 남성적인 어조를 자주 사용해. 다음 김종서 장군의 시조와 같은 예가 남성적 어조를 대표하는 거야.

> 삭풍은 나무 끝에 불고 명월은 눈 속에 찬데
> 만리변성에 일장검 짚고 서서
> 긴파람 큰 한소리에 거칠 것이 없어라.
>
> — 김종서, 「삭풍은 나무 끝에 불고」

⑹ 독자에게 친밀한 어조

시의 화자가 독자에게 겸손하고 친절한 태도로, 존대어로 말을 건네듯 다가오는 분위기의 어조는 독자가 친근하게 여기겠지. 이런 경우 독자에게 친밀하게 다가오는 어조라고 해.

> 오월 어느 날, 그 하루 무덥던 날,
> 떨어져 누운 꽃잎마저 시들어버리고는
> 천지에 모란은 자취도 없어지고,
> 뻗쳐오르던 내 보람 서운케 무너졌느니,
> 모란이 지고 말면 그뿐, 내 한 해는 다 가고 말아,
> 삼백 예순 날 하냥 섭섭해 우옵내다.
>
> – 김영랑, 「모란이 피기까지는」 부분

위 시는 독백조로 말하고 있지만, 독자를 존대하며 말하는 분위기를 조성하여 독자에게 친밀한 느낌을 주고 있다고 하는 거야.

2 적용과 문제 풀이

1 다음 시를 읽고 이해한 것 중에서 적절하지 <u>않은</u> 것은?

산산이 부서진 이름이여!
허공 중에 헤어진 이름이여!
불러도 주인 없는 이름이여!
부르다가 내가 죽을 이름이여!

심중에 남아 있는 말 한 마디는
끝끝내 마저 하지 못하였구나.
사랑하던 그 사람이여!
사랑하던 그 사람이여!

붉은 해는 서산마루에 걸리었다.
사슴의 무리도 슬피 운다.
떨어져 나가 앉은 산위에서
나는 그대의 이름을 부르노라.

설움에 겹도록 부르노라.
설움에 겹도록 부르노라.
부르는 소리는 비껴가지만
하늘과 땅 사이가 너무 넓구나.

> 선 채로 이 자리에 돌이 되어도
> 부르다가 내가 죽을 이름이여!
> 사랑하던 그 사람이여!
> 사랑하던 그 사람이여!
>
> — 김소월, 「초혼」

① 1연에서는 영탄법과 반복법을 사용하여 임을 여읜 슬픔이 격렬한 어조로 표현되었구나.

② 2연에서는 미처 사랑을 고백하지 못한 지난날의 잘못에 대한 회한을 표현한 것이구나.

③ 3연에서는 하강과 소멸의 이미지, 감정 이입된 이미지를 통하여 슬픔을 한층 격렬하게 표현하였구나.

④ 4연에서는 이승과 저승의 단절에서 오는 슬픔을 영탄법을 통해 표현하였구나.

⑤ 5연에서는 망부석의 관습적 이미지를 통해 영원한 사랑과 정절을 표현했구나.

해설

3연에서는 하강과 소멸의 이미지, 감정 이입된 이미지를 사용하고 평서문으로 문장을 종결하여 다른 연에 비하여 슬픔의 감정을 가라앉혀 절제하고 있다. 이어서 '떨어져 나가 앉은 산위에서 / 나는 그대의 이름을 부르노라."와 같은 영탄적 어조를 통해 슬픔의 감정이 다시 고조된다.

정답 ③

2 다음 시를 읽고 〈보기〉를 참조하여 이해한 것 중 적절하지 <u>않은</u> 것은?

> 아무도 그에게 수심을 일러준 이가 없기에
> 흰 나비는 도무지 바다가 무섭지 않다.
>
> 청무우밭인가 해서 내려갔다가는
> 어린 날개가 물결에 절어서
> 공주처럼 지쳐서 돌아온다.
>
> 삼월 달 바다가 꽃이 피지 않아서 서글픈
> 나비 허리에 새파란 초생달이 시리다.
>
> — 김기림, 「바다와 나비」

〈보기〉

　김기림은 김소월의 시로 대표되는 1920년대의 시가 감정을 직접적이고 격렬하게 표출했다는 낭만주의적 경향을 비판하면서, 감정을 억제하는 지성적 태도와 이미지를 통해 감정의 절제를 중시하는 시 창작 태도를 주장하는 한편, 자신의 창작 경향을 주지주의라고 칭하며, 이를 옹호했다. 1939년 〈여성〉지에 발표된 「바다와 나비」는 김기림의 주지주의 시가 완숙함에 이르렀다는 평가를 받고 있다.

① 흰색과 푸른색의 색채 대비로 이미지를 선명하게 제시하며 감정을 억제했군.
② '흰 나비'는 '현실과 이상'을 구분하지 못하는 순수하지만 무지한 존재를 상징하는군.
③ 김기림은 「바다와 나비」에서 감정의 직설을 배제하며 객관적으로 이미지를 제시하려 했군.
④ 이 시의 화자는 감정을 억제하며 청자에게 말을 건네는 어조로 '나비의 좌절'을 표현하는군.
⑤ 시각적 심상을 촉각적 심상으로 전이시켜 '흰 나비'의 좌절에서 오는 슬픔을 절제하여 표현했군.

해설

이 시의 청자는 직접 드러나 있지도 않고, 화자 역시 청자에게 말을 건네는 어조
가 아닌 혼자 말하는 독백적 어조를 사용하고 있다.

정답 ④

3 화자와 청자를 고려할 때 다음 시의 어조와 가장 유사한 것은?

내 가슴에 독을 찬 지 오래로다.
아직 아무도 해한 일 없는 새로 뽑은 독
벗은 그 무서운 독 그만 흩어버리라 한다.
나는 그 독이 선뜻 벗도 해할지 모른다 위협하고,

독 안 차고 살아도 머지 않어 너 나 마주 가버리면
억만 세대가 그 뒤로 잠잣고 흘러가고
나중에 땅덩이 모지라져 모래알이 될 것임을
'허무한듸!' 독은 차서 무엇하느냐고?

아! 내 세상에 태어났음을 원망 않고 보낸
어느 하루가 있었던가, '허무한듸!' 허나
앞뒤로 덤비는 이리 승냥이 바야흐로 내 마음을 노리매
내 산 채 짐승의 밥이 되어 찢기우고 할퀴우라 내맡긴 신세임을

나는 독을 품고 선선히 가리라.
막음 날 내 외로운 혼 건지기 위하여.

– 김영랑, 「독을 차고」

① 창 내고자 창을 내고자 이 내 가슴에 창을 내고자
　고모장지 세 살장지 들장지 열장지 암돌저귀 수돌저귀 배목걸새 크
　나큰 장도리로 뚱딱 이 내 가슴에 창을 내고자
　잇다감 답답할 제면 여다져 볼가 하노라

② 시어머님 며느리 마음에 안 들어 부엌 바닥을 구르지 마오
　빚에 받은 며느린가 값에 쳐 온 며느린가 밤나무 썩은 등걸에 회초
　린 난 것 같이 매서운 시아버님 볕 뵌 소똥같이 딱딱하신 시어머님
　삼년 엮은 망태에 새 송곳부리 같은 시누이님 당피 갈은 밭에 돌피
　난 것같이 샛노란 윗꽃 같은 피똥 누는 아들 하나 두고

건 밭에 메꽃 같은 며느리를 어디를 부족타고 하시는고

③ 댁들에 동난지 사오 져 장수야 사자 네 물건 무엇이라 하냐

외골내육(外骨內肉) 양목(兩目)이 상천(上天) 전행후행(前行後行)
소아리 팔족(八足) 대아리 이족(二足) 청장에 아스슥하는 동난지이
사오

장수야 하 거북하게 말하지 말고 게젓이라 하려믄.

④ 귓도리 저 귓도리 불쌍하다 저 귓도리

어린 귓도리 지는 달 새는 밤의 긴 소리 짧은 소리 절절이 슬픈 소
리 저 혼자 울며 지내 비단창 여읜 잠을 정성스럽게도 깨우는구나

두어라, 제 비록 미물이나 무인동방(無人洞房)에 내 뜻 알아주는 건
저뿐인가 하노라

⑤ 발가벗은 아이들이 거미줄 테를 들고 개천으로 왕래하며

발가숭아 발가숭아 저리 가면 죽느리라 이리 오면 사느리라 부르는
것이 발가숭이로다

아마도 세상일이 다 이러한가 하노라

 해설

　화자와 청자를 고려할 때 위의 시는 '나'와 '벗'이 서로 말을 주고받는 '대화체'의
어조로 표현되었다. 이와 같이 서로 말을 주고받는 담화체의 어조로 표현된 것은,
게젓 장수와 행인의 담화로 구성된 ③이다. ⑤는 '발가벗은 아이들'의 말이 인용되
었지만 서로 말을 주고받지 않았다.

정답 ③

4 다음 두 시를 읽고 〈보기〉를 참조하여 반응한 것 중 가장 적절하지 <u>않은</u> 것은?

(가) 영화가 시작하기 전에 우리는
　　일제히 일어나 애국가를 경청한다.
　　삼천리 화려 강산의
　　을숙도에서 일정한 군(群)을 이루며
　　갈대 숲을 이룩하는 흰 새떼들이
　　자기들끼리 끼룩끼룩거리면서
　　자기들끼리 낄낄대면서
　　일렬 이렬 삼렬 횡대로 자기들의 세상을
　　이 세상에서 떼어 메고
　　이 세상 밖 어디론가 날아간다.
　　우리도 우리들끼리
　　낄낄대면서
　　깔죽대면서
　　우리의 대열을 이루며
　　한세상 떼어 메고
　　이 세상 밖 어디론가 날아갔으면
　　하는데 대한 사람 대한으로
　　길이 보전하세로
　　각각 자기 자리에 앉는다.
　　주저앉는다.

　　　　　　　　　　　　　　　　– 황지우, 「새들도 세상을 뜨는 구나」

(나) 서방님 병 들여 두고 쓸 것 없어
　　종로 저자에 머리카락 팔아 배 사고 감 사고 유자 사고 석류 샀다
　　아사자차 잊었구나 오화당(五花糖, 설탕과 같은 사탕)을 잊어버렸
　　구나
　　수박에 숟가락 꽂아 놓고 한숨겨워 하노라.

　　　　　　　　　　　　　　　　– 김수장, 「서방님 병 들여두고」

<보기>

풍자(諷刺)의 '풍(諷)'은 바람이 사물을 통하여 존재를 알리듯 의도를 직접 드러내지 않고 사물에 빗대어 말하거나 에둘러 돌려 말하는 방식의 말하기를 의미하고, '자(刺)'는 창이나 가시로 찔러 공격한다는 의미이다. 이렇게 볼 때 풍자는 대상에 대한 비판과 공격의 태도를 직접 드러내지 않고 사물에 빗대거나 에둘러서 표현하는 방식으로 이해할 수 있다. 반면 해학(諧謔)의 '해(諧)'는 모두 어울려 화합한다는 의미의 말하기이며, 학(謔)은 재미있게 말한다는 의미이다. 따라서 해학은 재미있는 말하기이되 누군가를 공격하여 소외시키는 것이 아니라 화합을 전제로 한 연민과 공감의 재미있는 말하기이다.

① (나)의 중장의 감탄사인 '아자차차'를 기점으로 청중의 웃음이 나오겠구나.

② (나)의 시조를 들은 청중들은 (나)의 화자의 어이없는 실수를 비판하겠구나.

③ (가)의 '애국가를 경청한다'나 '삼천리 화려강산'은 자유가 억압되는 현실을 풍자하기 위한 반어적 표현으로 이해해야겠구나.

④ (가)의 어조가 풍자적이며 냉소적인 데 반하여 (나)의 어조는 해학적인 동시에 화자의 처지에 대한 연민과 공감을 일으키는구나.

⑤ (가)의 화자인 '우리'가 애국가를 들으면서 '낄낄'대는 것을 보니 '애국가를 경청한다'는 표현이 반어적이라는 것을 확실히 알 수 있겠구나.

해설

<보기>에 설명된 '해학'의 원리에 따를 때 청중은 웃음 속에서 화자의 처지를 딱하게 여기는 연민과 공감에 이른다고 봐야 한다.

정답 ②

미학이란 무엇일까? 아름다움에 대한 학문? 뭐 그 정도로 해석하
면 잘한 거야. 아름다움이란 인간이 어떤 사물을 보거나 만지거나
듣거나, 어쨌든 오감을 통해 마음속에 전달되는 느낌 중에서 아름
답다고 표현될 만한 느낌을 말해. 다만 예쁘고 보기 좋은 것만을 '미'라고 정의하
기는 힘들겠지. 기쁨과 슬픔, 숭고함 등 말로 표현할 수는 없지만 오랫동안 가슴
을 울리는 어떤 장면을 본다면. 그것이 겉으로 보기에는 조금 추해 보
여도 아름다움이라고 할 수 있지. 그러니까 아름다움이란 외적인 것뿐
만 아니라 내적인 것. 추상적인 것을 포괄하는 개념이야. 추상적 개념
이라고 해야 더 정확한 표현일 것 같아. 자. 그럼 시에서 미학이란. 아
름다움이란 무엇이고, 또 어떻게 표현되었는지 한 번 공부해 볼까.

시와 미학

1 시적 긴장의 아름다움

시험을 볼 때, 낯선 곳에 처음 갈 때, 여자 친구를 처음 만날 때 느끼는 기분은 어떨까? 낯설고 두렵고 불안하고 설레는 느낌이겠지. 이런 느낌을 긴장이라고 해. 그렇다면 시에서 말하는 긴장이란 무엇이고, 또 어떻게 표현되는지 한 번 알아보자.

긴장(緊張)은 예술, 특히 서정 문학에서 매우 중요하게 여기는 개념이야. '긴장'은 서로 반대되는 말로 합성된 개념이지.

緊 안으로 감기다 **긴**

張 밖으로 뻗다 **장**

긴장 안으로 감기는 힘과 밖으로 뻗어 가는 힘이 서로 맞서는 팽팽한 상태

긴　　　　　　　　장

- extension 외연(外延) ex → 밖으로, tension → 당기는 힘.
- intension 내포(內包) in → 안으로, tension → 감기는 힘.

고무줄이나 스프링을 양쪽으로 잡아당길 때 바깥쪽으로 뻗는 힘을 '장(張)'이라 하고 안쪽으로 감기려는 힘을 '긴(緊)'이라고 해. '긴장'을 영어로 텐션(tension)이라고 하는데, tension은 extension과 intension 두 단어에서 접두사 'ex'와 'in'을 떼어 낸 말이야. 그러니까 텐션, 즉 긴장은 바깥쪽으로 뻗는 힘과 안쪽으로 감기는 힘이 서로 팽팽하게 균형을 이루고 있는 상태를 뜻하는 거야.

(1) 내포와 외연의 긴장미

　내포와 외연의 긴장미는 시의 언어가 고도의 함축성을 지닐 때 객관 세계의 외부 지시적 의미와 시적 세계의 주관적 의미가 대립함으로 형성되는 긴장의 아름다움을 뜻해.

> • **내포와 외연의 긴장**　시어의 의미가 작품 속 화자의 감정과 연관된 주관적 함축적 미를 지니는 동시에 작품 밖의 객관 세계의 외부 지시적 사전적 객관적 의미를 지녀 두 의미가 대립되어 나타나는 언어의 긴장

어느 가을 이른 바람에	於內秋察早隱風未
이에 저에 떨어지는 잎처럼,	此矣彼矣浮良落尸葉如
한 가지에 나고	一等隱枝良出古
가는 곳 모르는구나.	去奴隱處毛冬乎丁

　　　　　　　　　　　　　　　　　　　　　　　　　　　　　　－ 월명사, 「제망매가(祭亡妹歌)」 부분

　위 향가는 신라 경덕왕 때 화랑도에 소속된 스님 월명사가 죽은 누이동생의 제사를 지내며 부른 추모가, 향가 「제망매가」야. 이 향가의 두 번째 구(句)에 해당하는 "어느 가을 이른 바람에 / 이에 저에 떨어지는 잎"은 '이른 가을날 바람에 날려 떨어지는 잎들'을 지시하는 동시에 '젊은 나이에 일찍 죽게 된 누이와 그로 인한 슬픔'의 감정이 내포(内包)되어 있지. 이와 → 외연(外延) 마찬가지로 "한 가지"는 잎이 떨어지는 '나뭇가지'와 '한 부모님의 기운을 받은 남매'라는 서로 반대되는 방향의 의미를 동시에 지녀. 이런 경우의 → 외연(外延) 시어는 바깥쪽을 향해 의미가 뻗어 가는 외연과 안쪽으로 당겨지는 자아의 감정인 내포가 서로 팽팽한 의미의 긴장을 이루는 시어라고 하는 거야. 이를 시어가 지니는 내포와 외연의 긴장이라고 해. ↘ 내포

　예를 하나 더 들어 보자.

> 붉은 해는 서산마루에 걸리었다.
> 사슴의 무리도 슬피 운다.
>
> — 김소월, 「초혼(招魂)」 부분

김소월의 이 시에서 '서산마루에 걸린 붉은 해'나 '슬프게 우는 사슴의 무리' 역시 외부 세계를 지시하며 바깥쪽으로 나아가는 의미와 임의 죽음으로 슬퍼하는 자아의 안쪽을 향한 정서적 의미가 서로 반대되는 방향으로 긴장을 형성하고 있지. 이런 것들을 내포와 외연의 긴장이라고 해.

대립은 문학 예술에서 매우 자주 나오는 중요한 개념이야. 글자 그대로 풀면 서로 반대되는 힘이 맞서는 상태를 말해. 이렇게 서로 맞서는 상태가 균형과 조화를 이룰 때 만들어지는 아름다움을 긴장미(緊張美) 또는 긴장의 미(美)라고 하는 거야.

대립되는

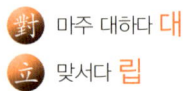

對 마주 대하다 대
立 맞서다 립

대립 서로 대하여 맞서 있음

대 립

(2) 격정적 어조와 절제된 어조의 긴장미

· 격정(激情) 물이 세차게 부딪쳐 흐르는 듯한 감정.
· 분출(奔出) 감정이 분수처럼 강하게 뿜어 나옴.

앞에서 격정과 분출 두 개념을 공부했지.

> 심중(心中)에 남아 있는 말 한 마디는
> 끝끝내 마저 하시 못하었구나.
> 사랑하던 그 사람이여!
> 사랑하던 그 사람이여!
>
> 붉은 해는 서산마루에 걸리었다.

사슴의 무리도 슬피 운다.

– 김소월, 「초혼(招魂)」 부분

김소월의 이 시 두 연에서 "심중(心中)에 남아 있는 말 한 마디는 / 끝끝내 마저 하지 못하였구나. / 사랑하던 그 사람이여! / 사랑하던 그 사람이여!"는 슬픔의 격정이 분출되는 말투이고, "붉은 해는 서산마루에 걸리었다. / 사슴의 무리도 슬피 운다"는 슬픔의 격정이 억제, 절제되는 말투이지. 이렇듯 말하는 주체의 말투가 상반되게 구성될 때, 이 시의 두 연은 격정적 어조와 절제된 어조가 긴장의 미를 이룬다고 하는 거야.

• 상반(相反) 서로[相] 반대된[反].

(3) 이미지(심상)의 대립에서 오는 긴장미

이미지 즉 심상(心象)은 추상의 정서나 생각이 구상(具象)의 언어로 함축되는 것이고, 이러한 구상의 언어를 이미지 또는 **심상**이라고 하는 거야.

• 추상 시에서 전달하고자 하는 주제−관념.

심상 감각에 의하여 느낀 현상이 마음속에서 만들어진 모양. 이미지 또는 표상

↳심   ↳상

心 마음 심
象 모양 상

그러면 '이미지 또는 심상의 대립에서 오는 긴장미'란 무엇을 의미하는 걸까? 이미 눈치를 채고 있었겠지만 다음의 예를 통하여 함께 알아보자.

묻혀서 사는 이의
고운 마음을
아는 이 있을까
저허하노니

• 저허하노니 : 두려워하노니.

꽃이 지는 아침은
울고 싶어라.

— 조지훈, 「낙화」 부분

조지훈의 이 시는 시인들에게 친일 협력을 강요하는 일제 강점기의 상황에서 민족의 양심을 지키고자 서울을 떠나 멀리 깊은 자연에서 '숨어 사는 이'의 지조와 깨끗한 양심을 노래하고 있어. 차분하고 겸손하게…….

은사(隱士)

그런데 '꽃이 지는 아침'은 무엇을 말하는 것일까?

'꽃이 지는 아침'은 시간과 시각의 이미지야. 그런데 말이야. 어둠이 가고 빛이 퍼지는 아침은 잠들어 있던 모든 것들이 마치 죽었다가 살아나듯 깨어나서 활동하는 생성의 시간이야. 하필 이런 생성의 시간에 아름다운 꽃은 죽어서 떨어지네. 그러니까 '꽃이 지는 아침'은 '죽어 있는 듯했던 모든 것들이 살아나는 생성의 시간'과 '홀로 죽어야만 하는 꽃'이 대립을 이

• 생성(生成) 태어나(生) 만
들어진것(成)

아침

죽음, 소멸

루는 이미지로 표현되어 있는 거야. 이에 대해서 '생명의 출발과 죽음의 출발'이라는 상황의 대립에서 오는 '아름다운 것의 죽음에서 오는 슬픔'이 '생성의 시간과 꽃의 죽음이라는 이미지의 대립이라는 긴장미'로 표현되었다고 하는 거야.

"꽃이 지는 아침은 / 울고 싶어라"라는 아름다움! 이해되니? 하하!

다음의 예를 하나 더 살펴 확실하게 이해하자.

하늘노 그만 지쳐 끝난 고원(高原)
서릿발 칼날 진 그 위에 서다.

어데다 무릎을 꿇어야 하나
한 발 재겨 디딜 곳조차 없다.

이러매 눈 감아 생각해 볼밖에

겨울은 강철로 된 무지갠가 보다.

– 이육사, 「절정(絶頂)」 부분

이 시는 일제 강점기에 독립 운동을 했던 이육사 시인의 시야. 절정'이란 앞에서 공부한 '긴장'이 드디어 끊어지고야 말 '마지막 꼭대기'에 이른 상황을 뜻해. 고난의 삶에서 오는 견뎌 내는 정신과 마음의 긴장이 고무줄과 같이 당겨졌다가 곧 끊어져 죽어야 할 것 같은 상황의 '마지막 꼭대기의 정신 상태'가 '절정'의 의미라고 하는 거야.

이육사 시인은 독립운동을 하면서 18~20번의 감옥 생활을 하셨던 분이야. 너희들 졸리니? 만약에 내가 너희 손톱을 다 뽑고 거꾸로 매달아 코에다가 고춧가루 물을 부어 준다면! 끔찍하지 않아? 잠이 좀 깨니?

이육사는 이와 같은, 아니 이보다 심한 고문을 받으며 '숨이 끊어지는 고통의 절정'을 수차례 경험하신 분이야. 생각을 좀 해 봐! 그리고 '너희'와 이 시의 '자아'가 '같은 상황'이라고 생각해 봐! 이 시의 상황과 같을 때 너희는 뭐라고 하겠니?

이육사 시인은 쫓기고 쫓겨 더 이상 도망칠 수 없는 '서릿발 칼날' 위에 서 있는, 숨이 끊어질 것 같은 시련의 절정을 "강철로 된 무지개"라고 하며 이를 극복하고자 했어.

• **강철** 차고 무거움. 단단함 → 현재의 절망
• **무지개** 밝고 따스함. 드넓은 하늘 공간 → 미래의 희망

밤의 절정에서 아침으로 시간이 바뀌고, 겨울의 절정에서 봄으로 계절이 바뀌듯 일제 강점기의 시련의 절정에서 광복은 온다고 믿었던 거지. 그 믿음으로 일제에 굴복하지 않고 이겨 나간 거야. 즉 "강철로 된 무지개"는 서로 반대되는 이미지이고 거기 함축된 의미 역시 반대되지. 이 두 심상을

• 절정(絶頂) 무엇이 끝난[絶] 꼭대기[頂].
• 긴장(緊張) 안으로 감기는 힘[緊] 밖으로 뻗는 힘[張].

나란히 맞서게 놓음으로써 현재의 시련과 절망을 초인과 같은 정신으로
넘어서는 아름다움을 표현한 거야.

- **강철** 무겁고 단단하게 가라앉는 하강 이미지
- **무지개** 부드럽고 경쾌하게 솟는 상승 이미지

이를 '대립적 심상의 **병치(竝置)**'에서 오는 긴장미'라고 하는 거야. 또는
'이미지의 대립에서 오는 긴장의 아름다움'이라고도 하지.

 나란하다 병
놓다 치

 **병치** 나란히 놓음
병 치

시문학의 미적 4범주

모든 예술 작품과 마찬가지로 시의 아름다움은 크게 **숭고(崇高)**의 아름다움, **비장(悲壯)**의 아름다움, **우아(優雅)**의 아름다움, **골계(滑稽)**의 아름다움 등 네 가지로 설명할 수 있어. 이 네 가지는 교육 과정에서 자주 다루는 '미(美)의 개념'이니까 반드시 알아 두어야 할 용어야.

모든 문학 작품에 표현된 작가의 미의식, 즉 숭고미, 비장미(비애미, 비극미), 우아미, 골계미(희극미) 등은 미의식을 본질로 하는 언어 예술 작품인 거야.

국문학자 조동일은 이를 '있어야 할 것'과 '있는 것'을 통해서 설명했지.

'있어야 할 것'은 말하는 주체가 바라는 것, 즉 소망이나 이상을 의미해. 예를 들어서 지금처럼 남과 북이 분단된 상황에서 '있어야 할 것'은 남북의 통일이겠지. 마찬가지로 일제 강점기에는 조국의 해방이, 독재 체제 하에서는 '민주주의'가 '있어야 할 것'이 되겠지.

그리고 '있는 것'은 말하는 주체 곁에 있는 자연물이나 사물 그리고 사람 등을 의미해. 예를 들어서 나무, 꽃, 새, 산, 강, 바다 등이나 사랑하는 애인, 어머니, 아버지 등이 '있는 것'이야.

그런데 '있어야 할 것'과 '있는 것'은 자아의 마음과 일치되기도 하고 어긋나기도 하는데, 그에 따라 숭고, 비장, 우아, 골계 등의 아름다움이 형성되는 거야. 이런 미의식을 구별해서 감상할 수 있는지 현재 시험에서 출제되니까 잘 알아 두어야겠지.

• 자아(自我) : 말하는 주체 또는 주인공.

(1) 숭고미(崇高美) : '있어야 할 것과 자아의 융합'에서 오는 아름다움

일제 강점기에 독립 운동을 했고, 소설가이자 시인이었던 심훈의 시, 「그 날이 오면」은 자아가 '있어야 할 것'을 바라면서 자신의 마음을 이에 융합시키고 있단다. 이런 미의식을 **숭고미(崇高美)**라고 하는 거야.

└→ 그 날 : 이상, 조국의 광복

崇 높이 받들다 숭
高 높다 고
美 아름다움 미

融 녹아들다 융
合 하나로 합하다 합

숭고미 높이 받드는 이상과 조화를 이루는 아름다움
└→고 └→숭 └→미

융합 녹아들어 하나로 합하는 것
└→융 └→합

> 그 날이 오면, 그 날이 오면은
> 삼각산이 일어나 더덩실 춤이라도 추고
> 한강물이 뒤집혀 용솟음 칠 그 날이
> 이 목숨이 끊기기 전에 와 주기만 할 양이면
> 나는 밤 하늘에 날으는 까마귀와 같이
> 종로의 인경을 머리로 들이받아 울리오리다.
> 두개골은 깨어져 산산조각이 나도
> 기뻐서 죽사오매 오히려 무슨 한이 남으오리까.
>
> — 심훈, 「그 날이 오면」

위 시의 자아는 "그 날" 즉 '있어야 할 이상'을 위해서 "두개골이 깨어져 산산조각이 나도" 좋다고 말할 정도로, 높은 이상을 위해서 희생을 각오하고 자신의 마음을 이에 융합시키고 있지. 이럴 때 형성되는 미의식을 **숭고미**라고 하는 거야.

1970년대 민주화 운동을 하다가 사형 선고까지 받았던 김지하의 시 「타는 목마름으로」도 이와 같은 숭고미를 중심으로 삼은 시야.

깊이깊이 새겨지는 네 이름 위에
살아오는 삶의 아픔
살아오는 저 푸르른 자유의 추억
되살아오는 끌려가던 벗들의 피 묻은 얼굴
떨리는 손 떨리는 가슴
떨리는 치떨리는 노여움으로 나무판자에
백묵으로 서툰 솜씨로
쓴다.

숨죽여 흐느끼며
네 이름을 남몰래 쓴다.
타는 목마름으로
타는 목마름으로
민주주의여 만세

— 김지하, 「타는 목마름으로」 부분

민주주의의 이상

이 시의 자아도 '민주주의'라는 '있어야 할 것'을 '타는 목마름으로' 부르 짖으니까, '있어야 할 것'과 자아의 마음이 하나로 융합되는 거야. 이런 미 의식을 뭐라고 했지? 숭고미라고 했어. 잘 알아 둬.

숭(崇)은 '드높다', '우러러 받들다'는 뜻이고, '고(高)'는 '높다'는 뜻이야. 드높은 이상을 추구하는 자아의 마음에서 오는 아름다움, 이것을 바로 숭 고의 아름다움이라고 해.

⑵ 비장미(悲壯美) : '있어야 할 것과 자아의 어긋남'에서 오는 슬픈 아름다움

그러나 '있어야 할 것'은 항상 자아와 융합되는 것이 아니야. '있어야 할 것'이 자아 곁에 없어서 마음이 아프고 슬픈 것이 우리 삶이기도 해.

'있어야 할 것'을 간절히 원하여 바랐으나, 결국 끝내 좌절되고 마는 데서 오는 슬픈 아름다움을 '비장미(悲壯美)'라고 하는 거야. 그래서 '비장미'는 '숭고미'와 반대되는 짝을 이루는 미의식이라고도 하지. 비(悲)는 '슬프다'는 뜻이고, '장(壯)'은 '굳세다, 성하다'는 뜻이야. 그러니까 '크고 성한 슬픔'이 '비장'의 문자대로의 뜻이야.

슬프다 비
굳세다 장
아름답다 미

• 만선(滿船) 가득 차 넘치는(만) 배(선). 생선을 배에 한가득 잡아 돌아오는 어선.

비장미 바라는 바가 어긋나는 데서 오는 크고 성한 슬픔의 아름다움
장 비

　　다음 천승세의 희곡「만선」의 결말을 예로 들어 보자. 작품 속 주인공 곰치는 가난한 어부로서 '만선(滿船)'의 꿈, 즉 '있어야 할 것'을 이루기 위해서 바다로 나아가 '만선'의 꿈을 이루지만 배 주인 임제순에 의해 그 꿈은 좌절되고, 다시 바다에 나아간 곰치는 배가 파손되어 아들과 사윗감을 잃고, 혼자 살아 돌아오게 돼. 이후 '아내 구포댁의 정신 이상', 그로 인한 '갓난아기의 실종' 그리고 딸 '슬슬이'마저 목을 매고 죽게 되면서 이 작품은 파국에 이르지.

구포 댁 : (연방 고개를 내저으며) 애기는 몰라! 나는 몰라!

곰치 : (다시 구포 댁의 목을 졸라 잡고) 이것을 나 죽이고 말 거여! 말 안 할래? 애기 으따가 뒀어? 응? 어서 말을 해!

구포 댁 : 갔다! 가 부렀어!

곰치 : 뭇이? 가?

구포 댁 : 쩌그 뭍으로 갔다! 가 뿌렀어!

곰치 : 배에다 실어 보냈구나! 응?

구포 댁 : 아문! 뭍으로 가야 안 죽어! 지명대로 살라먼 뭍으로 가야 해! 좋은 사람 좋은 부모 만나서 호강하고 크라고! 그래사 지명대로 살 텡께! 쩌그 뭍으로 배나고 갔다!

곰치 : 이런 육실헐! (살기 등등한 눈으로 사정 없이 목을 조른다.)

구포 댁 : (숨이 막혀) 오냐아, 오냐, 주 죽여라아── 어서어── 내 새, 새끼는 갔다! 무, 뭍으로 가 뿌렀어──

곰치 : (목을 조르다 밀어붙이며) 뒈져! 어서 뒈져 뿌럿!

구포 댁 : (뚱——나가떨어지며) 히히히—— 만선인디 내가 으째 죽어? (일어나 마당을 뱅뱅 돌며) 슬슬아아—— 너도 범쇠한테 가그라아—— 범쇠는 배를 부리지야! (닭 쫓는 시 늉을 하며) 어서어! 어서어!

곰치 : (살기 찬 눈으로 구포댁을 바라보고 서선) 저 육실헐 것을! 그냥…… (성삼에 게 급하게) 성삼이! 얼른 가 보세! 붙잡어사제! 엉? 어서!

(중략)

성삼 : 이 바람통에 으뜬 미친 놈이 배를 내줘? 코딱지만한 동네 나루로 배가 밀리는 판에?

곰치 : (나가려다) 헛간에 널쭉 있네! 그놈이라도 타고 쫓아가사제!

(중략)

구포 댁 : 못 가! 못 간다는디! 내버려 두어!

(구포 댁, 허겁지겁 곰치를 쫓아 나가 버린다. 무대엔 침통한 얼굴의 성삼이 혼자 한 동안 넋을 빼고서 있다가 불현듯 바삐 헛간 쪽으로 간다.)

성삼 : (처절하게) 기가 막혀! (꺼질 듯) 후유—— (헛간 속에 발을 들여 놓으며 고개를 설레설레) 이럴 수가! 이럴 수가! (헛간 속으로 들어가 버린다.——사이—— 기겁해서 뒷걸음질쳐 나오며) 엉? 스, 슬슬이가 모, 목을 매고 죽었구나! 슬슬이가 죽었어! 슬슬이가 죽어! (신음처럼) 허어—— 슬슬이가 죽다니—— (성삼, 감전당한 듯 그 자리에 넋빼고 서 있다가 미친 듯이 달음질쳐 나가 버린다.)

성삼 : 곰치야아—— 이놈아아—— 이 만선에 미친 놈아——

(단말마의 울부짖음 무대에 번져 온다. 기세 좋은 바람, 마당을 휩쓸고 지나간다. 긴 장대가 건들건들, 널린 보잘 것 없는 생선들이 따라 건들거린다.)

– 천승세, 「만선」 부분

위의 희곡의 주인공 '곰치'처럼 '있어야 할 것, <u>만선</u>과 자신의 소망이 어긋남에서 오는 '슬픈 아름다움'을 '비장미'라고 하는 거야.
→가난에서 벗어날 꿈

다음 청마 유치환의 대표 시 「깃발」을 통해서 비장미에 대해서 확실하게 알아 두도록 하자.

이것은 소리없는 아우성.
저 푸른 해원(海原)을 향하여 흔드는
영원한 노스탤지어의 손수건.
순정은 물결같이 바람에 나부끼고
오로지 맑고 곧은 이념(理念)의 푯대 끝에
애수(哀愁)는 백로(白鷺)처럼 날개를 펴다.
아! 누구던가
이렇게 슬프고도 애닲은 마음을
맨 처음 공중에 달 줄을 안 그는.

– 유치환, 「깃발」

위 시의 말하는 주체인 자아는 '저 푸른 해원'인 이상을 향해서 가고 싶지만, 푯대에 몸이 묶이어 갈 수가 없는 상황에 있어. '푸른 해원'을 향해 '백로처럼 날개를 펴'보지만, 푯대에 묶여서 가지 못하는 슬픔을 '애수(哀愁)'라고 했고, 다시 '이렇게 슬프고도 애닲은 마음'이라고 했어. 이와 같이 '있어야 할 것'이 자아의 마음과 반대로 어긋나서 좌절될 때의 슬픈 아름다움을 '비장미(悲壯美)'라고 하는 거야.

哀 슬프다 애
愁 시름, 근심 수

悲 슬프다 비
哀 슬프다 애
美 아름답다 미

哀 슬프다 애
傷 아프다 상
美 아름답다 미

애수 슬프고 시름에 싸인 마음
애 수

이러한 비장미를 '비애미(悲哀美)·애상미(哀傷美)'라고도 해. 김소월 시인을 비롯하여 이별을 제재로 한 전통적 서정을 노래한 시에서 이런 미의식이 자주 나타나지.

비애미 슬프고 슬픈 아름다움
비 애 미

애상미 슬프고 아픈 아름다움
비 상 미

(3) 우아미(優雅美) : '있는 것과 자아의 조화'

'우아미'에서 '우(優)'는 '품위 있다, 점잖다, 뛰어나다'는 뜻이고 '아(雅)'는 '바르다, 규범에 맞다, 아름답다'는 뜻이야. '품위가 있다'는 것은 자아의 마음이 맑고 차분하고 지켜야 할 규범에 맞게 조화롭다는 거야. '바르다'는 것은 마음이 휘어지거나 꼬이지 않았다는 것이지. '우아함'은 우리에게 주어진 것, 즉 '있는 것'에 대하여 마음이 차분하게 절제되어 균형 잡힌 맑은 상태의 아름다움을 말해.

우아미 있는 것과 조화를 이루는 품위 있고 바른 아름다움
→ 우 → 아 → 미

> 년닙희 밥 싸두고 반찬으란 장만 마라.
> 닫 드러라 닫 드러라
> 靑蒻笠(청약립)은 써잇노라, 綠蓑衣(녹사의) 가져오냐
> 至匊悤(지국총) 至匊悤(지국총) 於思臥(어사와)
> 無心(무심)흔 白鷗(빅구)는 내 좃는가, 제 좃는가.
>
> — 윤선도, 「어부사시사」 중 '하사(夏詞)·2

위 시가에서 '년닙의 밥' '청약립' '녹사의' '백구' 등은 현재 없는 '있어야 할 것'이 아니야. 현재 자아에게 주어진 '있는 것'이지.

이 시의 자아는 욕심 부리지 않고 현재 주어진 것에 만족하며 이것에 마음의 조화를 이루며, 여기에서 나아가 욕심이 없는 흰 갈매기와 일체가 되는 경지를 절제하여 말하고 있어. 이럴 때 맑고 바른 품격이 느껴지지. 이렇듯 '자아와 있는 것이 맑게 융합하는 데서 오는 아름다움'을 '우아미'라고 하는 거야.

이와 같은 '우아미'는 다음 김동리의 소설 「역마」의 마지막 장면에도 형상화되는데, 여기에서 '있는 것'은 주인공 성기에게 주어진 '역마살의 운명'

 優 품위 있다 우
 雅 아름답다 아
 美 아름다움 미

- 년닙 연꽃 잎사귀.
- 靑蒻笠(청약립) 대나무 껍질로 얽어 짜 만든 삿갓.
- 綠蓑衣(녹사의) 푸른 풀로 엮어 짜 만든 비옷(도롱이).
- 白鷗(빅구) 흰 갈매기.

이야.

> 그의 발 앞에는, 물과 함께 갈리어 길도 세 갈래로 나 있었으나, 화갯골
> 쪽엔 처음부터 등을 지고 있었고, 동남으로 난 길은 하동, 서남으로 난 길
> 이 구례, 작년 이맘때도 지나 그녀가 울음 섞인 하직을 남기고 체 장수 영감
> 과 함께 넘어간 산모롱이 고갯길은 퍼붓는 햇빛 속에 지금도 환히 장터 위
> 를 굽이돌아 구례 쪽을 향했으나, 성기는 한참 뒤 몸을 돌렸다. 그리하여
> 그의 발은 구례 쪽을 등지고 하동 쪽을 향해 천천히 옮겨졌다.
> 한 걸음, 한 걸음, 발을 옮겨 놓을수록 그의 마음은 한결 가벼워져, 멀리
> 버드나무 사이에서 그의 뒷모양을 바라보고 서 있을 어머니의 주막이 그의
> 시야에서 완전히 사라져 갈 무렵하여서는, 육자배기 가락으로 제법 콧노래
> 까지 흥얼거리며 가고 있는 것이었다.
>
> – 김동리, 「역마」 부분

위 「역마」의 주인공 성기에게 '있어야 했던 것'은 '사랑하는 여자 계연과
결혼해서 가정을 꾸리는 것'이었어. 그러나 성기의 뜻과 어긋나 결국 두
사람은 이별을 하게 되지. 그렇다면 여기까지는 '자아와 있어야 할 것이
어긋나는 슬픔의 미'이니까 '비장미' 또는 '비애미'가 형상화된 거야. 그러
나 인용된 부분은 주인공 성기가 '역마살의 운명'(있는 것)을 받아들이고,
'집'을 떠나 '하동 쪽(이곳저곳 떠돌며 사는 삶의 방향)'을 향해 발길을 옮기
며, "육자배기 가락으로 제법 콧노래까지 흥얼거리며 가고 있는 것"처럼
'주어진 운명(있는 것)'과 성기의 마음이 조화를 이루고 있잖아. 이럴 때 형
성되는 '있는 것과 맑게 융합되는 자아의 마음'에서 오는 아름다움을 '우아
미'라고 하는 거야.

⑷골계미(滑稽美 → 희극미) : '있는 것과 자아의 비정상적인 어긋남'

골계는 '있는 것'을 정상적인 상태로 다루지 않고, 비정상적으로 추락시킬 때 나타나는 웃음의 아름다움을 말해. 우리 현실에 이미 주어져 있는 것의 상식과 규범에 어긋나는 과장이나 익살 등으로 '정상적으로 있는 것'을 느닷없이 비정상적으로 추락시킬 때 나타나는 재미와 즐거움, 그것이 바로 골계미(희극미)야. '현실에 주어진 규범과 균형을 이루며 맑게 조화된 아름다움인 우아미'와는 반대되는 짝을 이루는 미의식이 '골계미'인 셈이지.

골계미 정상적인 것을 어지럽히거나 정상적인 것에서 갑자기 이탈하는 데서 오는 웃음의 아름다움

'골(滑)'은 '어지럽다, 미끄럽다'는 뜻을, '계(稽)'는 '머무르다, 규범, 준칙'의 뜻을 지니고 있어. 그러니까 '골계'는 상식을 뒤집어엎고, 정상적인 것이 미끄러져 넘어지게 하는 상태에서 재미와 즐거움을 추구하는 미의식을 말하는 거야. 만약 내가 무대에 서 있는데, 상의는 와이셔츠에 넥타이를 매고 있지만, 아래에는 속옷 차림이라고 생각해 봐. 이때 조명이 위를 비추었다가, 갑자기 아래를 비춰 주면 부조화가 형성되고 웃음이 터져 나올 거야. 이런 것을 '골계'라고 하고, 이런 미의식을 '골계미'라고 하는 거야.

> 말뚝이 : (가운데쯤에 나와서) 쉬이. (음악과 춤 멈춘다.) 양반 나오신다 ! 양반이라고 하니까 노론(老論), 소론(少論), 호조(戶曹), 병조(兵曹), 옥당(玉堂)을 다 지내고 삼정승(三政丞), 육판서(六判書)를 다 지낸 퇴로 재상(退老宰相)으로 계신 양반인 줄 아지 마시오. 개잘량이라는 '양'자에 개다리소반이라는 '반'자 쓰는 양반이 나오신단 말이오.
>
> ─ 작자 미상, 「가면극」 부분

위 민속극에서 '양반'은 정상적인 양반과 달리 몹시 어리석은 바보로 등

장해. 이 양반을 '말뚝이'가 "개잘량이 양자에 개다리소반이라는 반자 쓰는 양반"이라고 추락시키지. 이럴 때 웃음이 형성되는데, 이 '양반'은 '말뚝이'의 말에 속아서 춤을 추며 즐거워해. 이와 같이 주어진 현실 속에서 자아가 상식과 규범에 갑자기 비정상적 부조화를 이룰 때 이루어지는 웃음과 재미를 골계미라고 하는 거야.

다음 사설시조 하나를 더 볼까?

싀어마님 며느라기 낫바 벽바닥흘 구루지 마오
빗에 바든 며나린가, 갑세 쳐온 며나린가 밤나무 서근 등걸에 휘초리나 갓치 앙살신 싀아바님, 볏 뷘 쇳똥갓치 되죵고신 싀어마님, 삼년 겨론 망태에 새 송곳 부리갓치 뾰족하신 싀누이님, 당피 가론 밧틔 돌피 나니갓치 샛노란 욋곳 갓튼 핏똥 누는 아들 하나 두고,
건 밧틔 메곳 갓튼 며나리를 어듸를 낫바 하시는고.

— 작자 미상, 사설시조

이 시조는 시아버지 · 시어머니 · 시누이 · 남편 등을 각각 '회초리 · 쇠똥 · 송곳 · 잡초'에 비유하여 정상적인 것과 거리가 먼 즉, 상식에서 추락시켜 웃음을 불러일으키지. 이런 미의식을 골계미라고 부르는 거야.

'골계'는 '풍자와 해학'으로 이루어지므로 앞에서 배웠지만 다시 한 번 '풍자와 해학'에 대하여 정리하고 넘어가자.

- 풍자(諷刺 →諷 : 돌려 말하다, 刺 : 칼로 찌르다) '풍(諷)'은 눈에 안 보이는 바람처럼 자신의 의도를 직접 드러내지 않고 숨기거나 돌려서 말한다는 뜻이야. '자(刺)'는 칼로 찔러 공격한다는 뜻이지. 그러니까 '풍자'는 공격이나 비판의 의도를 직접 드러내지 않고 숨기거나 돌려서 재치 있게 말하는 방법을 말해.
- 해학(諧謔→ 諧 : 모두 어울리게 말하다, 謔 : 말로 희롱짓다, 익살떨다) 해학은 재치 있거나 익살스럽게 말하여 웃음을 일으키지만, 누군가를 공격하고자 하는 것이 아니라 웃음 속에 모두 어울려 조화를 이루게 말하는 법을 말해.

골계미는 위와 같은 '풍자'나 '해학'으로 말하는 데서 형성되는 미의식이니까, 풍자와 해학의 뜻에 대해서 잘 알아 두기 바란다, 응!

(5) 미의 4범주 도표 : '있어야 할 것 · 있는 것'과 '자아'의 관계

이상에서 공부한 네 가지의 미의식을 도표로 나타내면 다음과 같아. 위의 설명과 함께 잘 정리해 둘 것!

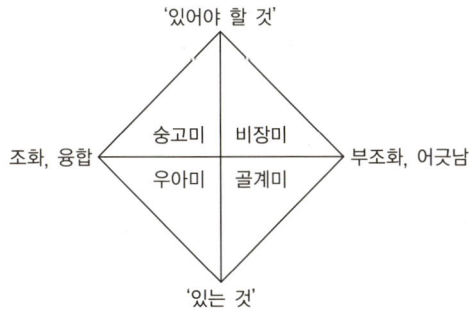

1 다음 시를 읽고 〈보기〉를 참조할 때 다음 시의 밑줄 친 부분에 대해 가장 잘 이해한 것은?

꽃이 지기로소니 / <u>바람을 탓하랴.</u>

주렴 밖에 성긴 별이 / 하나 둘 스러지고

귀촉도 울음 뒤에 / 머언 산이 다가서다.

촛불을 꺼야 하리 / 꽃이 지는데

꽃 지는 그림자 / 뜰에 어리어

하이얀 미닫이가 / 우련 붉어라.

묻혀서 사는 이의 / 고운 마음을
아는 이 있을까 / 저허하노니

<u>꽃이 지는 아침은</u> / 울고 싶어라.

– 조지훈, 「낙화」

　　조지훈의 「낙화」에서 말하는 주체인 자아는 '은자(隱者)'이다. 이 시의 화자는 마음과 삶의 아름다움이 세상에서 훼손되거나 더럽혀지는 것이 두려워 자연 깊숙이 묻혀서 살고 있다. 시인은 이를 '묻혀서 사는 이의 고운 마음'이라고 했다. 이 마음이 훼손되거나 더럽혀지는 것이 두려워 자아는 자신이 묻혀서 사는 곳과 자신의 마음을 '알고 찾아오는 이'를 두려워한다. 자아는 무슨 고민이 있는지 날이 밝도록 잠을 이루지 못하다가 꽃이 지는 것을 보게 된다. 바람에 꽃이 지는 것은 자연의 섭리이므로 탓하지 않는다고 했지만 '아침에 지는 꽃'은 저절로 서글픔을 자아낸다. 조지훈은 이를 "꽃이 지는 아침은 / 울고 싶어라"라는 대립적 심상을 통해 긴장감 있게 표현하였다.

① 소멸의 시간에 생성되는 아름다움의 감동이 극에 이르러 서글픔으로 표현된 것이군.

② 꽃에 부는 '바람'을 원망하지 않으려 했지만 꽃이 지자 결국 '바람'을 원망할 수밖에 없다는 의미이군.

③ 이 시의 화자는 자신의 고운 마음을 훼손하려는 누군가가 찾아올 것 같은 아침이 서글퍼진 것이군.

④ 생성의 시간 이미지와 아름다운 생명의 소멸 이미지가 조화를 이루는 우아한 아름다움을 표현한 것이군.

⑤ '바람에 지는 꽃'은 자연 현상이지만, 잠든 것이 깨어나는 생성의 시간에 아름다운 생명의 죽음이 서로 대립되는 긴장 속에서 슬픈 감정이 절로 일어난 것이군.

해설

　　"꽃이 지는 아침"은 '아름다운 생명(꽃)의 소멸'과 '잠든 생명이 깨어나 활동하는 생성의 시간'이 대립적으로 통합된 이미지이다. 화자는 '생성과 소멸'의 대립된 이미지를 통합함으로써 '울고 싶은 마음'을 미학적으로 자연스럽게 표현하였다.

정답 ⑤

2 다음 〈보기〉를 읽고 (가)의 시의 밑줄 친 부분에 대한 이해로 가장 적절하지 않은 것은?

---〈보기〉---

미는 조화를 근본으로 한다. 무엇이 아름다운 것은 그것이 균형 있게 '조화'를 이루고 있기 때문이다. 서로 어긋나 모순되거나 대립될 때, 이것을 통합시켜 균형 있게 조화를 이룰 때의 아름다움을 '긴장미'라고 한다.

(가) 매운 계절의 채찍에 갈겨
　　　마침내 북방으로 휩쓸려 오다.

　　　하늘도 그만 지쳐 끝난 고원
　　　서릿발 칼날진 그 위에 서다.

　　　어디다 무릎을 꿇어야 하나
　　　한 발 재겨 디딜곳조차 없다.

　　　이러매 눈 감아 생각해 볼밖에
　　　<u>겨울은 강철로 된 무지갠가 보다.</u>

　　　　　　　　　　　　　　　　　－ 이육사, 「절정」

① 이 시의 화자는 시련의 극한에 이르러 현재의 시련을 미래의 황홀로 통합시켜내는군.

② 이 시의 화자에게 '겨울의 절정'은 현재의 시련과 미래의 황홀이 갈라지는 지점의 역설적 의미로 통합되었군.

③ 지나치게 이질적인 두 이미지를 통합함으로써 대립에서 오는 긴장이 약화돼 미적 감동이 반감되는군.

④ '강철로 된 무지개'는 차고 단단한 하강의 이미지와 밝고 경쾌한 상승의 이미지가 역설적으로 통합된 이미지이군.

⑤ '강철로 된 무지개'의 역설적 이미지에서 매우 이질적인 두 이미지가 통합되는 긴장의 아름다움을 느낄 수 있겠군.

해설

　〈보기〉의 설명에 입각할 때, 이질적인 두 이미지를 통합하면 대립에서 오는 긴
장이 약화되는 것이 아니라 강화되어 긴장의 미적 감동은 오히려 증폭된다.

정답 ③

3 다음 시의 중심된 미적 범주에 대한 이해로 적절한 것은?

> 서방님 병 들여 두고 쓸 것 없어
>
> 종로 저자에 머리카락 팔아 배 사고 감 사고 유자 사고 석류 샀다 아
> 자차차 잊었구나 오화당(五花糖, 설탕과 같은 사탕)을 잊어버렸구나
> 수박에 숟가락 꽂아 놓고 한숨겨워 하노라.
>
> – 김수장, 「서방님 병 들여두고」

① 숭고미
② 골계미
③ 우아미
④ 비장미
⑤ 애상미

골계미는 주어져 있는 것이 정상적인 상태에서 갑자기 비정상적인 상태로 일탈할 때 벌어지는 돌발적 표현에서 발생되는 웃음의 미학이다. 이 시조의 화자는 병든 서방님을 위하여 머리카락을 잘라 내다 팔아 "배 사고 감 사고 유자 사고 석류"를 사는 부녀자의 도에 충실한 면모를 진지하게 말하다가 갑자기 "아자차차 잊었구나 오화당을 잊어버렸구나"와 같이 몹시 덜렁대는 엉뚱한 면모를 드러내 웃음을 유발하고 있다.

정답 ②

4 다음 시가를 내용상 3연으로 나눌 때 각각 형성된 미의식을 순서대로 정리한 것은?

> 서경(西京)이 아즐가 서경(西京)이 셔울히 마르는
>   위 두어렁셩 두어렁셩 다링디리
> 닷곤딕 아즐가 닷곤딕 쇼셩경 고외마른
>   위 두어렁셩 두어렁셩 다링디리
> 여히므론 아즐가 여히므론 질삼뵈 브리시고
>   위 두어렁셩 두어렁셩 다링디리
> 괴시란딕 아즐가 괴시란딕 우러곰 좃니노이다.
>   위 두어렁셩 두어렁셩 다링디리
>
> 구스리 아즐가 구스리 바회예 디신들
>   위 두어렁셩 두어렁셩 다링디리
> 긴히쏜 아즐가 긴힛쏜 그츠리잇가 나는
>   위 두어렁셩 두어렁셩 다링디리
> 즈믄히를 아즐가 즈믄히를 외오곰 녀신들
>   위 두어렁셩 두어렁셩 다링디리
> 신(信)잇든 아즐가 신(信)잇든 그츠리잇가 나는
>   위 두어렁셩 두어렁셩 다링디리
>
> 대동강(大同江) 아즐가 대동강(大同江) 너븐디 몰라셔
>   위 두어렁셩 두어렁셩 다링디리
> 빅내여 아즐가 빅내여 노혼다 샤공아
>   위 두어렁셩 두어렁셩 다링디리
> 네가시 아즐가 네가시 럼난디 몰라셔
>   위 두이링셩 두어딩셩 나링니리
> 녈빅예 아즐가 녈빅예 연즌다 샤공아
>   위 두어렁셩 두어렁셩 다링디리
> 대동강(大同江) 아즐가 대동강(大同江) 건넌편 고즐여
>   위 두어렁셩 두어렁셩 다링디리

> 빗타들면 아즐가 빗타들면 것고리이다 나는
> 위 두어렁성 두어렁성 다링디리
>
> — 작자 미상, 「서경별곡」

① 골계미, 우아미, 숭고미
② 비장미, 숭고미, 골계미
③ 우아미, 우아미, 골계미
④ 숭고미, 우아미, 골계미
⑤ 숭고미, 골계미, 우아미

 해설

　「서경별곡」의 1연은 "있어야 할 임"이 떠나가는 상황과 임과 함께 하려는 자아의
태도가 어긋나는 데서 오는 비장미, 2연은 "임과의 영원한 사랑을 있어야 할 것"으
로 보고 이에 대해 믿음을 제시하여 조화를 이루는 숭고미, 3연은 정상에서 일탈
하여 사공을 원망하는 한편 사공에게 서짓말을 하여 임을 붙잡아 두고자 하는 한
편 떠나가는 임에 대한 불안과 질투를 드러내는 돌연한 부조화를 이루는 골계미로
표현되었다.

정답 ②

5 다음 시를 읽고 이 시에 나타난 미의식을 적절하게 이해한 것은?

> 사랑을 잃고 나는 쓰네
>
> 잘 있거라, 짧았던 밤들아
> 창밖을 떠돌던 겨울 안개들아
> 아무것도 모르던 촛불들아, 잘 있거라
> 공포를 기다리던 흰 종이들아
> 망설임을 대신하던 눈물들아
> 잘 있거라, 더 이상 내 것이 아닌 열망들아
>
> 장님처럼 나 이제 더듬거리며 문을 잠그네
> 가엾은 내 사랑 빈집에 갇혔네
>
> — 기형도, 「빈집」

① 있어야 할 사랑을 잃어버린 부조화의 상황에 화자가 처해 있으므로 비장미가 창조된 것이다.

② 사랑하는 임을 잃었지만 임에 대한 사랑을 계속 믿고 있다는 점에서 숭고미가 창조된 것이다.

③ 대상을 비판하거나 공격하지 않고 자신에 대한 연민과 공감을 유발한다는 점에서 해학미가 창조된 것이다.

④ 사랑하는 임을 잃고 '빈집'에 갇힌 자신의 상태와 균형 있는 조화를 이룬다는 점에서 우아미가 창조된 것이다.

⑤ 대상을 의인화하여 대상과의 정상적 상태에서 돌연 일탈하는 부조화를 이룬다는 점에서 골계미가 창조된 것이다.

해설

　'있어야 할 높은 이상이나 바람'에 화자의 태도가 조화를 이루면 숭고미, 어긋나
좌절되면 '비장미'가 창조되는 것이다. 이 시의 미학은 '사랑하는 사람과의 이별'에
서 오는 소망의 좌절이 나타나는 비장미가 주된 미적 의식으로 창조되었다.

정답 ①

다음 시를 읽고 물음에 답하시오.

님은 갔습니다. 아아, 사랑하는 나의 님은 갔습니다.

푸른 산빛을 깨치고 단풍나무 숲을 향하여 난 작은 길을 걸어서, 차마 떨치고 갔습니다.

황금(黃金)의 꽃같이 굳고 빛나든 옛 맹서(盟誓)는 차디찬 티끌이 되어서 한숨의 미풍 (微風)에 날아갔습니다.

날카로운 첫 키스의 추억(追憶)은 나의 운명(運命)의 지침(指針)을 돌려놓고, 뒷걸음쳐서 사라졌습니다.

나는 향기로운 님의 말소리에 귀먹고, 꽃다운 님의 얼굴에 눈멀었습니다.

사랑도 사람의 일이라, 만날 때에 미리 떠날 것을 염려하고 경계하지 아니한 것은 아니지만, 이별은 뜻밖의 일이 되고, 놀란 가슴은 새로운 슬픔에 터집니다.

그러나 이별을 쓸데없는 눈물의 원천(源泉)을 만들고 마는 것은 스스로 사랑을 깨치는 것인 줄 아는 까닭에, 걷잡을 수 없는 슬픔의 힘을 옮겨서 새 희망(希望)의 정수박이에 들어부었습니다.

우리는 만날 때에 떠날 것을 염려하는 것과 같이, 떠날 때에 다시 만날 것을 믿습니다.

아아, 님은 갔지마는 나는 님을 보내지 아니하였습니다.

제 곡조를 못 이기는 사랑의 노래는 님의 침묵(沈默)을 휩싸고 돕니다.

– 한용운, 「님의 침묵」

6 이 시에 순서대로 나타나는 미의식의 유형은?

① 비장미, 숭고미

② 우아미, 골계미

③ 숭고미, 골계미

④ 숭고미, 우아미

⑤ 골계미, 우아미

이 시의 자아, '나'에게 '있어야 할 것'? 그렇지! '임'이 '있어야 할 것'이야. 그러나 임이 떠나가서 없기 때문에 '있어야 할 것'과 자아의 마음이 어긋나게 되어, 비장미가 형성되겠지. 그런데, 7행의 '그러나'에서부터 미래에 '임'이 다시 돌아와 만나게 될 것을 굳게 믿고 바라며, '제 곡조를 못 이기는 사랑의 노래'를 부르며 이 시의 시상 전개는 매듭이 지어진 거야. 그러니까 '그러나' 이후부터 '있어야 할 것'(임)과 자아의 마음이 융합되어 '숭고미'가 형성되는 거야. 즉 이 시의 미의식의 전개는 '비장미 → 숭고미'로 전환되는 짜임이야. 정답은 ①번이야.

이와 같이 '비장미'에서 '숭고미'로 전환되는 우리 시가의 원형은 월명사가 지은 사뇌격 향가 「제망매가」이지.

생사(生死) 길흔	生死路隱
이에 이샤매 머뭇그리고	此矣有阿米次肹伊遺
나는 가느다 말ㅅ도	吾隱去內如辭叱都
몯다 니르고 가느닛고.	毛如云遣去內尼叱古
어느 ᄀᆞᄉᆞᆯ 이른 ᄇᆞᄅᆞ매	於內秋察早隱風未
이에 뎌에 ᄯᅳ러딜 닙ᄀᆞᆫ,	此矣彼矣浮良落尸葉如
ᄒᆞᄃᆞᆫ 가지라 나고	一等隱枝良出古
가논 곧 모ᄃᆞᆫ온뎌.	去奴隱處毛冬乎丁
아야, 미타찰(彌陀刹)에 맛보올 나	阿也, 彌陁刹良逢乎吾
道 닦아 기드리고다.	道修良待是古如

— 월명사, 「제망매가」

월명사의 「제망매가」는 '기서결'의 3단 구성으로 짜인 시가야.

「제망매가」는 '기'(1~4행)에서 '서'(5~8)까지는 '어린 누이를 잃은 슬픔'의 비장미가 깊어지다가, 마지막 '결'(9~10행)은 다시 누이를 만날 수 있다는 소망과 의지로 '있어야 할 것과 자아의 마음이 융합되는 숭고미'로 미의식이 전환되는 짜임이야.

정답 ①

모든 예술 작품은 인간의 생각 및 감정을 각 예술 영역의 독창적 양식이나 기법으로 표현함으로써 사람들에게 공감과 치유의 경험을 제공하는 것을 목적으로 한다고 할 수 있어. 예술 작품의 목적인 공감과 치유의 정도를 깊게 하기 위해서는 여러 가지 요소가 필요하지만 무엇보다 구성이 중요해. 좋은 재료만으로는 좋은 집을 지을 수 없듯이 시도 건축물과 마찬가지로 구조나 구성이 필요하지. 시인이 가지고 있는 생각과 느낌을 오롯이 표현하기 위해 필요한 구성은 무엇이고, 그것을 어떻게 짠개해 나가야 하는 것인지 함께 알아보자.

시상의
구성과 전개

시상의 구성과 전개

1

시상(詩想)은 한 편의 시에서 시인이 말하고자 하는 생각과 감정이 담긴 것을 말해. 간단하게 줄여 말하면 '시에 들어있는 사상이나 감정'을 말하지. 시인은 자신의 생각과 감정을 효과적이고 아름답게 전달하기 위해 '시상'에 알맞은 틀을 짜고 얽어서 시상을 펼쳐 가는데, 이를 '시상의 구성과 전개'라고 해.

詩 시 **시**
想 생각 **상**

시상 시인이 시에서 말하고자 하는 중심된 생각이나 느낌
　　　　⤷시　　　　　　　　　　⤷상

(1) 시상의 2단 구성과 전개

시상의 2단 구성은 시의 가장 간단한 구성법이라고 할 수 있지. '전반부'와 '후반부'의 2단 구성을 대표하는 시가 바로 「구지가(龜旨歌)」야.

거북아, 거북아	龜何龜何 (구하구하)
머리를 내어라.	首其現也 (수기현야)
아니 내 놓으면	若不現也 (약불현야)
구워서 먹으리.	燔灼而喫也 (번작이끽야)

－ 작자 미상, 「구지가」

「구지가」는 나라를 다스릴 왕을 내려 달라고 하늘에 대고 주문을 외우듯 술법을 부려 노래하는 주술시가(呪術詩歌)야. 주술(呪術)은 소원을 이루거나 불행을 막으려고 주문을 외거나 술법을 부리는 일을 말해. 이와 같은 주술의 목적에 맞게 「구지가」는 '명령'과 '위협'의 간단한 2단 구성으로 짜인 거야.

• 주술(呪術) 입으로 소원을 비는[呪] 방법이나 기술[術].

> 거북아, 거북아 / 머리를 내어라. **전반부(명령)**
> 아니 내 놓으면 / 구워서 먹으리. **후반부(위협)**

위의 「구지가」는 2단 구성으로 '소망'이 점점 강해지는 방식으로 전개한 거야. 점점 강하게 표현하는 방법을 '**점층법**'이라고 해. 전반부의 소망이 한층 더 강렬해졌기 때문에 후반부에서는 '아니 내 놓으면 / 구워서 먹으리'라는 위협으로 나타난 거야.

점층법 감정과 의미를 점점 층을 쌓아 올리듯 강하게 높이거나 확장시켜 표현하는 방법 ↘점 ↘층

 漸 점점 점
層 층을 쌓아 올리다 층

현대시에서도 다음과 같은 2단 구성을 사용해.

> 물 먹는 소 목덜미에
> 할머니 손이 얹혀졌다.
> 이 하루도
> 함께 지났다고,
> 서로 발잔등이 부었다고,
> 서로 적막하다고,
>
> — 김종삼, 「묵화(墨畫)」

김종삼의 「묵화」는 3단 구성으로 보기도 하는데, 내용상으로는 2단 구

성이야.

　전반부는 힘들게 밭을 갈고 물을 먹는 소를 쓰다듬는 할머니의 모습을 묘사했고, 후반부는 할머니의 손길에 담긴 '쓸쓸함 속에서 서로 고생하고 서로 의지하는 마음'을 표현한 거야. 후반부에서 '함께 지났다고', '발잔등이 부었다고', '적막하다고'와 같은 서술 어미를 '같은 소리'로 반복하는 각운의 운율을 썼네. 그래서 서로 **연민(憐憫)**하는 감정의 교감을 점층적으로 강조한 거야. 　　　　　　　　　　　점점 한층 깊게 ↙

憐 불쌍히 여기다 **연**
憫 가엾게 여기다 **민**

연민 남의 아픔이나 슬픔을 불쌍히 여기거나 가엾게 여기는 것
　　　　　　　　　↘연　　　　　　↘민

(2) 시상의 4단 구성과 전개

　시상의 4단 구성은 시상을 일으키는 기(起), 시상이 일어난 기(起)를 한 층 깊이 이어 나가는 승(承), 시상을 매듭짓기 위해 시상을 전환시키는 전 (轉), 시상을 매듭짓는 결(結)의 '기승전결(起承轉結)'의 구성이 이를 대표 하지.

起 일어나다 **기**
承 잇다 **승**
轉 변하다 **전**
結 매듭지다 **결**

빗물 마르는 긴 강둑의 풀빛 새파래지는데	→ 기
그길 보내는 님포엔 슬픈 노래 러시네	→ 승
대동강 물은 언제나 마르려나	→ 전
이별 눈물 해마다 푸른 강물에 떨어지는데	→ 결

雨歇長堤草色多 (우헐장제초색다)

정지상의 「송인」은 한 행이 7자로 된 4행의 기승전결로 짜인 한시(漢詩) 인데, 이를 '칠언절구'라고 해. 기구(起句)의 '다', 승구(承句)의 '가' 결구(結 句)의 '파' 등은 모두 양성 모음 'ㅏ' 음운이 반복되는 **각운**이야. 그런데 전 구(轉句)는 시상을 변화시키는 곳이므로 '운'자를 사용하지 않은 거지.

기구는 비가 멈추자 더욱 파래진 대동강가의 푸른 풀빛을 보며 벗을 보 내는 슬픔이 시각적 심상으로 묘사되고, 이 감정이 승구에 이어져 슬픈 노 래로 터져 나온다고 한 거야. 전구에서는 시상의 방향을 바꿔야 하므로 갑 자기 대동강 물이 언제 마르냐고 묻고, 결구에서는 대동강 물이 마르지 않 는 것은 시퍼런 강물에 흘러 떨어지는 자신의 눈물 때문이라고 시상을 매 듭지은 거야.

이와 같은 '기승전결'의 4단 구성은 현대시에도 변형되어 전통으로 이어 져 왔지.

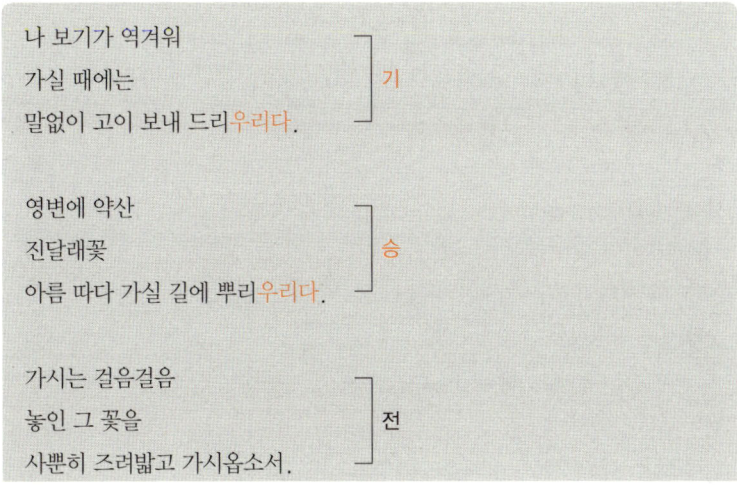

나 보기가 역겨워

가실 때에는 　　　　　　　기

말없이 고이 보내 드리우리다.

영변에 약산

진달래꽃 　　　　　　　승

아름 따다 가실 길에 뿌리우리다.

가시는 걸음걸음

놓인 그 꽃을 　　　　　　　전

사뿐히 즈려밟고 가시옵소서.

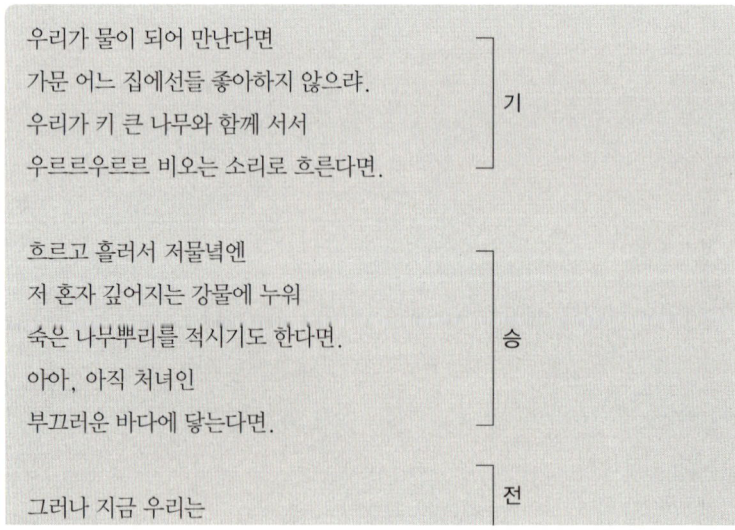

나 보기가 역겨워
가실 때에는
죽어도 아니 눈물 흘리우리다.   결

— 김소월, 「진달래꽃」

김소월의 「진달래꽃」도 한시의 절구처럼 기승전결의 4단 구성으로 짜였네! 기구(起句)의 '드리우리다', 승구(承句)의 '뿌리우리다', 결구(結句)의 '흘리우리다' 등은 모두 '～우리다'의 **각운**으로 끝맺고, 전구(轉句)에서는 '가시옵소서'로 전환시킴으로써 한시의 절구와 같은 '운'을 사용한 거야. 1연인 '기'에서는 이별의 상황을 상상하며 임을 위해 보내 주겠다는 '체념', 2연의 '승'에서는 북받치는 슬픔을 눌러 참고 꽃을 뿌려 주며 임의 떠남을 '축복'하는 마음, 3연의 '전'은 짓이겨지는 아픔을 견디며 '희생'하는 아픈 마음을 알아 달라는 부탁, 4연의 '결'은 사실은 몹시 슬프지만 참고 견디겠다는 '다짐'으로 매듭지은 거야.

강은교의 「우리가 물이 되어」를 통해 기승전결의 구성을 더 알아보자.

우리가 물이 되어 만난다면
가문 어느 집에선들 좋아하지 않으랴.   기
우리가 키 큰 나무와 함께 서서
우르르우르르 비오는 소리로 흐른다면.

흐르고 흘러서 저물녘엔
저 혼자 깊어지는 강물에 누워
숙은 나무뿌리를 적시기도 한다면.   승
아아, 아직 처녀인
부끄러운 바다에 닿는다면.

그러나 지금 우리는   전

불로 만나려 한다.
벌써 숯이 된 뼈 하나가
세상에 불타는 것들을 쓰다듬고 있나니,

만 리 밖에서 기다리는 그대여
저 불 지난 뒤에
흐르는 물로 다시 만나자.
푸시시푸시시 불 꺼지는 소리로 말하면서
올 때는 인적 그친
넓고 깨끗한 하늘로 오라.

결

– 강은교, 「우리가 물이 되어」

위의 강은교의 시는 총 5연이지만, 내용상으로 4단 구성으로 나누어 볼수 있어. 1연의 '기'는 심한 가뭄에 비가 되어 만나기를 소망하는 내용이고, 2연의 '승'은 이를 이어받아 강물에서 바다로 가면서 가뭄 때문에 죽어가는 것들을 살려 내기를 소망하는 내용이야. 그러나 3연의 '전'은 소망과 반대로 펼쳐지는 불타는 현실에 대한 안타까움과 죽어가는 것들에 대한 연민의 감정으로 시상이 바뀌었어. 그리고 4, 5연인 '결'은 '그대'와 불이 지나고 난 뒤에 '불'이 꺼지는 새로운 사랑의 세상에 '물'로 만나기를 소망하는 다짐과 의지로 시상을 매듭짓고 있지.

• 연민(憐憫) 남의 아픔이나 슬픔을 불쌍히 여기거나[憐] 가엾게 여기는[憫] 것.

(3) 시상의 3단 구성과 전개

시상의 3단 구성은 시상이 일어나는 '기(起)', 일어난 시상을 이어 가는 '서(敍)', 지금까지 앞에 전개된 시상들을 합하여 한 번에 매듭짓는 '낙(落) 또는 결(結)'의 3단 구조를 말하는 거야. 이와 같은 3단 구성의 시상 구조를 '기서락' 또는 '기서결'의 3단 구성이라고 하는 거야.

우리 시가의 '기서락(기서결)' 3단 구성은 한시의 '기승전결'의 4단 구성과 달리, 전구(轉句)를 생략하거나 '전구(轉句)와 결구(結句)'를 세 번째 낙구(落句)에 함께 합하여 매듭지음으로써 감정을 보다 긴장되게 압축시켜 강한 여운을 남기는 구성이야. 너무 전문적으로 나아갔나? 일단은 '기서결(기서락)의 3단 구성'을 알아 두도록 해.

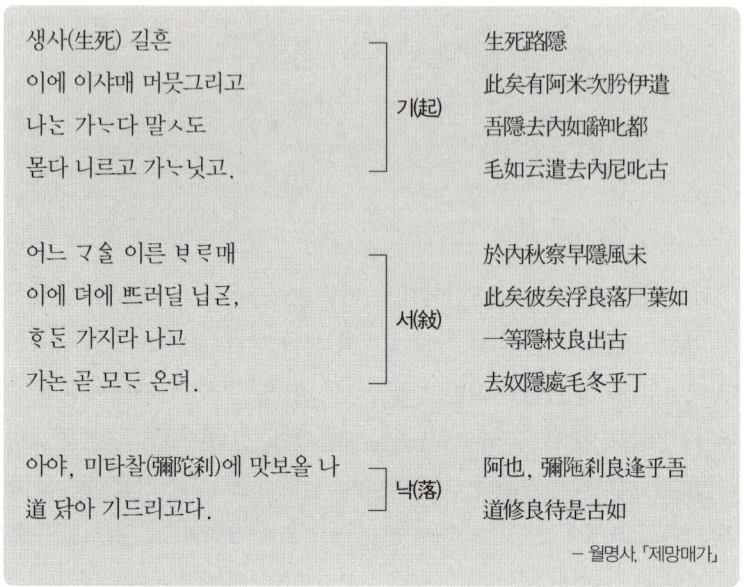

생사(生死) 길흔
이에 이샤매 머믓그리고   기(起)
나는 가ᄂᆞ다 말ㅅ도
몯다 니르고 가ᄂᆞ닛고.

生死路隱
此矣有阿米次肹伊遣
吾隱去內如辭叱都
毛如云遣去內尼叱古

어느 ᄀᆞ을 이른 ᄇᆞᄅᆞ매   서(敍)
이에 뎌에 ᄠᅳ러딜 닙ᄀᆞᆫ,
ᄒᆞᄃᆞᆫ 가지라 나고
가논 곧 모ᄃᆞ 온뎌.

於內秋察早隱風未
此矣彼矣浮良落尸葉如
一等隱枝良出古
去奴隱處毛冬乎丁

아야, 미타찰(彌陀刹)에 맛보올 나   낙(落)
道 닷가 기드리고다.

阿也, 彌陁刹良逢乎吾
道修良待是古如

— 월명사, 「제망매가」

• **사뇌격** 향가 가운데 10구체로 된 것을 이르는 말.

월명사의 「제망매가」는 시서결(기서락)의 3단 구성으로 짜인 사뇌격 향가야. 매우 '**정제**된 형식'이지.

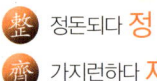
整 정돈되다 **정**
齊 가지런하다 **제**

정제 정돈되고 가지런함
↳정   ↳제

어느 날 갑자기 어린 나이에 뜻밖에 찾아온 죽음으로 '나는 죽는다'는 말도 못다 이르고 죽은 누이동생에 대한 슬픔이 직설적 영탄법으로 터져 나온 부분이 4행까지의 '기' 부분이야. 여기서 일어난 슬픔과 그리움이 '서'에 이어져서, 한 부모님의 피를 받아 남매(동기)로 태어난 것을 '뿌리와 줄기가 같은 나무의 한 가지'라고 생각하며, 그 두 잎 중 먼저 떨어져 죽는 가을 이른 바람의 지는 나뭇잎이 어린 나이에 먼저 죽은 누이동생이라고 생각하며, 그리움과 슬픔에 잠겨 있어. 그리고 누이동생이 죽어서 어디로 가는지 모르겠다는 한층 더 깊어진 슬픔은 "가논 곳 모두 온뎌"라는 영탄법을 통해 강하게 표현된 거야.

마지막 결구(낙구)는 '기'와 '서'에서 전개된 시상을 한 번에 합하여 매듭짓는 부분'이야. 그런데 말이야. 잘 들어!

사뇌격 향가인 10구체 향가는 마지막 '낙구(결구)'는 반드시 '아야, 아으' 등의 감탄사로 시작해야 하는 거야.

이 '아야, 아으' 등의 감탄사는 앞의 '기'와 '서'에서 전개된 감정을 '한 번에 합하여 전환시키는 부분'이야. 그러니까 「제망매가」의 낙구 '아야' 부분은 슬픔의 절정에서 '다시 만날 수 있다'는 깨달음과 도를 닦아야겠다는 의지로 전환되는 부분이지. 이승에 남아 있는 '나'가 도(道)를 닦으면 '미타찰*'에서 죽은 누이동생을 다시 만날 수 있을 거라고 말이야. 그래서 '기'와 '서'에서 전개된 슬픔의 시상은 '낙구'에서 다시 만날 수 있다는 '깨달음'과 도를 닦으며 기다리겠다는 '의지'로 전환되며 시상이 매듭지어진 거야.

월명사의 「제망매가」와 같은 사뇌격 향가인 10구체 향가는 이와 같은 '기서결(기서락)'의 3단 구성의 정제된 짜임을 지켜야 하는 '정형시가'야.

10구체 향가(사뇌격 향가)의 기서결(기서락) 3단 구성은 고려 중엽 무렵 발생한 시조 장르에 이어져.

• 미타찰 아미타불이 있는 극락세계.

	10구체 향가		시조
기	시상의 일어남	초장	시상의 일어남
서	일어난 시상의 확장	중장	일어난 시상의 확장
결 (낙)	반드시 '아야'로 시작하고 앞의 시상을 합하여 매듭지음	종장	반드시 '3음절'이나 감탄사로 시작하며 시상을 합하여 매듭지음

시조는 단순히 3행으로 된 '정형시가'는 아니야. 이 3행이 '기서락(기서결)의 3단 구성'을 제대로 갖추어 전개되었을 때만이 비로소 '시조다운 시

조'라고 하는 거야.

> 오백년 도읍지를 필마로 돌아드니,　　초장(기)
> 산천은 의구한데 인걸은 간데없다.　　중장(서)
> 어즈버 태평연월이 꿈이런가 하노라.　　종장(낙)
>
> － 길재, 「오백 년 도읍지를」

　고려가 망하고 조선이 건국될 무렵 고려의 신하였던 길재는 고려 오백
년의 역사가 하룻밤의 꿈처럼 허무하게 무너져 버렸다는 쓸쓸한 감정을
단 43자로 압축해서 위의 시조와 같이 표현했지. 초장('기' 부분)은 말 한
필을 타고 오백 년 역사를 지닌 고려의 수도 개성을 돌아다니는 상황을 통
해 나라 잃은 슬픔의 시상을 일으키고, 중장은 이를 이어받아 '변함없는
자연(산천)'과 '변해 버린 역사(간데없는 인걸)'를 대조시켜 나라 잃은 슬픔
을 강조한 거야.

　마지막 종장을 잘 봐!

　마지막 종장('낙' 부분)은 지금까지 전개된 시상의 방향을 바꾸어 한 번
에 매듭지어 압축해야 하는 낙구(결구)야.

　종장의 감탄사 '어즈버'는 나라 잃은 '슬픔의 절정'에서 '모든 것이 꿈과
같다'는 내면의 탄식으로 전환되며 지금껏 전개된 시상이 합해져 매듭지
어지는 부분이야.

　「제망매가」와 길재의 시조의 3단 구성을 비교해 보자.

제망매가		길재 시조
생사(生死) 길흔 이에 이샤매 머뭇그리고 나는 가느다 말ㅅ도 몯다 니르고 가느닛고.	기(起) ▶ 초장	오백년 도읍지를 필마로 돌아드니

어느 ᄀᆞ을 이른 ᄇᆞᄅᆞ매
이에 뎌에 ᄯᅳ러딜 닙ᄀᆞᆫ,
ᄒᆞᆫ 가지라 나고   서(敍) ▶ 중장   산천은 의구한데
가논 곧 모ᄃᆞ온뎌.   인걸은 간데없다

아야, 미타찰(彌陀利)에 맛보올 나,   낙(落) ▶ 종장   어즈버, 태평연월이
道 닷가 기드리고다.   꿈이런가 하노라

다음은 김동환의 「적멸(寂滅)」이라는 현대시를 살펴보자. 이 시 역시 시조의 3단 구성이 현대시의 구성 형식으로 변형되었다고 볼 수 있어. 읽어보자.

> • 적멸(寂滅) 불교에서 괴로움의 경지에서 벗어나 죽고 사는 괴로움마저 사라지는 정신 상태. 죽음. 입적.

고원(高原)에 이름 모를 새
한 마리 두 마리 날아와 앉더니
다시 한 마리 두 마리 날아나 버린다
뒤에는 초생달빛뿐

― 김동환, 「적멸(寂滅)」

김동환의 위 시는 총 4행으로 이루어진 아주 짧은 현대시야. 1행은 시상을 일으키는 '이름 모를 새'로 '기'이고, 2 · 3행은 그 새가 날아왔다 날아가 버리는 대조적 모습을 통해 '기'의 시상이 확장된 '서' 부분이고, 마지막 4행, "뒤에는 초생달빛뿐"은 앞에 전개된 시상을 '적멸'의 의미로 합하여 매듭지은 '낙구'야.

「꽃」의 시인 김춘수의 「처용」이라는 시를 보자.

인간들 속에서
인간들에 밟히며

잠을 깬다.
숲속에서 바다가 잠을 깨듯이
젊고 튼튼한 상수리나무가
서 있는 것을 본다.
남의 속도 모르는 새들이
금빛 깃을 치고 있다.

– 김춘수, 「처용」

김춘수의 「처용」은 '타락한 인간 세상에서 겪는 처용의 고뇌와 소망'을 주제로 하는 현대시야. 이 시는 총 8행으로 구성되었는데, 3문장으로 '기 서 락'의 3단 구성으로 짜여 있어.

처용은 동해 용왕의 아들로서 신라 헌강왕 때 헌강왕을 따라와 사람들을 타락에서 구원하고자 시를 짓고 노래를 부르며 춤을 추던 '신의 아들'이라고 할 수 있어. 김춘수 시인은 이러한 처용을 20세기 말인 현대 사회에 불러와 그 의미를 「처용」이라는 시에서 새롭게 묻고 있는 거야.

1~3행은 '타락한 사람 세상에서 괴로워하다가 잠이 깬 처용'(기), 4~6행은 '잠을 깬 바다처럼 숲속에 서 있는 상수리나무가 하늘을 향해 뻗은 것을 보며, 하늘처럼 높고 맑은 뜻을 바라며 고민하는 처용'(서), 마지막 7~8행은 '자신의 속마음을 몰라 주며 금빛으로 깃을 치는 새들을 바라보며 괴로워하며 아름답고 순수함을 바라는 처용'(결)으로 시상이 매듭지어졌어.

이와 같은 3단 구성은 다음과 같은 현대시에도 사용되었는데, 좀 다른 면이 있어. 그것이 무엇일까?

북한산(北漢山)이
다시 그 높이를 회복하려면
다음 겨울까지는 기다려야만 한다.

밤사이 눈이 내린
그것도 백운대나 인수봉 같은
높은 봉우리만이 엷은 화장을 하듯
가볍게 눈을 쓰고

왼 산은 차가운 수묵으로 젖어 있는,
어느 겨울날 이른 아침까지는 기다려야만 한다.

신록이나 단풍,
골짜기를 피어오르는 안개로는,
눈이라도 왼 산을 뒤덮은 적설(積雪)로는 드러나지 않는,

심지어는 장밋빛 햇살이 와 닿기만 해도 변질하는,
그 고고(孤高)한 높이를 회복하려면

백운대와 인수봉만이 가볍게 눈을 쓰는
어느 겨울날 이른 아침까지는
기다려야만 한다.

– 김종길, 「고고(孤高)」

위 시는 제목이 「고고(孤高)」야. 제목은 '주제'를 보여 주는 '눈동자'와 같
은 것이지. 그러니까 시의 주제를 알고자 한다면, 제목부터 집중하여 보는
거야. 이 시의 주제는 제목 「고고」에서 알 수 있듯이 '유혹과 시련에 굽히지
않는 외롭고 높은 정신의 의미'야.

이 시는 총 6연 17행으로 전개되었어. 그런데 내용상으로는 3개의 문
장으로 된 3단 구성으로 짜인 시야. '1연(A), 2~3연(B), 4~6연(C)'의 'A,
B, C'의 3단 구성으로 짜여 전개된 거지.

A(기)에서는 '북한산의 높이(굴복하지 않는 높은 정신)'는 '겨울(시련)의
시간'에 비로소 드러난다는 것을 한 연으로 끝맺었어. 그리고 B(서)에서는
A의 시상을 이어받아, 2~3연에서 그 의미를 감각적 이미지로 확장시켜

묘사하고, 마지막 단계인 C(결)의 4~6연에서는 앞의 내용을 더욱 확장하여 묘사함으로써 '북한산의 높이'라는 의미를 감각적으로 분명하게 그 의미를 매듭지은 거야. '봄의 신록'이나 '가을의 단풍', '안개' 등은 '북한산의 꺾이지 않는 정신'을 보여 주지 못하는 시간이라고 말하고, '온 산이 눈으로 다 뒤덮인 겨울' 역시 '북한산의 높이'를 드러내지 못한다고 했어. 왜냐하면 '장밋빛 햇살'의 따뜻함에 북한산의 눈이 녹는다는 것은 '시련과 고난'이 두려워 정신을 꺾고 햇살의 유혹에 굴복한다고 보았기 때문이야. 온 산이 다 눈에 덮였을 때는 햇살이 퍼지는 유혹이 시작되어 햇살에 녹아들지 않으며 끝까지 시련('눈')을 마다하지 않고 남아 버티는 정신이 누구의 정신인지 모르기 때문인 거지.

유혹 ←

결국 "백운대와 인수봉만이 가볍게 눈을 쓰는 / 어느 겨울날 이른 아침"이 되어야만, 다른 봉우리들과 산자락들은 다 '눈'이 싫어 햇살에 녹아들었음에도 불구하고, 북한산의 제일 높은 봉우리인 백운대와 인수봉만이 가볍게 눈을 쓰고, 이에 맞서 우뚝 솟은 '높이'를 보여 준다고 생각한 거야.

↳시련   ↳굴복하지 않는 정신의 높이

시상의 전개 유형

2

시인의 생각이 담긴 시의 형상을 **시상**이라고 했지? 이 시상을 전개하는
데 몇 가지 기준이 있어. 시간, 공간, 정서(감정) 등 이 세 가지가 시상 전
개의 중심을 이루는 기준이야. 이 세 가지 중 어느 하나가 도드라짐에 따
라 시간적 구성, 공간적 구성, 감정의 변화에 따른 구성 등으로 나누어 볼
수 있어. 그러나 시는 서정 문학이므로 시간과 공간의 변화에 따라 거기에
함축되는 감정의 변화까지 종합적으로 살펴봐야 해.

(1) 시간적 구성과 전개

다음 이육사 시인의 「광야」는 총 5연으로 되어 있는데, 내용상으로는 4
단 구성인 '기승전결'로 짜여 있어. 1, 2연은 광야의 원시성(기) 3연은 광
야의 문명의 태동(승), 4연은 현재의 시련(전), 마지막 5연은 희망찬 미래
에 대한 신념(결) 등으로 내용이 짜였어. 이를 다시 '시간'을 기준으로 하
면, 이 시가 '과거, 현재, 미래' 순으로 내용이 전개됨을 알 수 있지.

> 까마득한 날에
> 하늘이 처음 열리고
> 어데 닭 우는 소리 들렸으랴.

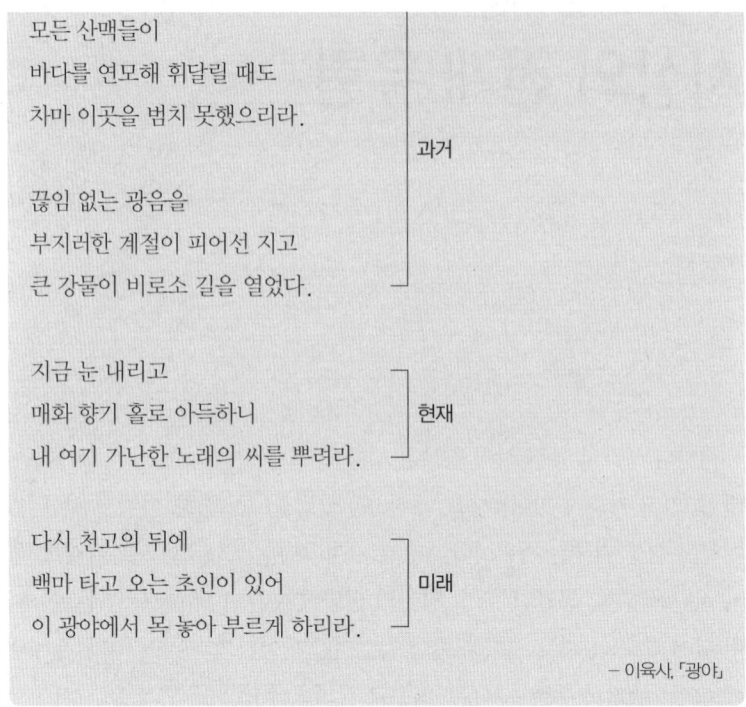

모든 산맥들이
바다를 연모해 휘달릴 때도
차마 이곳을 범치 못했으리라.

끊임 없는 광음을
부지런한 계절이 피어선 지고
큰 강물이 비로소 길을 열었다.

> 과거

지금 눈 내리고
매화 향기 홀로 아득하니
내 여기 가난한 노래의 씨를 뿌려라.

> 현재

다시 천고의 뒤에
백마 타고 오는 초인이 있어
이 광야에서 목 놓아 부르게 하리라.

> 미래

– 이육사, 「광야」

1, 2, 3연까지의 시간은 '까마득한 날'과 '열었다'는 시간 표현에 의해 '과거'의 시간으로 구성되었다는 것이 분명하게 드러나지. 1연은 '광야의 태초성', 2연은 '산맥의 형성과 광야의 신성성', 3연은 '찬란한 역사와 문명이 전개되는 광야의 과거'로 내용이 전개된 거야.

4연은 '지금'이라는 시간 부사에 의해 '현재' 시간으로 구성된 거야. '큰 강물'로 상징되었던 위대한 역사가 '겨울'을 만나 얼어붙은 현재 시련의 상황을 전개한 것이지. 그렇지만 '봄'을 알리는 '매화 향기'가 아득하지만 이를 믿으면서, '노래의 씨'를 뿌리는 현실 극복 의지가 표현되었어. 그리고 마지막 5연은 '천고의 뒤에'에서 알 수 있듯이 '미래'의 시간으로 구성된 거야. '백마 타고 오는 초인'이 온다는 굳은 신념의 정서와 그를 위하여 희생하겠다는 의지의 태도로 시상이 매듭지어진 거야.

이와 같은 전개가 시간의 흐름에 따른 내용 전개의 대표적 유형이야.

다음 '기서결'의 3단 구성으로 이루어진, 윤동주의 '서시(序詩)'를 보자.

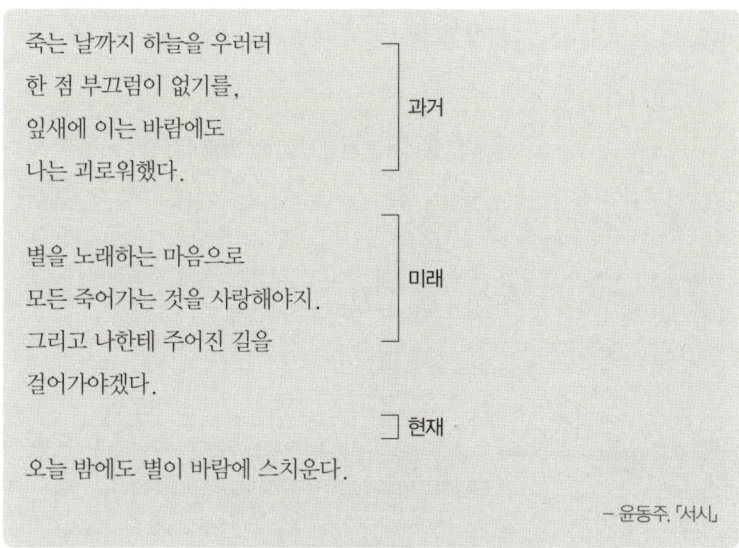

죽는 날까지 하늘을 우러러
한 점 부끄럼이 없기를,   과거
잎새에 이는 바람에도
나는 괴로워했다.

별을 노래하는 마음으로   미래
모든 죽어가는 것을 사랑해야지.
그리고 나한테 주어진 길을
걸어가야겠다.

                              현재
오늘 밤에도 별이 바람에 스치운다.

– 윤동주, 「서시」

절대 양심과 순수성

윤동주의 이 시는 '과거, 현재, 미래'의 순서대로 전개되지 않고, '과거, 미래, 현재' 순으로 전개되었네! 한 점의 부끄러움도 용납하지 않는 과거에 대한 성찰(1~4행)은 별을 노래하며 죽어가는 것을 사랑하는 길을 걸어가야겠다는 미래에 대한 의지(5~8행)로 이어지고, 마지막 9행은 어두운 밤, 바람 속에서 꺼지지 않는 빛나는 별을 나란히 제시함으로써, 시련과 **바람** 양심의 의미를 대립시켜 현재의 부정적 상황을 긴장되게 보여 주면서 시 **별** 상이 매듭지어진 거야. **밤**

(2) 공간적 구성과 전개

시에서 말하는 주체를 **화자**라고 했지?

이 화자가 대상을 공간의 전체와 부분, 위와 아래, 중앙과 주변 등으로 공간의 순서에 따라 '바라보는 눈'에 따라 시상을 전개하는 것을 공간적 구 **시선**

성에 따른 전개라고 해. 다음 박목월의 시 「산도화」가 이와 같은 공간적 구성과 전개를 대표하는 것이야. 「산도화」는 기승전결의 4단 구성으로 짜였지만, 내용 전개에는 공간적 순서가 중요하게 작용하고 있어.

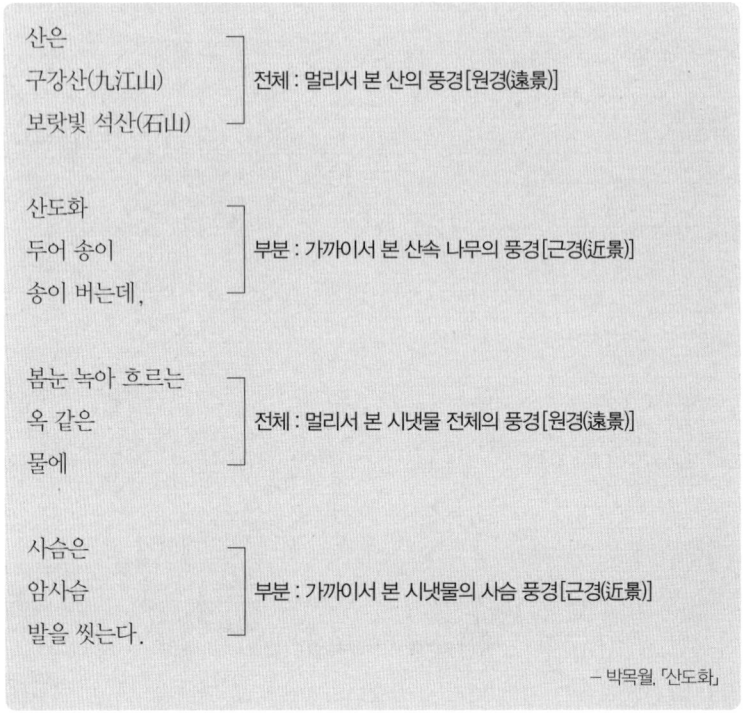

산은
구강산(九江山)
보랏빛 석산(石山)

전체 : 멀리서 본 산의 풍경[원경(遠景)]

산도화
두어 송이
송이 버는데,

부분 : 가까이서 본 산속 나무의 풍경[근경(近景)]

봄눈 녹아 흐르는
옥 같은
물에

전체 : 멀리서 본 시냇물 전체의 풍경[원경(遠景)]

사슴은
암사슴
발을 씻는다.

부분 : 가까이서 본 시냇물의 사슴 풍경[근경(近景)]

— 박목월, 「산도화」

이 시의 화자는 아홉 굽이의 강물이 흐르고 보랏빛 바위로 이루어진 산을 바라보다가(1연 : 원경), 산속으로 들어가 막 피어나는 복사꽃을 보고(2연 : 근경), 다시 시선을 돌려 봄눈이 녹는 시냇물을 보다가(3연 : 원경), 암사슴이 발을 씻는 모습을 가까이서 본 거야(4연 : 근경). 영화로 친다면, 2연이나 4연으로 원경에서 근경으로 클로즈업된다고 볼 수 있으므로, 2, 4연에 묘사된 내용은 시인이 특별히 의미나 정서를 강조하기 위한 부분이라고 봐야지.

⑶ 감정의 변화를 중심으로 한 구성과 전개

시상의 의미는 말하는 주체, 즉 화자의 감정에 따라 결정되는 거야. 그러니까 시상이 전개될 때 화자의 감정이 어떻게 변화하는지 잘 살펴서 함축적 의미를 파악해야 해. '시간에 따라 감정이 변화하는 것'을 '감정의 추이(推移)'라고 해.

→ 내포적 의미

추이 시간에 따라 차차 변하거나 옮겨 감
　　　　↳추　↳이

推 변하다 추
移 옮기다 이

다음의 김남조의 「겨울바다」는 시간의 흐름에 따라 감정이 차차 변하고 옮겨 가는 식, 즉 '감정의 추이'에 따라 내용이 전개돼. 이 시에서 '겨울바다'는 처음, 중간, 끝의 세 부분에 제시되었는데, 화자의 감정이 바뀌면서 이 세 부분의 '겨울바다'에 함축된 의미가 각각 달라졌어. 자, 그러면 어떻게 달라졌는지 한번 생각해 봐!

겨울바다에 가 보았지.
미지의 새,
보고 싶던 새들은 죽고 없었네.

그대 생각을 했건만도
매운 해풍에
그 진실마저 눈물져 얼어 버리고

허무의
불
물이랑 위에 불 붙어 있었네.

나를 가르치는 건
언제나

시간…….
끄덕이며 끄덕이며 겨울바다에 섰었네.

남은 날은
적지만

기도를 끝낸 다음
더욱 뜨거운 기도의 문이 열리는
그런 영혼을 갖게 하소서.

남은 날은
적지만

겨울바다에 가 보았지.
인고(忍苦)의 물이
수심(水深) 속에 기둥을 이루고 있었네.

– 김남조, 「겨울바다」

위 시의 1연은 살면서 절망에 빠진 화자가 '미지의 새'를 보고 싶다는 마지막 희망을 품고 '겨울바다'에 가서 그 새의 죽음을 확인하는 '상실과 죽음으로 인한 허무'를 표현한 거야. 그러므로 1연의 '겨울바다'는 '상실과 죽음의 허무'를 내포한 공간 이미지야.

2연에서 그대를 생각해 보았지만, 그대는 자신의 진실을 받아 주지 않았고, 그로 인한 상실의 허무는 3연에서 자신을 태워 죽음에 이르게 할 것 같은 '허무의 불'로 타올라 마침내 '죽음의 불'과 '생명의 물'이 대결하는 갈등이 절정에 이른 거야.

그러나 4연에서 감정이 전환(轉換)되면서 시상이 반전(反轉)된 거야. 시간이 흐르면 물 위의 불이 꺼지듯 상실과 허무의 아픈 감정도 사라질 것이라는 깨달음에 이르러 삶을 긍정한 거야. 그래서 4연의 '겨울바다'는 '삶을 긍정하는 깨달음의 바다'로 그 함축된 의미가 바뀐 거야.

• 전환(轉換) 변하여[轉]바꾸는 것[換].
• 반전(反轉) 반대로[反]뒤집히다[轉].

5, 6연은 얼마 남지 않은 삶의 시간에 신께 기도함으로써 스스로 구원받기를 경건하게 바라는 내용이지. 그래서 마지막 7연의 바다는 가슴 깊은 곳에 살고자 하는 생명의 의지가 '기둥처럼 일어서는 것'과 같은 '겨울바다'의 의미로 시상이 매듭지어진 거야. 그러니까 마지막 7연의 '겨울바다'는 '절망을 딛고 서는 삶의 의지, 생성과 희망' 등의 의미를 내포한 공간 이미지가 된 것이지.

이제 서정주의 시 「추천사(鞦韆詞)」 하나를 더 공부하여 '감정의 추이'에 대해서 더 알아보도록 하자! 자, 출발. 앗, 잠깐. 다음 어휘 공부하고^^.

- 추천(鞦韆) 그네뛰기 놀이.
- 사(詞 : 말, 노래) 여기서는 '그네뛰기를 하는 춘향의 말'이라는 의미로 사용됨.

향단아, 그넷줄을 밀어라.
머언 바다로
배를 내어 밀듯이,
향단아.

이 다소곳이 흔들리는 수양버들나무와
베갯모에 놓이듯 한 풀꽃더미로부터,
자잘한 나비새끼 꾀꼬리들로부터,
아주 내어 밀듯이, 향단아.

산호도 섬도 없는 저 하늘로
나를 밀어 올려 다오.
채색한 구름처럼 나를 밀어 올려다오.
이 울렁이는 가슴을 밀어 올려다오!

서(西)으로 가는 달같이는
나는 아무래도 갈 수가 없다.

바람이 파도를 밀어 올리듯이
그렇게 나를 밀어 올려다오.

서정주의 「추천사」는 내용상으로는 '기승전결'의 4단 구성이 조금 변화된 구성법으로 짜여 있다고 할 수 있어. 1연은 시상을 일으키는 부분으로 현실을 떠나 멀고 먼 '바다'로 가고자 하는 소망이 표현된 '기', 2~3연은 이를 이어받아 '수양버들, 풀꽃, 나비, 꾀꼬리'가 있는 괴로운 땅의 현실로부터 아주 떠나서 아무 거칠 것이 없고 자유롭고 행복한 '하늘'에 오르고 싶은 소망이 절정에 이른 '승', 4연은 시상의 방향을 바꿔 하늘의 달처럼 자유롭게 가지 못하고 다시 땅으로 돌아올 수밖에 없다는 현실 인식의 '전', 마지막 5연은 그래도 현실을 초월하고 싶다는 소망으로 시상을 매듭짓는 '결'로 구성되었어.

이 시는 1연에서 3연으로 갈수록 현실을 부정하고 현실 너머의 초월적 이상향으로 가고 싶은 소망이 '그네를 밀라, 그네를 밀어 올려 달라'는 말을 점점 강하게 반복하여 전개함으로써 3연에서는 소망의 감정이 절정에 이르게 표현했지. 이때 향단이가 민 '그네'는 뒤에서 앞으로 가다가 땅에서 하늘로 원을 그리며 가장 멀고 높이 올라가 있다고 보면 돼. 그러나 4연에서는 땅에 줄이 묶인 그네가 다시 원을 그리며 땅으로 떨어지고 춘향이는 현실을 쉽게 벗어날 수 없다는 감정에 빠지지. 높이 고조된 소망의 감정이 급격하게 가라앉아 하강한 거야. 그러나 마지막 5연은 뒤로 밀렸던 그네가 앞으로 다시 나아가 올라가듯이 가라앉았던 소망의 감정이 상승하면서 현실을 초월하고 싶은 의지와 소망으로 시상이 매듭지어진 거야.

자, 앞에서 이런 말을 했어.
시상의 의미는 화자의 감정, 즉 말하는 주체의 심리적 태도에 따라 결정된다는 말!
1연에서 '그넷줄'은 '현실을 초월할 수 있다는 소망이 들어간 현실 초월의 도구'라는 의미가 함축된 거야. 왜? 그넷줄을 타고 '머언 바다'로 갈 수 있다고 생각하니까. 그러나 4연에서 '그넷줄'의 의미는 현실에 묶여 초월 세계로 갈 수 없다는 현실 구속의 의미로 바뀌게 돼. 왜? 나무에 묶인 그 넷줄을 타고 내려오며 "서(西)으로 가는 달같이는 / 나는 아무래도 갈 수 없다."라고 생각하니까.

　이렇듯 감정의 추이에 따라 심상, 시상의 의미가 바뀌니까 시상이 전개 되면서 감정이 어떻게 변하고 옮겨 나가는지 잘 살펴야겠지?

3 시간, 공간, 감정, 이미지 등의 복합적 전개

앞에서 공부한, '시간 · 공간 · 감정'을 중심으로 시상 전개의 유형을 나누어 살폈지만, 실제로 시의 내용 전개를 위해서는 시간, 공간, 감정, 이미지 등을 복합적으로 결합하여 살펴야 할 때가 많아.

(1) 추보식(推步式) 구성 : 공간과 시간의 이동에 따른 감정의 전개와 변화

 옮겨 가다 **추**
 걷다. 이동하다 **보**

추보 시간에 따라 공간을 옮겨 가거나 감정이 걷듯이 이동하는 것
　　　　　　　　　　　　　→추　　　　　　　　　　　　→보

추보는 글자 그대로 시간에 따라 공간을 옮겨 가거나 감정이 변화한다는 뜻을 말하는 개념이야.

다음 신경림 시인의 시 「농무(農舞)」를 보자.

> 징이 울린다. 막이 내렸다.
> 오동나무에 전등이 매어달린 가설 무대
> 구경꾼이 돌아가고 난 텅 빈 운동장
> 우리는 분이 얼룩진 얼굴로
> 학교 앞 소줏집에 몰려 술을 마신다.

답답하고 고달프게 사는 것이 원통하다.
꽹과리를 앞장 세워 장거리로 나서면
따라붙어 악을 쓰는 것 쪼무래기들뿐
처녀애들은 기름집 담벽에 붙어서서
철없이 킬킬대는구나.
보름달은 밝아 어떤 녀석은
꺽정이처럼 울부짖고 또 어떤 녀석은
서림이처럼 해해대지만 이까짓
산구석에 처박혀 발버둥친들 무엇하랴
비료값도 안 나오는 농사 따위야
아예 여편네에게나 맡겨두고
쇠전을 거쳐 도수장 앞에 와 돌 때
우리는 점점 신명이 난다.
한 다리를 들고 날라리를 불꺼나
고갯짓을 하고 어깨를 흔들꺼나.

– 신경림, 「농무」

신경림의 이 작품은 한국 사회가 공업 중심의 경제 구조로 급속하게 재편되면서 농업이 희생될 수밖에 없었던 시대 상황을 반영하고 있는 시야. 그와 같은 현실 인식은 "비료값도 안 나오는 농사 따위"라는 구절에 잘 나타나 있지.

그래서 그럴까?

"징이 울린다 막이 내렸다"라는 문장으로 이 시가 시작되는 거야. "막이 내렸다"는 표현에는 농촌에서 더 이상의 희망을 찾을 수 없다는 의미가 내포된 거지. 그렇게 본다면 "막이 내렸다"와 마찬가지로 "분이 얼룩진 얼굴"도 '공연을 하기 위해 분장한 얼굴'과 '울분이 맺힌 얼굴'이라는 중의적 표현으로 볼 수 있어.

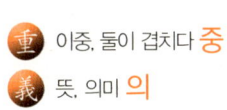
重 이중, 둘이 겹치다 중
義 뜻, 의미 의

중의법 한 단어나 구절로 두 가지 의미를 동시 담아 말하는 표현법
↘중 ↘의

이 시에서 말하는 주체인 '우리'는 이렇듯 절망에 찬 상황에서 '가설 무대 → 텅 빈 운동장 → 학교 앞 소줏집 → 장거리' 등으로 공간을 이동하며, "답답하고 고달프게 사는 것은 원통하다"라고 울분을 직접 토하며, 젊은 농민들 거의가 다 떠나고 쪼무래기들만 남은 장거리의 상황을 묘사하지. '우리'에게 농촌은 이미 "이까짓 / 산구석에 처박혀 발버둥친들 무엇하랴 / 비료값도 안 나오는 농사 따위야 / 아예 여편네에게나 맡겨두고"에서 알 수 있듯이 기대할 바가 없는 곳이야. 그런데 '우리'는 징을 치고 꽹과리를 치면서 '쇠전'을 거쳐 '도수장'으로 이동해 왔어. 태어나 자라 늙을 때까지 '농사일'을 하다가, 도수장에 끌려와 죽어야 하는 소의 운명은 어쩌면 '우리' 농민의 운명과도 같다고 생각되었을 거야. 이렇게 볼 때 "우리는 점점 신명이 난다"는 반어적 표현으로 그 이면(裏面)에는 '울분/ 분노'가 서려 있다는 의미로 해석되는 거야. 그래서 "한 다리를 들고 날라리를 불꺼나 / 고갯짓을 하고 어깨를 흔들꺼나"와 같이 '선택을 망설이는 어조'로 끝나는 거지.

• 쇠전 소를 파는 시장.
• 도수장 소를 도살하는 곳

• 이면(裏面) 겉모습에 나타나 있지 않는 내부(裏)의 모습(面).

反 반하다 반
語 말씀 어

• 표면(表面) 겉으로(表) 나타나는 모습(面).

반어법 말하는 사람의 의도를 표면의 의미와 정반대로 말하는 표현법
→반 →어

• **표면** 운수 좋은 날 → 이면 : 운수 나쁜 날

"우리는 점점 신명이 난다"는 문장이 '반어법'으로 표현되었다는 것을 파악하기 위해서는 시간의 흐름에 따른 장소의 이동을 살피며, 그에 따라 말하는 주체인 '우리'의 감정이 어떻게 전개되어 왔는지 잘 살폈어야 하는 거야.

이와 같이 시간의 흐름에 따라 공간이나 감정이 같이 옮겨 가는 것을 '추보식 전개'라고 하는 거야.

다음 이육사의 시 「절정」을 보자.

매운 계절의 채칙에 갈겨
마침내 북방으로 휩쓸려 오다.

하늘도 그만 지쳐 끝난 고원
서릿발 칼날 진 그 위에 서다.

어디다 무릎을 꿇어야 하나
한 발 재겨 디딜 곳조차 없다.

이러매 눈 감아 생각해 볼밖에
겨울은 강철로 된 무지갠가 보다

— 이육사, 「절정」

이 시는 기승전결의 4단 구성으로 짜인 시야. 1연에서 3연까지 시간의 흐름과 함께 '북방 → 고원 → 서릿발 칼날 진 그 위 → 한 발 재겨 디딜 곳조차 없는 곳' 등으로 활동 공간이 점점 축소되어 옴짝할 수 없는 극한적 공간에 이는 과정을 통해 말하는 주체의 '고통과 위기의 상황 감정'이 마지막 절정에 이르는 과정을 매우 긴장되게 표현했어.

• **공간의 점층적 축소, 극한의 절정** = 시련과 고통의 점층적 고조, 극한의 절정

'서릿발 칼날 진 그 위에 서서 한 발도 움직일 수 없는 극한 시련의 절정'은 '겨울의 강철'과 같이 차고 무겁고 단단한 벽에 막히고 갇힌 상황이라서 도저히 빠져나올 수가 없는 상황이야. 그러나 이때 이 시의 주체는 무섭게도 침착하게 생각해 본 거야. 겨울이 깊고 깊어져 절정에 이르면 그 변곡점(變曲點)에서 봄으로 넘어간다는 불변의 이치를! 따라서 이 시의 화자는 시련 앞에 굴복하지 않고, 봄이 온다는 신념을 빼앗기지 않고 현재의

• **변곡점** 방향이 변하는 [變] 곡선[曲]의 지점[點].

• 백척간두 길이 백[白] 자[尺]가 되는 장대[竿] 끝[頭]에 서 있는 위기 상황.

고통을 굳세게 참아 버티면서, 백척간두˙에서 오히려 한 걸음 내디뎌 무지개 떠오르는 광명의 하늘을 향해 나아가는 정신의 황홀함에 도달하게 된 거야.

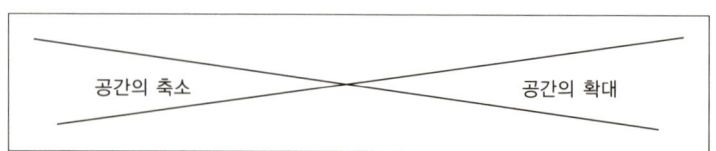

이 시의 시상 구조를 정리하면, '기(1연) 승(2연) 전(3연) 결(4연)'의 구성에 공간의 점층적 축소 · 절정에서 공간의 비약적 확장으로 상승하는 전개 방식이 결합된 구조야. 이 시의 제목이 왜 '절정'인지 알겠니? '북방 → 고원 → 서릿발 칼날 진 그 위 → 한 발 재겨 디딜 곳조차 없는 곳'으로 점점 쫓겨 더 이상 달아날 수 없는 극소점의 위기 상황(겨울의 강철과 같은 위기에 갇히고 막힌 절정 상황)에서 '무지개가 뜨는 광명의 하늘'과 같이 확장된 공간으로 번개 치듯 한순간에 날아오르는 바로 그 지점이 '절정의 변곡점'이라고 생각했기 때문이야.

따라서 이육사 시인은 "겨울은 강철로 된 무지갠가 보다"와 같은 역리(逆理)에 근거해서 이를 **역설법**으로 표현한 거야.

• 역리(逆理) 역설적 이치.

逆 모순되다 역
說 말하다 설

역설법 표면적 문장 형태를 모순되게 하여 그 이면에 상식을 뛰어넘는 진리를 담아 말하는 표현법
↳역
↳설

> • 이 도형은 둥근 삼각형이다.
> • 산 깃은 죽은 깃이요, 죽은 것은 산 것이다.

겨울은 강철로 된 무지갠가 보다

| 강철 | = | 무지개 |

- 강철 : 쫓기고 쫓겨 위기의 절정에 이르러 절대 빠져나올 수 없다고 생각되는 현재의 절망적 상황을 함축하고 있는 차고 무겁고 단단한 하강 이미지
- 무지개 : 필연적으로 도달하게 될 광명의 자유 세계를 함축하고 있는 경쾌하고 밝고 부드러운 상승 이미지

| 강철로 된 무지개 | → | 현재의 절망으로 된 미래의 자유 ← 모순된 표현 |

"겨울은 강철로 된 무지갠가 보다"라는 표현에 '현재의 절망을 극복하고 황홀한 미래를 맞고자 하는 의지'가 내포되었다는 의미를 해석하기 위해서는, 이 시의 **구성**과 전개가 '공간의 **축소**와 확장에 따라 화자의 감정과 의지가 옮겨 가는 과정'을 잘 살폈어야 하는 거야.

20여 차례 감옥에 끌려가 죽음 직전까지 고문을 견디며 시인이 꿈꿔 왔던 광복에 대한 시인의 신념과 의지를 생각해 봐. 이육사의 그 견인불발(堅忍不拔)의 정신, 백척간두의 위기 상황에서 오히려 한 걸음 내딛는 정신의 극한, 그 팽팽한 긴장의 아름다움이 힘축된 시구가 미지막의 "겨울은 강철로 된 무지갠가 보다."야.

• 견인불발 굳세게[堅] 참고 견디어[忍] 도덕적 신념을 뿌리뽑히지 아니함[不拔].

(2) 이미지의 대립적 반복과 점층적 전개

↗함축

현대시에서는 감정을 직접 말하기보다, 감정이 내포된 이미지를 통하여 감정과 의미를 간접적으로 전달하는 경향을 중요하게 여겨. 다음 김수영의 「풀」은, '풀'과 '바람'을 대립시켜, 풀이 눕고, 일어나고, 울고, 웃는다는 것을 점점 강하게 반복하는 내용으로 시상을 전개한 대표적인 시야.

풀이 눕는다.
비를 몰아오는 동풍에 나부껴
풀이 눕고
드디어 울었다.
날이 흐려져 더 울다가
다시 누웠다.

풀이 눕는다.
바람보다도 더 빨리 눕는다.
바람보다도 더 빨리 울고
바람보다도 먼저 일어난다.

날이 흐리고 풀이 눕는다.
발목까지
발밑까지 눕는다.
바람보다 늦게 누워도
바람보다 먼저 일어나고
바람보다 늦게 울어도
바람보다 먼저 웃는다.
날이 흐리고 풀뿌리가 눕는다.

- 김수영, 「풀」

사회 · 역사적인 관점에서 이 시를 해석한다면, '풀'은 '일제 강점기 · 8 · 15 광복 · 6 · 25 전쟁 · 이승만 자유당 독재 · 4 · 19 민주 혁명 · 5 · 16 군사 쿠데타 · 박정희 군사 독재'에 이르기까지 역사적 수난을 경험하며 이를 극복해 온 '민중'을 상징해. '바람'은 '민중'에게 시련과 고난을 가져다 주는 '외세와 독재 세력'을 의미하는 것이고.

1연에서 '바람'과 대립하는 '풀'이 '눕는다, 눕고, 울었다, 더 울다가, 다시 누웠다'로 반복되면서 빠른 운율을 타고 '풀'이 겪는 수난이 점점 강하게 표현되었지. 그러나 2연에서는 '풀'이 '눕는다, 더 빨리 눕는다, 더 빨리 울고, 먼저 일어난다'고 해서, 점점 강해지는 시련을 겪는 풀이 마침내 이를 극복하고 일어서는 능동적인 모습으로 형상화되었어. 그리고 3연에서는 '풀'이 '눕는다, 발밑까지 눕는다'라고 하여, 더욱 혹독하게 불어오는 '바람'의 시련을 겪는 모습을 형상화하고, "바람보다 늦게 누워도 / 바람보다 먼저 웃는다"라고 하여 계속되는 수난을 '웃음'으로 이겨 내는 민중의 지혜와 낙천적 생명력을 주제 의식으로 형상화한 거야. 그러므로 3연의 마지막 행 '날이 흐리고 풀뿌리가 눕는다'는 뿌리가 뽑힐 정도의 시련의 절정에 이른 '풀'이 '웃음'으로 이를 견디고 강하게 일어나 살아날 것이라는 미래 상황을 암시하게 되는 것이지.

총 3연으로 구성된 이 시는 '기서결'의 3단 구성으로 짜여 전개된 시라고 볼 수 있어. 1연에서는 '바람'에 대한 '풀의 수동성', 2연에서는 '수동적 시련과 풀의 능동적 저항', 3연에서는 '시련의 절정과 웃음으로 극복하는 풀의 낙천성*과 건강성'으로 시련의 극한에 이른 풀이 다가오는 미래에 이를 극복하고 건강하게 일어설 것을 암시하면서 시상이 끝나게 되는 거야. 이와 같이 내용이 전개되는 경우, '이미지의 대립적 반복과 점층적 전개'라고 하는 거야.

* 낙천성 어려움 속에서도 세상과 인생을 즐겁고 긍정적으로 생각하는 하늘에서 타고 낸[天] 즐거워하는[樂] 성격[性].

4 적용과 문제 풀이

1 다음 〈보기〉를 참조하여 (가)와 (나)의 시상의 구성과 전개에 대해 이해한 것으로 적절하지 <u>않은</u> 것은?

〈보기〉

문학의 형식은 문학사에서 계승되는 한편 혁신된다. 우리의 시문학사에서 신라의 10구체 향가의 '기·서·결'의 3단 구성과 결구에서 반드시 '아아'로 시작해야 한다는 정형화된 규칙은 시조의 3장 형식으로 변화되어 계승된다.

(가) 살고 죽는 길은
　　　이에 있어
　　　나는 갑니다는 말도
　　　못 다 이르고 갔느냐.

　　　어느 가을 이른 바람에
　　　예 제 떨어지는 잎같이,
　　　한 가지에 나고
　　　가는 곳 모르겠구나.

　　　아아, 미타찰에 만나 볼 나
　　　도 닦아 기다리겠노라.

　　　　　　　　　　　　　　　－ 월명사, 「제망매가」

(나) 오백년 도읍지를 필마도 돌아드니,
　　산천은 의구한데 인걸은 간 데 없다.
　　어즈버 태평연월이 꿈이런가 하노라.

– 길재, 「오백 년 도읍지를」

① (가)의 결구 '아아'에 중심 정서가 집중되듯이 (나)의 '어즈버'에서도 중심 정서가 집중되었구나.

② (가)의 '4행, 4행, 2행'의 '기서결' 구성이 (나)의 '초장, 중장, 종장' 3행 형식으로 변화되어 계승되었구나.

③ (가)의 결구의 시작이 '아아'라는 감탄사로 고정되었듯이, (나)에서 종장의 시작은 3음절로 고정되는 한편 감탄사 '어즈버'로 시작되었구나.

④ (가)의 '기서결' 3단 구성은 비장미가 심화되다가 결구에서 숭고미로 전환되듯이 (나) 초중장 3단 구성 역시 비애미가 심화되다가 종장에서 숭고미로 전환되는구나.

⑤ (가)의 '기'가 시상을 일으키고 '서'에서 이를 심화하여, '결'에서 시상을 반전시키는 한편 매듭짓는 구성 방식이, (나)의 초장에서 시상을 일으키고 중장에서 시상을 심화하여 종장에서 시상을 전환하여 매듭짓는 방식으로 계승되었구나.

해설

　(가)는 누이를 잃은 슬픔이 비장미로 심화되다가 결구에서 도를 닦아 누이를 다시 만나겠다는 의지로 시상이 반전되면서 숭고미가 실현된다. 그러나 (나)는 고려 멸망에서 오는 허무하고 슬픈 감정이 중장까지 전개되다가 종장에서 고려의 영화 역시 하룻밤 꿈과 같다는 인생무상의 이치로 마음을 달래 보려 하고 있지만, 숭고미가 실현된 것은 아니다.

정답 ④

2 다음 시를 읽고 이해한 것으로 적절하지 <u>않은</u> 것은?

> 인간들 속에서
> 인간들에 밟히며
> 잠을 깬다.
> 숲속에서 바다가 잠을 깨듯이
> 젊고 튼튼한 상수리나무가
> 서 있는 것을 본다.
> 남의 속도 모르는 새들이
> 금빛 깃을 치고 있다.
>
> – 김춘수, 「처용」

① 문장의 종결과 내용을 기준으로 판단할 때 이 시는 3단 구성으로 짜인 것이다.

② 제목 「처용」을 볼 때 신라 향가 「처용가」를 창조적으로 변형한 것으로 볼 수 있다.

③ 이 시의 화자는 감정을 분출하기보다 절제하여 차분한 어조로 상황을 제시한다.

④ 이 시의 3단 구성 역시 신라 향가의 '기서결' 3단 구성의 계승이라고 할 수 있다.

⑤ 이 시의 화자는 '상수리나무'에서 소외감을 느끼지만, 무심하고 자유로운 '새'로부터는 상승의 욕망을 느끼고 있다.

해설

　이 시의 화자는 '상수리나무'에서 상승의 욕망을, 무심하고 자유로운 '새'로부터
는 소외감을 느끼고 있다. 김춘수의 「처용」은 신라 처용가의 내용과 형식을 창조적
으로 변형하여 계승한 시이다.

3 다음 시의 시상 전개와 구성에 대해 설명한 것 중 가장 적절한 것은?

> 죽는 날까지 하늘을 우러러
> 한 점 부끄럼이 없기를,
> 잎새에 이는 바람에도
> 나는 괴로워했다.
> 별을 노래하는 마음으로
> 모든 죽어가는 것을 사랑해야지.
> 그리고 나한테 주어진 길을
> 걸어가야겠다.
>
> 오늘 밤에도 별이 바람에 스치운다.
>
> – 윤동주, 「서시」

① 총 2연으로 구성된 전반부와 후반부의 대립을 통해 시상을 전개
   했다.
② 과거, 현재, 미래의 순행적 구성을 통해 현실의 극복 의지를 제시
   했다.
③ 이 시의 화자는 과거에 소외된 것을 돌보지 않은 잘못을 직접적으
   로 제시하고 있다.
④ '하늘'과 '바람', '별'과 '바람'의 대립적 심상을 통해 미래에 대한 낙
   천적 전망을 제시했다.
⑤ 과거에 대한 성찰, 미래에 대한 다짐, 현재 상황의 제시 등 3단 구
   성으로 짜여 전개되었다.

해설

   1~4행은 과거 시제로 지나온 삶에 대한 성찰, 5~8행은 미래 시제로 바람직한 삶에 대한 다짐과 의지를, 마지막 9행은 현재 시제로 현재의 상황을 제시했다.

정답 ⑤

4 다음 시를 읽고 시상 전개를 고려하여 이 시를 이해한 것 중 적절하지 <u>않은</u> 것은?

> 징이 울린다. 막이 내렸다.
> 오동나무에 전등이 매어달린 가설 무대
> 구경꾼이 돌아가고 난 텅 빈 운동장
> 우리는 분이 얼룩진 얼굴로
> 학교 앞 소줏집에 몰려 술을 마신다.
> 답답하고 고달프게 사는 것이 원통하다.
> 꽹과리를 앞장세워 장거리로 나서면
> 따라붙어 악을 쓰는 건 조무래기들뿐
> 처녀애들은 기름집 담벽에 붙어 서서
> 철없이 킬킬대는구나.
> 보름달은 밝아 어떤 녀석은
> 꺽정이처럼 울부짖고 또 어떤 녀석은
> 서림이처럼 해해대지만 이까짓
> 산구석에 처박혀 발버둥친들 무엇하랴.
> 비료값도 안 나오는 농사 따위야
> 아예 여편네에게나 맡겨두고
> 쇠전을 거쳐 도수장 앞에 와 돌 때
> 우리는 점점 신명이 난다.
> 한 다리를 들고 날라리를 불꺼나.
> 고개짓을 하고 어깨를 흔들꺼나.
>
> – 신경림, 「농무」

① 공간의 이동에 따라 고조되는 울분과 답답함을 풀고자 하는 행동을 중심으로 진개한다.

② 저녁에서 아침으로 바뀌는 시간의 흐름을 기준으로 울분을 신명으로 풀고자 한다.

③ '운동장 – 소줏집 – 장거리 – 쇠전'을 거쳐 소를 잡는 '도수장'으로 이동할수록 답답함 이 풀리지 않고 점점 고조되었다는 점을 고려할

때 '신명이 난다'는 반어적으로 이해해야 한다.

④ 마지막 두 행이 확신에 찬 행동의 목소리가 아니라 망설이는 어조로 표현된 것을 볼 때 단순히 '농무'를 통해서 화자가 처한 현실의 갈등이 해결될 것 같지는 않다.

⑤ 이 시 첫 행의 '막이 내렸다'는 의미는 시상 전개의 과정을 통해 볼 때 '농촌의 삶에 대한 희망을 더 찾을 수 없다'는 의미로 해석된다.

 해설

이 시의 시상 전개 과정 중에 저녁에서 아침으로 바뀌는 시간의 흐름은 제시되지 않았다.

정답 ②

5 다음 시를 읽고 시상의 전개에 대해 이해한 것으로 적절한 것은?

풀이 눕는다.
비를 몰아오는 동풍에 나부껴
풀은 눕고
드디어 울었다.
날이 흐려서 더 울다가
다시 누웠다.

풀이 눕는다.
바람보다도 더 빨리 눕는다.
바람보다도 더 빨리 울고
바람보다 먼저 일어난다.

날이 흐리고 풀이 눕는다.
발목까지
발밑까지 눕는다.
바람보다 늦게 누워도
바람보다 먼저 일어나고
바람보다 늦게 울어도
바람보다 먼저 웃는다.
날이 흐리고 풀뿌리가 눕는다.

– 김수영, 「풀」

① 기, 승, 전, 결의 구성에 따라 시상을 전개하고 있다.
② 대립적 심상의 점층적 반복을 통해 시상을 전개하고 있다.
③ 앞에서는 경치를 묘사하고 뒤에서는 정서를 제시하고 있다.
④ 공간의 이동에 따른 정서의 변화에 따라 시상을 전개하고 있다.
⑤ 시간의 흐름에 따른 정서의 변화에 따라 시상을 전개하고 있다.

'풀'과 '바람'의 심상을 대립시켜 '눕는다'와 '일어난다', '운다'와 '웃는다'의 대조적
서술어를 점점 고조시켜 반복하는 방식으로 시상을 전개했다.

정답 ②

6 다음 시의 표현상의 특질과 시상 전개에 대해 이해한 것 중 적절하지 <u>않은</u> 것은?

> 누군가 나에게 물었다. 시가 뭐냐고?
> 나는 시인이 못 되므로 잘 모른다고 대답하였다.
> 무교동과 종로와 명동과 남산과
> 서울역 앞을 걸었다.
> 저녁녘 남대문 시장 안에서
> 빈대떡을 먹을 때 생각나고 있었다.
> 그런 사람들이
> 엄청난 고생 되어도
> 순하고 명랑하고 맘 좋고 인정이
> 있으므로 슬기롭게 사는 사람들이
> 그런 사람들이
> 이 세상에서 알파이고
> 고귀한 인류이고
> 영원한 광명이고
> 다름 아닌 시인이라고.
>
> — 김종삼, 「누군가 나에게 물었다」

① 유사한 통사 구조를 반복하여 운율을 형성하고 있다.

② 현재 시제를 주로 사용하여 생생한 현장감의 효과를 냈다.

③ 도치법을 활용하여 서술의 변화를 주며 의미를 강조하고 있다.

④ 공간의 이동과 시간의 흐름, 정서의 변화가 함께 나타나는 추보식 구성을 취하고 있다.

⑤ 공간의 이동에 따라 화자의 태도 변화와 깨달음의 과정에 따라 시상이 전개되었다.

해설

　'대답하였다', '걸었다', '생각나고 있었다.' 등 과거 시제를 사용하여 회상 형식으로 내용을 서술하였다.

　그리고 '누군가 나에게 물었다. 시가 뭐냐고?' 등의 도치법을 사용하였고, '이 세상에서 알파이고 / 고귀한 인류이고 / 영원한 광명이고 / 다름 아닌 시인이라고'에서 알 수 있듯이 유사한 통사 구조를 반복적으로 사용하였다. 또한 '무교동–종로–명동–남산–서울역–남대문 시장' 등의 공간의 이동과 시간의 흐름이 함께 나타나며, 시가 무엇인지 몰랐다가 남대문 시장 안에서 빈대떡을 먹으며 시가 무엇인지 알게 되었다는 정서와 태도 변화가 나타나 있다.

정답 ②

7 다음 시의 구성과 전개에 대해 이해한 것으로 적절하지 <u>않은</u> 것은?

매운 계절의 채찍에 갈겨
마침내 북방으로 휩쓸려 오다.

하늘도 그만 지쳐 끝난 고원
서릿발 칼날 진 그 위에 서다.

어디다 무릎을 꿇어야 하나
한 발 재겨 디딜 곳조차 없다.

이러매 눈 감아 생각해 볼밖에
겨울은 강철로 된 무지갠가 보다.

– 이육사, 「절정」

① 총 4연으로 기, 승, 전, 결의 4단 구성으로 짜여 있다.
② 시적 자아의 시련에 따른 갈등이 점층적으로 고조되다가 극복된다.
③ 극한의 시련이 고조되는 속에서도 자아는 침착함을 유지하고 있다.
④ 공간의 점층적 축소가 절정에 이르러 상상 속에서 확대되며 초월 된다.
⑤ 공간 이동에 따라 극도로 압박되는 고통과 시련 속에서 화자의 절 망도 고조된다.

해설

　시적 자아는 시련의 극한에 내몰려 있으나 이에 대하여 의연하게 대처하며 '무지개'로 상징되는 희망을 잃지 않고 있다.

정답 ⑤

8 다음 〈보기〉는 김종길의 「고고」의 시상 전개를 설명한 부분이다. 이에 대한 학생들의 반응으로 적절하지 <u>않은</u> 것은?

북한산(北漢山)이
다시 그 높이를 회복하려면
다음 겨울까지는 기다려야만 한다.

밤사이 눈이 내린
그것도 백운대나 인수봉 같은
높은 봉우리만이 옅은 화장을 하듯
가볍게 눈을 쓰고

왼 산은 차가운 수묵으로 젖어 있는,
어느 겨울날 이른 아침까지는 기다려야만 한다.

신록이나 단풍,
골짜기를 피어오르는 안개로는,
눈이라도 왼 산을 뒤덮은 적설(積雪)로는 드러나지 않는,

심지어는 장밋빛 햇살이 와 닿기만 해도 변질하는,
그 고고(孤高)한 높이를 회복하려면

백운대와 인수봉만이 가볍게 눈을 쓰는
어느 겨울날 이른 아침까지는
기다려야만 한다.

– 김종길, 「고고(孤高)」

〈보기〉

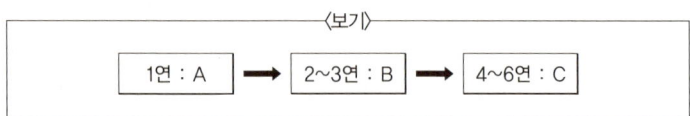

| 1연 : A | ➡ | 2~3연 : B | ➡ | 4~6연 : C |

① A는 한 연, B는 두 연, C는 세 연으로 늘어나요. 그러면서 B와 C는 A의 시상을 상세화하고 있어요.

② '신록', '단풍', '안개' 등은 겨울이 아닐 때 산의 모습이야. 이들과 대비되어 겨울산의 의미가 부각된 거야.

③ A, B, C는 모두 '기다려야만 한다'는 말로 끝나고, '겨울'이라는 말도 공통적으로 나타나지요. 반복이 이 시의 특징이에요.

④ A의 내용이 B에서 응축되고, B의 내용이 C에서 더욱 응축되면서 묘사의 범위가 좁혀지면서 의미가 심화되는 것이 특징이에요.

⑤ '장밋빛 햇살'은 눈 덮인 산봉우리의 속성을 '변질'시키지. 이와 반대되는 의미로 전개된 '가볍게 눈을 쓴 백운대와 인수봉'은 이 시의 주제와 관련된 이미지야.

- 상세화(詳細化) 크고 짧게 말한 것을 매우 작은 데까지 자세하게(詳) 길고(細) 자세하게 바꾸어 말함.

- 응축(凝縮) 내용이 서로 엉기어 뭉쳐(凝) 줄어들고(縮) 굳어짐.

 해설

정답은?

④ 번이야. 뒤로 갈수록 앞의 내용이 확장되어 묘사되는 것을 묘사의 범위가 좁아지면서 응축된다고 반대로 이해했네. 그러니까 잘못 설명한 거야.

정답 ④

• 감정의 추이(推移) 시간
의 변화에 따라 옮겨가고
(推) 변함(移).

9 다음 조지훈의 「승무」는 승무를 추는 여승의 감정의 추이에 따라 시상을 전개
했다. 첫 연의 '나비'와 마지막 연의 '나비'가 내포하는 의미의 차이점을 간단하
게 서술하라.

얇은 사 하이얀 고깔을
고이 접어서 나빌레라.

파르라니 깎은 머리
박사 고깔에 감추오고,

두 볼에 흐르는 빛이
정작으로 고와서 서러워라.

빈 대에 황촉불이 말없이 녹는 밤에
오동잎 잎새마다 달이 지는데,

소매는 길어서 하늘은 넓고
돌아설 듯 날아가며 사뿐히 접어올린 외씨버선이여!

까만 눈동자 살포시 들어
먼 하늘 한 개 별빛에 모두오고,

복사꽃 고운 뺨에 아롱질 듯 두 방울이야
세사에 시달려도 번뇌는 별빛이라.

휘어져 감기우고 다시 접어 뻗는 손이
깊은 마음 속 서툰한 합장인 양하고,

이 밤사 귀또리도 지새우는 삼경인데,
얇은 사 하이얀 고깔은 고이 접어서 나빌레라.

― 조지훈, 「승무」

1연에서 여승은 번뇌(괴로움)를 안고 춤을 추기 위해 고깔을 쓴 모습이고, 5연에서는 번뇌를 넘어서기(승화하기) 위해 춤을 추다가 7연에 와서는 '번뇌는 별빛'이 되어 이미 번뇌를 초월하게 되잖아. 그러니까 마지막 9연의 여승은 번뇌를 넘어선 '해탈(열반 : 번뇌를 넘어선 상태)'에 이르렀다고 볼 수 있어.

　"1연의 '나비'는 번뇌를 품고 있는 여승을, 9연의 '나비'는 번뇌를 초월하여 해탈에 이르는 여승을 의미한다."라고 정리하면 되는 거야.

문학이란 엄격히 말하자면 작가가 만들어 낸 허구야. 앞에서도 말했듯 공감과 치유를 목적으로 하는 문학 작품은 공감과 치유의 깊이를 위해 수사, 어조, 구성 등 다양한 방법을 동원하여 미적 완성도를 추구하는 경향이 있어. 그러나 작가의 의도와는 무관하게, 작품이 만들어진 이상 그것을 감상하고 해석하는 것은 독자의 몫이자 권리이지. 작품에 의미를 부여하고 해석하는 일을 하는 사람들을 우리는 비평가라고 부르는데, 비평가를 포함한 독자로서 작가가 생산한 문학 작품은 감상하고 해석하는 다양한 방법에 대해 함께 알아보자.

시문학의
해석과 감상

1. 시문학의 감상법
   (1) 내재론적 방법 : 작품 자체만의 언어, 구조, 형식 등을 중시함
   (2) 외재론적 방법 : 작품을 작가, 시대, 독자 등 외적 측면과 관련지어 접근함
   (3) 종합적 방법 : 내재론적 방법과 외재론적 방법을 종합하여 작품에 맞게 감상함

2. 적용과 문제 풀이

1 시문학의 감상법

모든 예술 작품과 마찬가지로 시문학은 감상 방법에 따라 감상의 내용이 달라질 수 있어. 작품을 감상하고 분석하는 것은 독자에 따라 다르지만 크게는 외재론적 방법, 내재론적 방법, 종합적 방법으로 분류할 수 있지. 이렇듯 시문학을 감상하고 이해할 수 있는 능력을 평가하는 문항은 대학수학능력시험에서 반드시 한 문항 이상 출제되니까 꼭 알아 두어야 해.

한 편의 문학 작품을 분석할 때, 그것을 창작한 '작가의 입장, 창작된 시대의 입장, 작품을 읽고 받아들이는 독자의 입장' 등 주로 문학 외적인 측면에서 접근하는 것을 '외재론적 방법'이라고 해.

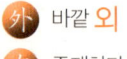 바깥 **외**

 존재하다 **재**

 말하다 **론**

외재론 문학 작품의 바깥에 존재하는, 외적인 측면에서 말하는 감상 방법
　　　　↘외　↘재　　　　　　↘론

> • **외재론적 방법**
> ① 작품을 작가의 의도 · 사상 · 일대기
> ② 작품이 창작된 시대와 사회 · 문화적 상황
> ③ 오늘의 독자에게 미치는 영향과 독자의 수용 등
> 문학 작품을 외적 측면과 관련지어 감상하는 방법

한편 '오로지 작품 내부의 요소만을 중심으로 해석하고 감상하는 것, 즉 작품 속의 언어나 구조, 형식, 표현, 내용 등을 중심으로 접근하는 법'을 '내

재론적 방법'이라고 하지.

내재론 문학 작품의 안에 존재하는, 내적인 측면에서 말하는 감상 방법

內 안 내
在 존재하다 재
論 말하다 론

> • **내재론적 방법** 작품 자체만의 내용, 언어, 구조, 형식 등을 감상함

마지막으로 '내재론적 방법'과 '외재론적 방법'을 종합한 것을 '종합적 방법'이라고 하니까 잘 알아 둬.

> • **종합적 방법** 내재론적 방법과 외재론적 방법을 종합하여 감상함

(1) 내재론적 방법(절대주의 비평론) : 작품 자체만의 언어, 구조, 형식 등을 중시함

① 구조주의 비평론 : 프랑스를 중심으로 발생한 이론으로 작품 자체의 구조를 해명하는 비평론
② 형식주의 비평론 : 러시아를 중심으로 발생한 이론으로 작품 자체의 형식을 분석하고 해명하는 비평론
③ 신비평 이론 : 미국을 중심으로 발생한 이론으로 작가나 시대를 배격하고 오로지 작품 자체만을 분석하고 감상하는 비평론

> • **의도론적 오류** 작품의 의미와 아름다움은 작품 자체의 내적 요소를 중심으로 결정되는 것이므로 작가의 의도를 말하는 것은 문학 해석의 잘못이라는 내재론적 비평론의 주요 개념

⑵ **외재론적 방법(관련주의 비평론) : 작품을 작가, 시대, 독자 등 외적 측면과 관련지어 접근함**

① 표현론 : 작품은 작가의 의도가 표현된 것이라고 보고 작가의 의도를 작품과 관련짓는 비평론
② 전기적 비평론 : 작가의 삶과 사상이 작품과 긴밀히 결합되었다고 보고 작가의 일생과 사상을 연구하여 작품과 관련짓는 비평론
③ 반영론(재현론) : 작품이 반영하는 시대 상황과 관련지어 작품의 의미를 이해하고 감상하는 비평론. 문학사회학적 방법론, 리얼리즘론 등이 이에 포함한다.
④ 효용론 : 작품이 독자에게 미치는 효용 가치의 측면에서 접근하는 비평론
⑤ 수용 이론 : 독자가 작품을 어떻게 해석하고 평가하는지 독자 중심적 시각에서 접근하는 비평론
⑥ 비교문학론 : 다른 작품과의 영향 관계나 특성을 비교, 대조하여 접근하는 비평론

⑶ **종합적 방법 : 내재론적 방법과 외재론적 방법을 종합하여 작품에 맞게 감상함**

종합적 방법에 의한 작품의 해석과 감상은 작품에 맞게 적절하게 해석하고 감상하는 방법이지.

2 적용과 문제 풀이

● 다음 시를 읽고 물음에 답하시오.

가난한 사랑 노래
– 이웃의 한 젊은이를 위해

– 신경림

가난하다고 해서 외로움을 모르겠는가,
너와 헤어져 돌아오는
눈 쌓인 골목길에 새파랗게 달빛이 쏟아지는데.
가난하다고 해서 두려움이 없겠는가,
두 점을 치는 소리,
방범대원의 호각 소리, 메밀묵 사려 소리에
눈을 뜨면 멀리 육중한 기계 굴러가는 소리.
가난하다고 해서 그리움을 버렸겠는가.
어머님 보고 싶소 수없이 뇌어보지만,
집 뒤 감나무에 까치밥으로 하나 남았을
새빨간 삼 바람소리노 _그녀 모시난.
가난하다고 해서 사랑을 모르겠는가.
내 볼에 와 닿던 네 입술의 뜨거움,
사랑한다고 사랑한다고 속삭이던 네 숨결,
돌아서는 내 등 뒤에 터지던 네 울음.

가난하다고 해서 왜 모르겠는가.
가난하기 때문에 이것들을
이 모든 것들을 버려야 한다는 것을.

1 이 시에 부제(副題)를 붙여 얻게 되는 효과를 염두에 두고 이 시를 〈보기〉의 각 요소와 관련지어 설명했다. 적절하지 <u>않은</u> 것은?

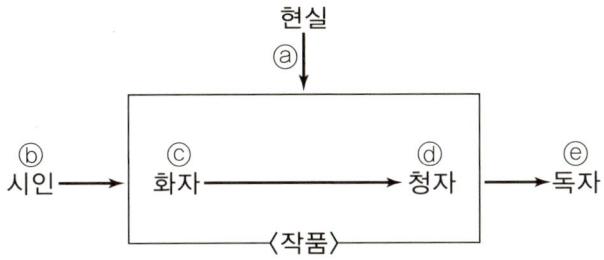

① ⓐ : 주변에서 흔히 볼 수 있는 가난한 사람들의 삶을 반영해 현실성을 높여 준다.

② ⓑ : 시인과 화자를 분리하여, 시 내용이 시인 자신의 생각과 거리가 있음을 드러낸다.

③ ⓒ : 도시에서 힘들게 살아가지만 인간미를 잃지 않고 있음을 알 수 있게 한다.

④ ⓓ : '너'를 구체적인 청자로 한정하고 있지만, 전체적으로는 화자의 독백이라는 느낌을 준다.

⑤ ⓔ : 그동안 이웃의 가난한 사람들에게 무관심하지 않았는가 하는 반성의 계기를 제공한다.

해설

ⓑ는 '시 작품은 시인의 의도를 표현한 것이다.'라는 문학해석론이다. 따라서 "시 내용이 시인 자신의 생각과 거리가 있음을 드러낸다."는 해석은 ⓑ와 모순된다.

정답 ②

2 다음 〈보기〉와 같이 학습 과제를 수행한 후 (가) 시를 감상한 내용으로 적절하지 않은 것은?

〈보기〉

1. 이 시의 창작 시기와 배경에 대해 조사해 본다.
   – 일제 말기인 1941년에 발행된 정지용의 두 번째 시집인 「백록담」에 실린 작품, 이 무렵 정지용은 서울에 살고 있었음.

2. 작품 제목의 의미를 알아본다.
   – 인동차(忍冬茶)는 한약재로도 쓰이는 인동의 줄기와 잎사귀를 말려 달여 먹는 차. 인동은 인공과의 반(半) 상록 덩굴 식물. 인동에는 '겨울을 참고 견딘다'는 뜻이 있음.

3. 이해하기 어려운 시어를 조사한다.
   – 장벽腸壁 : 위장과 같은 내장의 벽
   – 무시로 : 아무 때나

4. 이 시가 갖는 표현상의 특징을 알아보자.
   – 시상 전개 :
   – 이미지 :
   – 특이한 표현 :

(가) 노주인의 장벽(腸壁)에
　　무시로 인동(忍冬) 삼긴 물이 나린다.

　　자작나무 덩그럭 불이
　　도로 피어 붉고

　　구석에 그늘 지어
　　무가 순 돌아 파릇하고,

　　흙냄새 훈훈히 김도 서리다가

바깥 풍설(風雪) 소리에 잠착하다

산중에 책력(册曆)도 없이
삼동(三冬)이 하이얗다.

– 정지용, 「인동차(忍冬茶)」

① '하얗다'를 '하이얗다'라고 표현한 것은 언어 규범에 어긋나지만, 정감의 깊이가 더해지는 효과가 있어.
② '덩그럭 불이 / 도로 피어 붉고'라는 표현에서 실내의 분위기와 함께, 시간의 흐름을 엿볼 수 있어.
③ '책력도 없이'라는 표현을 볼 때, 이 시의 화자는 바쁘게 살아가는 도회의 삶을 그리워하고 있음을 알 수 있어.
④ '장벽에 / 무시로 인동 삼긴 물이 나린다.'는 구절은 '차를 마신다'는 평범한 사실을 낯설게 바꾸어 표현한 것 같아.
⑤ 창작 시기와 제목의 의미를 고려할 때, 이 시에서는 겨울로 비유된 힘든 현실을 참고 견디려는 정신적 자세가 엿보이는 것 같아.

해설

'책력도 없이'는 책력(달력), 즉 세월의 흐름을 잊고 지낸다는 의미로 도회의 삶을 그리워한다는 것과는 관련이 없다.

정답 ③

3 다음 〈보기〉를 고려할 때 이 시에 대한 감상으로 가장 적절한 것은?

> 종은 울음을 떠나보내기 위해
> 이렇게 부들부들 떨며 살갗을 찢는다고
> 생각했던 날이 있었다.
>
> 부끄럽다, 오늘
> 종소리부터 껴안는 새벽
>
> 종은 떠났던 울음들을
> 다시 모으며, 끌어들이며
> 안으로만 안으로만 굳어 청동이 됐으리라는
> 참회
> 하나
>
> — 천승세, 「종(鐘)」

〈보기〉

문학 작품은 작가, 시대, 독자와 관련지어 해석할 때 그 의미를 구체적으로 감상할 수 있다. 그러나 문학 작품의 의미는 일단 작품 자체만의 내재적 의미를 중심으로 해석해 보아야 한다.

작품 자체의 내재적 의미를 우선하여 해석하지 않는 것은 문학 작품의 독자성을 무시하는 것으로서 바람직하지 않다.

① 청동 그 자체가 한이라고 보는 것은 과학적 관점에서 말이 안 되는 것 아닌가.
② 어머니 박화성을 잃은 슬픔을 내면의 성숙으로 승화하는 시인의 삶이 노래되었군.
③ 오늘의 학생들은 이 시를 통해서 감정을 절제하고 인내하는 성숙의 태도를 배워야겠군.

④ 독재 치하의 현실에서 투쟁하던 열기를 안으로 모아 새로운 시대를 준비하는 내면의 의지가 종을 통해 상징화되었군.

⑤ 응집의 이미지를 중심으로 살을 찢어 내듯 아픈 슬픔을 화자가 안으로 거두어 승화하는 내용이 상징과 감정 이입을 통해서 나타나는군.

해설

②는 시인의 전기적 사실과 관련 짓는 전기론과 표현론으로 외재적 접근이야. 그리고 ③은 시가 독자에게 미치는 효용을 중시하는 효용론으로 외재적 접근이지. 또 ④는 시를 시대와 관련 짓는 반영론으로 외재적 접근이야. 따라서 ②, ③, ④는 모두 문학적 감상법으로 적절하다고 할 수 있으나, 〈보기〉에서 요구하는 내재론적 비평이 아니므로 정답이 될 수 없어. 한편 ①은 시를 과학의 관점에서 접근한 것으로 문학적 방법이 아니므로 타당하지도 않을 뿐만 아니라 〈보기〉에서 요구하는 내재론적 비평도 아니야. 그러므로 내재론적 비평에 부합하는 것은 ⑤야.

정답 ⑤

4 다음 시에 대한 감상 중 작품 자체의 내재적 의미만을 중시하여 감상한 것은?

> 내 가슴에 독(毒)을 찬 지 오래로다.
> 아직 아무도 해한 일 없는 새로 뽑은 독
> 벗은 그 무서운 독 그만 흩어 버리라 한다.
> 나는 그 독이 선뜻 벗을 해할지 모른다 위협하고,
>
> 독 안 차고 살아도 머지않아 너 나마저 가 버리면
> 억만 세대가 그 뒤로 잠자코 흘러가고
> 나중에 땅덩이 모지라져 모래알이 될 것임을
> '허무한디!' 독은 차서 무엇 하느냐고?
>
> 아! 내 세상에 태어났음을 원망 않고 보낸
> 어느 하루가 있었던가, '허무한디!' 허나
> 앞뒤로 덤비는 이리 승냥이 바야흐로 내 마음을 노리매
> 내 산 채 짐승의 밥이 되어 찢기우고 할퀴우리라 내맡긴 신세임을
>
> 나는 독을 차고 선선히 가리라.
> 막을 날 내 외로운 혼 건지기 위하여.
>
> — 김영랑, 「독(毒)을 차고」

① 호정 : 이 시는 늘 마음의 평화를 갈구하는 시를 써 오던 시인의 시적 경향과 크게 다른 느낌을 주고 있어.

② 은혜 : 맞아. 평화로운 내면의 세계를 지향하던 영랑으로서는 일제 말기의 발악적 현실을 외면만 할 수 없었을 거야.

③ 수현 : 그래. '독'은 바로 이리 승냥이 같은 일제에 대한 시인의 강한 대결 의지를 표현한 것이라고 할 수 있어.

④ 진영 : 대조적인 삶의 자세를 보여 주는 '벗'과 '나'의 대화 형식을 통해 극적 구성을 취하고 있는 점도 특징이야.

⑤ 주연 : 결연한 태도로 살아가려는 '나'의 태도를 보면서 '벗'과 같이 현실에 순응하며 살아온 나 자신을 되돌아보게 되었어.

해설

　나머지 답지의 내용도 이 시에 대해서 적절하게 해석하고 감상한 거야. 그러나 문제가 요구하는 답은 '내재론적 해석'에 의한 것이므로, 작품 외적 측면인 시인, 시대, 독자 등과 관련지은 해석과 감상은 답에서 제외시켜야 하는 거지.

정답 ④

5 〈보기〉는 다음 시에 대한 심화 학습을 위하여 수집한 자료이다. 이를 참고하여 토의한 내용으로 적절하지 <u>않은</u> 것은?

> 푸른 하늘에 닿을 듯이
> 세월에 불타고 우뚝 남아 서서
> 차라리 봄도 꽃피진 말아라.
>
> 낡은 거미집 휘두르고
> 끝없는 꿈길에 혼자 설레이는
> 마음은 아예 뉘우침 아니라.
>
> 검은 그림자 쓸쓸하면,
> 마침내 호수(湖水) 속 깊이 거꾸러져
> 차마 바람도 흔들진 못해라.
>
> — 이육사, 「교목(喬木)」

〈보기〉

【백과사전】

이육사 : 시인. 1904년 경상북도 안동 출생. 항일 독립 투쟁으로 20
여 차례의 투옥 끝에 베이징 감옥에서 옥사함.
• 작품 경향: 저항 의식, 실향 의식과 비애, 초인 의지와 조
국 광복에 대한 열망 등을 주제로 삼고 있음. 정제된 형식
미와 안정된 운율감을 보임.
• 「교목」: 1940년 「인문평론」 7월호에 발표.

【국어사전】

교목: 줄기가 곧고 굵으며 높게 자라는 큰 나무

【인터넷 자료】

• 「맹자」에 따르면, '교목'은 오랜 세월 덕을 닦아 임금을 도(道)로써 보
필하여 나라를 떠받치는 신하를 의미한다.
• 시인은 빈궁과 투옥과 유랑의 사십 평생에 거의 하루도 평온한 날이

없었다. 문학청년은 아니었으나 삼십 고개를 넘어 시를 쓰기 시작했고, 혁명적 열정과 의욕을 시에 의탁해 꿈도 그려 보고 불평도 터뜨렸던 것이다.(『육사 시집』발문)

① '끝없는 꿈길'은 시인의 혁명적 열정과 의욕을 함축하고 있다.

② '낡은 거미집'은 시인의 고난에 찬 삶의 모습을 형상화한 것이다.

③ 이 시의 제목은 나라를 위한 시인의 절개와 기상을 표상한 것이다.

④ '바람'은 이국을 떠돌던 시인의 실향 의식과 저항 의지를 표현한 것이다.

⑤ 이 시의 행 배열과 연 구성에서도 이육사 시의 형식적 특성을 찾을 수 있다.

 해설

이 문제는 보기의 자료를 참고하여 주어진 시를 다양한 방법으로 감상해 보고, 감상이 부적절한 것을 찾는 문제야. 일종의 종합적 감상법을 물어 본 셈이지.

일단 '바람'은 시적 자아가 부정하는 것으로서, 시적 자아를 흔들고자 하는 일제의 탄압이나 외적 시련의 의미를 함축하는 시어야. 그러니까 '바람'을 '이국을 떠돌던 시인의 실향 의식과 저항 의지'라고 해석하는 것은 어울리지 않는데, 특히나 '저항 의지'는 더욱 합당하지 않은 해석이야. 왜냐하면 '차마 바람도 흔들지 못해라'에 '바람'을 부정하는 '바람'에 대하여 저항하고 있으므로 '바람'이 저항 의지가 될 수 없기 때문이지.

정답 ④

6 다음 중 문학 연구 방법이 <u>다른</u> 하나는?

① 외형적 연구

② 역사, 전기적 방법

③ 독자의 감상이 중심

④ 작품의 연과 행의 구조적 연구

⑤ 작가의 독특한 심리적 창작이 배경이 됨

해설

　이 문제의 정답은 몇 번? 역사 전기적 방법은 작품을 역사적, 시대적 배경, 그리고 작가의 일생 등과 관련지어 해석하는 방법이고, 나머지도 독자, 외형적 연구, 작가 등과 관련된 작품 외적 요소와 관련한 외재적 측면의 접근법이지.

　그러나 '작품의 연과 행의 구조적 연구'는 작품 자체만을 대상으로 하는 내재적 측면에서 접근한 감상이야. 그러므로 답은 ④번이지.

정답 ④

절대 어휘 정리하기

001	운문	노랫말의 리듬과 말 ↳운 ↳문	韻 소리, 울림 운 文 글월, 무늬 문	
002	형상	시에 표현된 감각적이고 구체적인 시어의 모양이나 상태 ↳형 ↳상	形 모양 형 象 상태 상	
003	서정	감정을 쏟아 냄 ↳서 ↳정	抒 쏟아 내다 서 情 감정 정	
004	자아	시에서 말하는 주체 또는 말하는 스스로의 나 ↳자 ↳아	自 스스로 자 我 나 아	
005	함축	시어에 자아의 감정이 품어지고 쌓인 것 ↳함 ↳축	含 품다, 머금다 함 蓄 쌓이다 축	
006	화자	시에서 말하는 주체 ↳화 ↳자	話 말하다 화 者 놈 자	
007	내포	시어가 화자의 감정을 안에 보따리로 싸안듯이 껴안음 ↳내 ↳포	內 안 내 包 보따리로 싸안다 포	

008	외연	시어가 객관적 사물, 바깥 덮개 즉 외부 세계를 지시하는 것 ↳외 ↳연	外 바깥 외 延 덮개 연
009	수사	말하는 목적에 맞도록 말을 아름답고 가지런하게 꾸며 표현하는 방법 ↳사 ↳수	修 닦다. 꾸미다 수 辭 말 사
010	비유법	말하고자 하는 뜻을 다른 사물에 견주어 일러 표현하는 방법 ↳비 ↳유	比 견주다 비 喩 이르다 유
011	은유법	말하는 뜻을 직접 드러내지 않고 숨겨서 일러 표현하는 방법 ↳은 ↳유	隱 숨다 은 喩 이르다 유
012	직유법	말하는 뜻이 직접 드러나도록 일러 표현하는 방법 ↳직 ↳유	直 곧. 바로, 직접 직 喩 이르다 유
013	대유법	표현하고자 하는 사물을 대상의 일부분으로 대신하여 일러 표현하는 방법 ↳대 ↳유	代 대신하다 대 喩 이르다 유
014	제유법	표현하고자 하는 사물을 대상의 부분으로 대상 전체를 끌어 일으키어 일러 표현하는 방법 ↳제 ↳유	提 끌어 일으키다 제 喩 이르다 유
015	환유법	표현하고자 하는 사물을 그 사물과 가까운 한 특징으로 바꾸어 대신 일러 표현하는 방법 ↳환 ↳유	換 바꾸다 환 喩 이르다 유

016	의인법	사람 아닌 대상을 사람처럼 흉내 내어 표현하는 수사법	擬 흉내 내다 의 人 사람 인
017	활유법	생명이 없는 대상을 살아 있는 것처럼 표현하는 비유법	活 살아 있다 활 喩 이르다 유
018	강조법	어떤 부분을 두드러지게 조절하여 강하게 전달하는 표현법	強 굳세다, 강하다 강 調 조절하다 조
019	과장법	사실보다 크게 부풀려 표현하는 수사법	誇 부풀리다 과 張 크게 하다 장
020	대조법	두 대상을 서로 마주 대하여 비추어 놓아 의미를 강조하는 표현법	對 마주 대하다 대 照 비추다 조
021	대구법	비슷한 두 어구를 마주 대하여 놓아 의미를 강조하는 표현법	對 마주 대하다 대 句 글귀 구
022	반복법	비슷한 내용을 돌이키고 되풀이하여 의미를 강조하는 표현법	反 돌이키다 반 復 되돌리다 복
023	점층법	문장의 뜻을 점점 높여 표현하여 의미를 강조하는 표현법	漸 점점 점 層 층을 쌓아 올리다 층

024	열거법	비슷한 내용을 가지런히 늘어놓은 것을 들어 운율을 형성하고 전체 내용을 강조하는 표현법	列 늘어놓다 열 擧 들다 거
025	연쇄법	쇠사슬을 잇듯이 말의 꼬리를 연속적으로 이어 나가 운율을 형성하고 의미를 강조하는 표현법	連 잇다 연 鎖 쇠사슬 쇄
026	영탄법	'아아', '아으', '오오' 등의 감탄사나 '~구나!' '~예!' 등의 감탄형 종결 어미를 사용하여 길게 읊어 한숨지어 탄식하듯이 감정을 강조하는 표현법	詠 길게 읊다 영 嘆 탄식하다 탄
027	설의법	'예 / 아니오'의 대답을 바라는 것이 아니라 전달하고자 하는 의미와 반대되는 형식의 의문문으로 세워 말해 감정과 의미를 강조하는 표현법	設 세워 말하다 설 疑 의문 의
028	문답법	묻고 대답하는 형식으로 시적 의미를 강조하는 표현법	問 묻다 문 答 대답하다 답
029	반어법	말하고자 하는 의도를 문장의 내용과 반대로 말하는 표현법	反 반대로 반 語 말하다 어
030	역설법	겉으로 보기에 상식과 논리에 어긋나게 말하여 의미를 긴장되고 깊이 있게 담아내는 표현법	逆 어긋나다 역 說 말하다 설

031	돈호법	불쑥 대상을 불러 감정과 의미를 강조하는 표현법 →돈 →호	頓	갑자기, 불쑥 **돈**
			呼	부르다 **호**
032	도치법	문장의 순서를 바꾸어 놓아 의미와 강점을 강조하는 표현법 →도 →치	倒	바꾸다 **도**
			置	놓다 **치**
033	상징	→상 →징 말하고자 하는 내용(모양)을 드러낼, 대신할 사물을 말함. 이를테면 평화의 상징은 비둘기	象	모양 **상**
			徵	드러내다 **징**
034	원형 상징	언제 어디서나 인간 의식의 근본과 연관된 보편적 상징 →원 →형	元	으뜸, 근본 **원**
			型	본보기, 모범 **형**
			象	모양 **상**
			徵	드러내다 **징**
035	관습적 상징	한 사회나 문화에서 익숙하게 습관처럼 사용되어진 상징 →관 →습	慣	익숙하다 **관**
			習	습관 **습**
036	추상	→상 →추 모양에서 뽑아낸 보거나 만질 수 없는 감정이나 생각	抽	뽑다 **추**
			象	모양 **상**
037	형상화	추상적인 정서나 관념을 모양이 있는 감각 언어로 바꾸어 표현하는 것 →형, 상 →화	形	모양 **형**
			象	모양 **상**
			化	~로 바꾸다 **화**

038	감각의 전이	감각을 바꾸어 옮김. 시각을 청각으로 바꾸거나 청각을 촉각으로 바꾸어 표현하는 수법	轉 바꾸다 전 移 옮기다 이
039	공감각	한 가지 감각이 다른 영역의 감각을 일으키는 일 또는 여러 가지 감각이 함께 일어나는 것	共 함께 공 感 느끼다 감 覺 깨닫다 각
040	객관적 상관물	시인의 감정이나 생각과 서로 관련 있는 사물	客 손님 객 觀 보다 관 的 ~의 적 相 서로 상 關 관계하다 관 物 물건 물
041	탁물우의	전달하고자 하는 감정과 의미를 사물에 맡기고 생각에 의탁함	託 의탁하다 탁 物 사물 물 寓 맡기다 우 意 뜻 의
042	정서적 융합물	자아의 감정과 하나로 녹아들어 완전하게 동일시된 사물	融 녹아들다 융 合 하나가 되다 합 物 사물 물
043	자아의 분신	자아의 감정과 일체가 되는, 몸에서 갈라져 나온 것	分 갈라져 나오다 분 身 몸 신
044	주객전도	자아와 대상인 객체가 서로 거꾸로 되거나 반대로 되어 표현된 것	主 주체, 자아 주 客 객체, 대상 객 顚 거꾸로 하다 전 倒 반대로 하다 도

045	감정 이입	느낌과 정서가 옮기어 들어감. 화자의 감정을 사물의 감정에 옮기어 표현한 것	感 느낌 감 情 정서 정 移 옮기다 이 入 넣다 입
046	감정 투사	사물에 자아의 감정을 던져 화살로 쏘아 맞히듯이 표현한 것	投 던지다 투 射 쏘아 맞히다 사
047	감정 투영	사물에 자아의 감정을 던져 그림자나 형상으로 맺힌 듯이 표현한 것	投 던지다 투 影 그림자, 형상 영
048	운율	사람의 호흡에서 형성되는 시의 생기 있는 리듬감. 특정한 소리나 울림의 규칙적인 법칙이나 비율. 또는 이것의 변화로 표현되는 시의 가락	韻 소리 운 律 법칙 율
049	내재율	시의 행과 연이 전개되는 전체의 과정 속에 숨어 존재하는 운율	內 안 내 在 있다 재 律 규칙 율
050	음보	일정한 길이의 호흡 단위로 끊기는 소리의 단위	音 소리 음 步 발걸음 보
051	외형률	음보와 같이 겉으로 뚜렷한 형태로 드러나는 규칙적인 운율	外 겉 외 形 형식 형 律 비율, 규칙 률

052	4음보율	네 개씩의 소리 단위로 반복됨으로써 형성되는 운율	音 소리 음 步 걸음 보
053	율동미	운율의 살아 움직이는 듯한, 생기 넘치는 아름다움	律 운율 율 動 살아 움직이다 동 美 아름답다 미
054	완급	시행의 길고 짧음에 따라 호흡이 느려지기도 하고 빨라지기도 하는 데서 형성되는 운율	緩 느리다, 늘어지다 완 急 급하다, 빠르다 급
055	음수율	일정한 음절 수를 반복함으로써 형성되는 외형적 운율	音 음절 음 數 숫자 수 律 비율, 규칙 율
056	운율의 파격	일정한 운율의 틀을 깨트림	破 깨트리다 파 格 틀, 갖춰진 형식 격
057	음보율	소리의 단위가 일정한 숫자대로 반복되는 데서 형성되는 운율. 보통 4음절을 표준으로 삼아, 여기에 한두 음절이 줄거나 늘어나는 것을 허용하여 이를 음보라고 함	音 소리 음 步 걸음 보 律 비율, 규칙 율
058	음위율	일정한 소리의 위치에서 반복되는 소리로 형성되는 운율	音 소리 음 位 위치 위 律 규칙, 비율 율

| 059 | 두운 | 시행이나 연의 처음에서 반복되는 운율 | 頭 머리, 처음 **두** |
| | | ↳두   ↳운 | 韻 소리, 가락 **운** |

| 060 | 요운 | 시행의 중간 부분에서 반복되는 운율 | 腰 허리, 가운데 **요** |
| | | ↳요   ↳운 | 韻 소리, 가락 **운** |

| 061 | 각운 | 시행의 끝 부분에서 반복되는 운율 | 脚 다리, 끝 부분 **각** |
| | | ↳각   ↳운 | 韻 소리, 가락 **운** |

| 062 | 양성 모음 | ↳양
밝고 부드럽고 경쾌한 성질을 가진 리듬의 모음. 'ㅏ, ㅗ, ㅘ' 계통의 모음 ↳성 | 陽 볕, 밝다 **양**
性 성격 **성** |

| 063 | 음성 모음 | ↳음
어둡고 무거운 성질을 가진 리듬의 모음. 'ㅓ, ㅜ, ㅝ' 계통의 모음 ↳성 | 陰 그늘, 어둡다 **음**
性 성격 **성** |

| 064 | 음절 | ↳음 ↳절
소리의 마디. 몇 개의 음소로 이루어지며 모음은 단독으로 한 음절이 되기도 함 | 音 소리 **음**
節 마디 **절** |

| 065 | 연쇄법 | 쇠사슬을 이어가듯 꼬리말을 이어가는 표현법
↳쇄   ↳연   ↳법 | 連 잇다 **연**
鎖 쇠사슬 **쇄** |

| 066 | 의태어 | 모양을 흉내 낸 말
↳태 ↳의↳어 | 擬 흉내 내다 **의**
態 모양 **태**
語 말씀 **어** |

067	의성어	소리를 흉내 낸 말	擬 흉내 내다 의
		성 → 의 → 어	聲 소리 성
			語 말씀 어

| 068 | 통사 | 생각이나 감정을 말로 표현할 때 완결된 의미를 형성하는 최소의 말씀이나 단위 통 → 사 | 統 모두 통 |
| | | | 辭 말씀 사 |

| 069 | 대구 | 비슷한 글귀를 쌍을 지어 놓는 표현법 구 → 대 → 법 | 對 마주 놓다 대 |
| | | | 句 글귀 구 |

| 070 | 대조 | 반대되는 의미의 구절을 쌍을 지어 나란히 비추어 놓는 표현법 대 조 법 | 對 맞세워 놓다 대 |
| | | | 照 비추다 조 |

| 071 | 열거 | 비슷한 어휘나 구절들을 들어 가지런히 줄지어 늘어놓는 표현법 거 → 열 법 | 列 줄지어 놓다 열 |
| | | | 擧 들다 거 |

| 072 | 추상 | 상 추 모양에서 모양 없는 생각이나 감정을 뽑아낸 것. 눈에 보이지 않는(모양이 없는) 감정이나 생각으로 '사랑, 분노, 평화, 자유'와 같은 것 | 抽 뽑다. 추리하다 추 |
| | | | 象 모양 상 |

| 073 | 구상 | 구 상 어떤 것의 갖추어진 모양. '붉은 해' '아기의 숨소리' '푸른 하늘을 나는 새'와 같이 모양을 갖추거나 감각으로 느낄 수 있는 것 상 구 | 具 갖추다 구 |
| | | | 象 모양 상 |

074	구체	어떤 것의 갖추어진 몸체 └▶구 └▶체	具 갖추다 구 體 물체 체
075	우의	▶우 ▶의 맡긴 뜻. 직접 말하지 않고 사물에 맡겨 빗대어 말함	寓 맡기다 우 意 뜻 의
076	유추	서로 다른 두 대상에서 비슷한 점을 뽑아냄 └▶유 └▶추	類 비슷하다 유 抽 뽑다. 추론하다 추
077	보편	넓은 세상에서 두루 통하는 것. 공통적인 것 └▶보 └▶편	普 넓다 보 遍 두루 편
078	상징	▶상 ▶징 말하고자 하는 내용을 드러낼, 대신할 사물을 말함. 이를테면 평화의 상징은 비둘기	象 모양 상 徵 드러내다 징
079	상승	위로 올라가다 └▶상 └▶승	上 위 상 昇 오르다 승
080	하강	아래로 내려가다 └▶하 └▶강	下 아래 하 降 내려오다 강

081	역설	겉으로 보기에 상식과 논리에 어긋나게 말하여 의미를 긴장되고 깊이 있게 담아냄. '둥근 삼각형' '즐거운 비명' '사랑을 위하여 이별이 있어야 하네' 등	逆 거스르다 역 說 말하다 설
082	생성	태어나 이루어짐	生 낳다 생 成 이루다 성
083	소멸	사라져 없어짐	消 사라지다 소 滅 멸하다 멸
084	광명	빛처럼 밝음	光 빛 광 明 밝다 명
085	암흑	어둡고 검음	暗 어둡다 암 黑 검다 흑
086	원형	모든 인간 의식의 근본이나 그를 대표하는 모형과 관련된 것	元 근본 원 型 모범 형
087	어조	말의 가락. 말하고자 하는 의도에 맞게 어휘를 선택하고 말의 속도와 크기를 고르게 조화시키는 말투	語 말씀 어 調 가락 조

| 088 | 절제 | 알맞은 정도로 통제함 | 節 | 절제하다 절 |
| | | ↳절 ↳제 | 制 | 억제하다 제 |

| 089 | 분출 | 분수처럼 내뿜어 내다 | 噴 | 뿜다 분 |
| | | ↳분 ↳출 | 出 | 내뿜다 출 |

| 090 | 격렬 | 물결이 세차게 흐르듯 마음이나 행동이 맹렬함 | 激 | 격하다 격 |
| | | 을 이름 ↳격 ↳렬 | 烈 | 사납다 렬 |

| 091 | 토로 | 먹은 것을 왈칵 쏟아 내듯 감정을 드러내다 | 吐 | 먹은 것을 토하다 토 |
| | | ↳토 ↳로 | 露 | 드러나다 로 |

| 092 | 격정 | 물결이 부딪쳐 세차게 흐르듯 감정이 강렬함 | 激 | 부딪쳐 흐르다 격 |
| | | ↳격 ↳정 | 情 | 감정 정 |

| 093 | 억제 | 감정을 누르고 조절하다 | 抑 | 누르다 억 |
| | | ↳억 ↳제 | 制 | 조절하다 제 |

094	주정적	감정 표현을 중심으로 하는 어조	主	주인 주
		↳정 ↳조	情	감정 정
			的	~의 적

095	주지적	지성적 사색 표현을 중심으로 하는 어조 ↳지　　　　↳주	主 주인 **주** 知 알다 **지** 的 ~의 **적**
096	낭만	사람의 감정이 물결치듯 넘쳐 흐르다 ↳낭　↳만	浪 물결치다 **낭** 漫 넘쳐 흐르다 **만**
097	담화	두 명의 화자가 서로 말을 주고받는 이야기나 대화　　　　　　　　　　　　↳담 ↳화	談 이야기 **담** 話 말하다 **화**
098	독백적 어조	한 명의 화자 혼자서 말하는 어조 ↳독　↳백	獨 혼자 **독** 白 말하다 **백**
099	풍자	상대를 공격하거나 비판할 의도를 숨겨서 칼로 찌르듯이 말하는 것　　　　　　↳풍 ↳자	諷 숨겨 말하다 **풍** 刺 칼로 찌르다 **자**
100	해학	↗해 모두 어울릴 수 있도록 익살스럽고 재미있게 말하는 것 비판이나 공격의 의도가 없음　↳학	諧 화해롭게 말하다 **해** 謔 익살스럽게 말하다 **학**
101	긴장	↗긴 안으로 감기는 힘과 밖으로 뻗어 가는 힘이 서 로 맞서는 팽팽한 상태　　　　↳장	緊 안으로 감기다 **긴** 張 밖으로 뻗다 **장**

| 102 | 대립 | 서로 대하여 맞서 있음 | 對 마주 대하다 대 |
| | | 대 립 | 立 맞서다 립 |

| 103 | 심상 | 감각에 의하여 느낀 현상이 마음속에서 만들어진 모양. 이미지 또는 표상 | 心 마음 심 |
| | | 심 상 | 象 모양 상 |

| 104 | 병치 | 나란히 놓음 | 竝 나란하다 병 |
| | | 병 치 | 置 놓다 치 |

105	숭고미	높이 받드는 이상과 조화를 이루는 아름다움	崇 높이 받들다 숭
		고 숭 미	高 높다 고
			美 아름다움 미

| 106 | 융합 | 녹아들어 하나로 합하는 것 | 融 녹아들다 융 |
| | | 융 합 | 合 하나로 합하다 합 |

107	비장미	바라는 바가 어긋나는 데서 오는 크고 성한 슬픔의 아름다움	悲 슬프다 비
		장 비 미	壯 굳세다 장
			美 아름답다 미

| 108 | 애수 | 슬프고 시름에 싸인 마음 | 哀 슬프다 애 |
| | | 애 수 | 愁 시름, 근심 수 |

109	비애미	슬프고 슬픈 아름다움 ↳비 ↳애 ↳미	悲 슬프다 비 哀 슬프다 애 美 아름답다 미
110	애상미	슬프고 아픈 아름다움 ↳비 ↳상 ↳미	哀 슬프다 애 傷 아프다 상 美 아름답다 미
111	우아미	있는 것과 조화를 이루는 품위 있고 바른 아름 다움 ↳우 ↳아 ↳미	優 품위 있다 우 雅 아름답다 아 美 아름답다 미
112	골계미	↳계 ↳골 정상적인 것을 어지럽히거나 정상적인 것에서 갑자기 이탈하는 데서오는 웃음의 아름다움 ↳미	滑 어지럽다 골 稽 머무르다 계 美 아름답다 미
113	시상	시인이 시에서 말하고자 하는 중심된 생각이나 느낌 ↳시 ↳상	詩 시 시 想 생각 상
114	점층법	↳점 ↳층 감정과 의미를 점점 층을 쌓아 올리듯 강하게 높이거나 확장시켜 표현하는 방법	漸 점점 점 層 층을 쌓아 올리다 층
115	연민	남의 아픔이나 슬픔을 불쌍히 여기거나 가엾게 여기는 것 ↳연 ↳민	憐 불쌍히 여기다 연 憫 가엾게 여기다 민

116	정제	정돈되고 가지런함 ↳정 ↳제	整 정돈되다 정 齊 가지런하다 제

117	추이	시간에 따라 차차 변하거나 옮겨 감 ↳추 ↳이	推 변하다 추 移 옮기다 이

118	추보	시간에 따라 공간을 옮겨 가거나 감정이 걷듯 이 이동하는 것 ↳추 ↳보	推 옮겨 가다 추 步 걷다, 이동하다 보

119	중의법	한 단어나 구절로 두 가지 의미를 동시에 담아 말하는 표현법 ↳중 ↳의	重 이중, 둘이 겹치다 중 義 뜻, 의미 의

120	반어법	말하는 사람의 의도를 표면의 의미와 정반대로 말하는 표현법 ↳반 ↳어	反 반하다 반 語 말씀 어

121	역설법	표면적 문장 형태를 ↳역 모순되게 하여 그 이면에 상식을 뛰어넘는 진리를 담아 말하는 표현법 ↳설	逆 모순되다 역 說 말하다 설

122	외재론	↳외 문학 작품의 바깥에 존재하는, 외적인 측면에서 말하는 감상 방법 ↳재 ↳론	外 바깥 외 在 존재하다 재 論 말하다 론

| 123 | 내재론 | 문학 작품의 안에 존재하는, 내적인 측면에서 말하는 감상 방법 | 內 안 내
在 존재하다 재
在 말하다 론 |

절대 어휘 찾아보기